André M. Winter

Elba

Mit der Grande Traversata Elbana

41 ausgewählte Touren

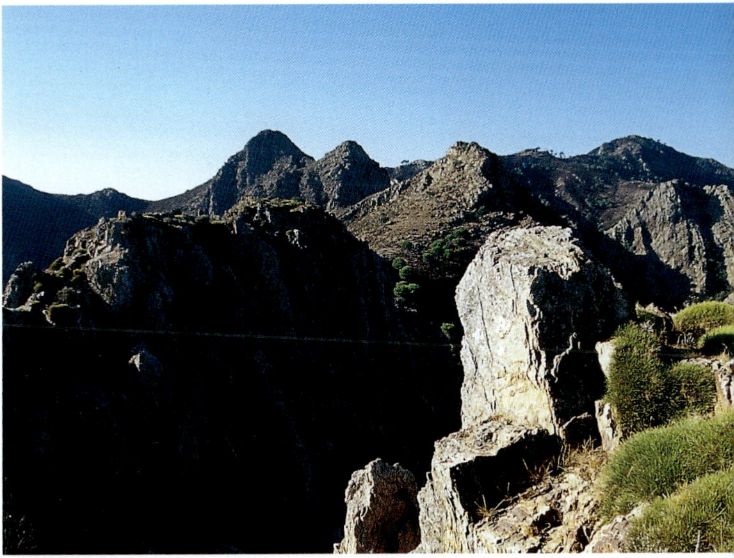

ROTHER
BERGVERLAG

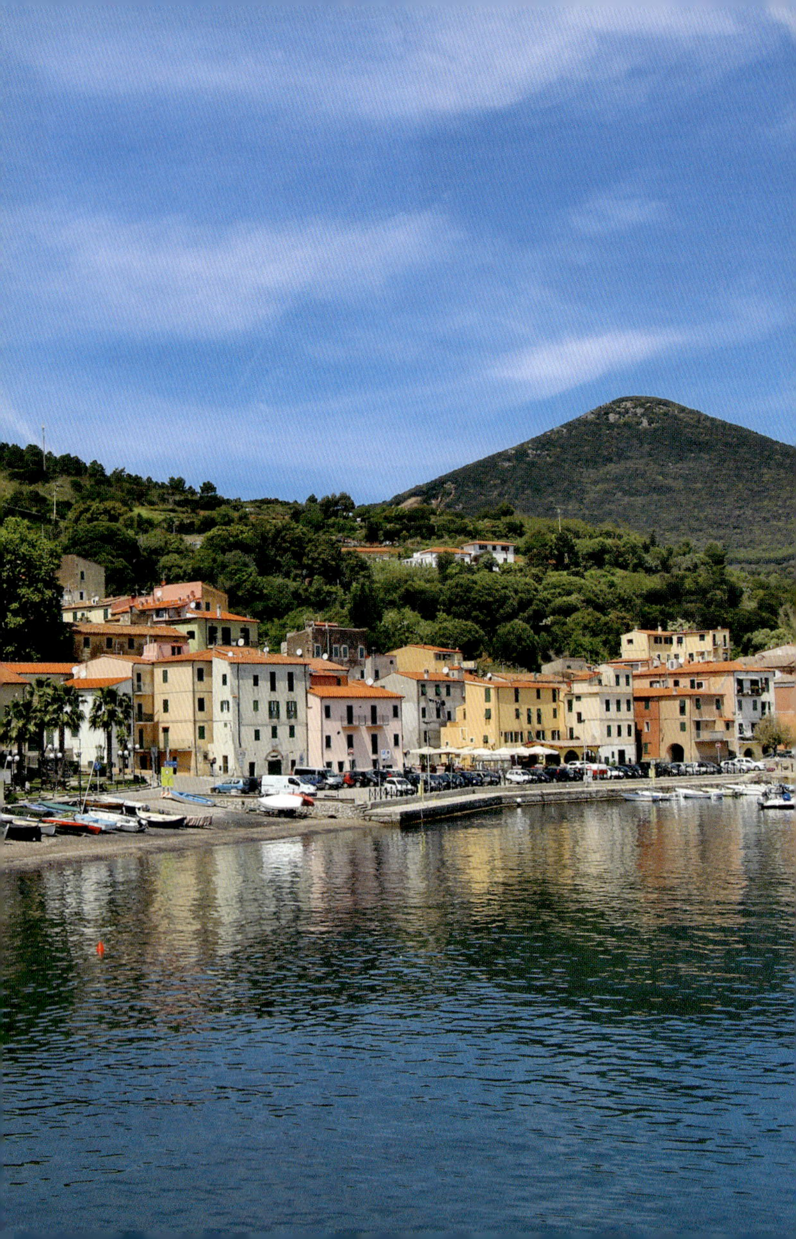

VORWORT

Wie müsste die ideale Insel für Wanderer und Bergsteiger aussehen? Gebirgig natürlich, mit schroffen Gipfeln und sanften Höhenzügen, dazu denke man sich schattige Wälder, bunte Blütenpracht und den würzigen Duft der Macchia, ursprünglich gebliebene Dörfer und Traumstrände am kristallklaren Meer ...
Elba erfüllt alle diese Erwartungen. Die 224 km² große Insel ist nach Sizilien und Sardinien die drittgrößte Insel Italiens, aber wesentlich kleiner als die großen Schwestern. Elba überrascht mit einer unglaublichen landschaftlichen Vielfalt: Über der 147 km langen Küste, die eine lange Reihe herrlicher Strände mit einschließt, erheben sich wuchtige Granitkuppen und schroffe Kalkspitzen, die trotz ihrer bescheidenen Gipfelhöhen (zwischen 300 m und 1000 m) alpin wirken. Bezaubern im Westen unzählige, zu bizarren Steinmonstern verwitterte Tafonifelsen, so staunt man im Osten über die bunte Vielfalt des Gesteins rund um die berühmten Erzlagerstätten, die schon die Etrusker genutzt haben.
In Ost-West-Richtung misst die Insel 27,5 km, ihre Nord-Süd-Ausdehnung schwankt zwischen 3,5 und 18,5 km. Wenig Platz für Wanderungen? Im Gegenteil: Elba verfügt über ein ganzes Netz markierter Routen – und ständig werden es mehr: Immer wieder sind Arbeiter mit Säge, Schaufel und Farbtopf am Werk, um historische Pfade instand zu setzen; einzelne felsige Routen werden als Klettersteige gesichert. So werden Sie wohl die eine oder andere frisch renovierte Trasse vorfinden, wo unsere Beschreibung noch von verwachsenen Pfadspuren oder von Kletterschwierigkeiten spricht. Umgekehrt ist schon so manche Route unter wuchernder Macchia verschwunden, und auch Waldbrände, der Bau von Straßen oder neuen Hauszufahrten bringen immer wieder Veränderungen. Sollten Sie solche feststellen, bitten wir Sie, dem Verlag eine kurze Mitteilung zu schicken. Dies hilft uns sehr für Neuauflagen dieses Wanderführers.
Elba forciert über den Nationalpark »Toskanisches Archipel« den Wandertourismus zu Recht: Viele Wege eignen sich für die ganze Familie und selbst Freunde luftiger Felsabenteuer werden fündig. Man kann einzelne Strandparadiese ebenso in Wanderungen einbeziehen wie die unterschiedlichsten Naturwunder oder die Spuren einer bewegten Geschichte, aus der die kurze Herrschaft Napoleons bis heute heraussticht. 40 Tourenvorschläge in diesem Wanderführer mögen Ihnen die Auswahl erleichtern – und sollten Sie sich gar nicht entscheiden können, dann gibt es ja immer noch die 60 km lange Inseldurchquerung der Grande Traversata Elbana (GTE), die als Tour 41 vorgestellt wird.

Innsbruck, im Frühjahr 2024 — André M. Winter

Rio Marina im Osten der Insel.

INHALTSVERZEICHNIS

Der Westen

Inseldurchquerung

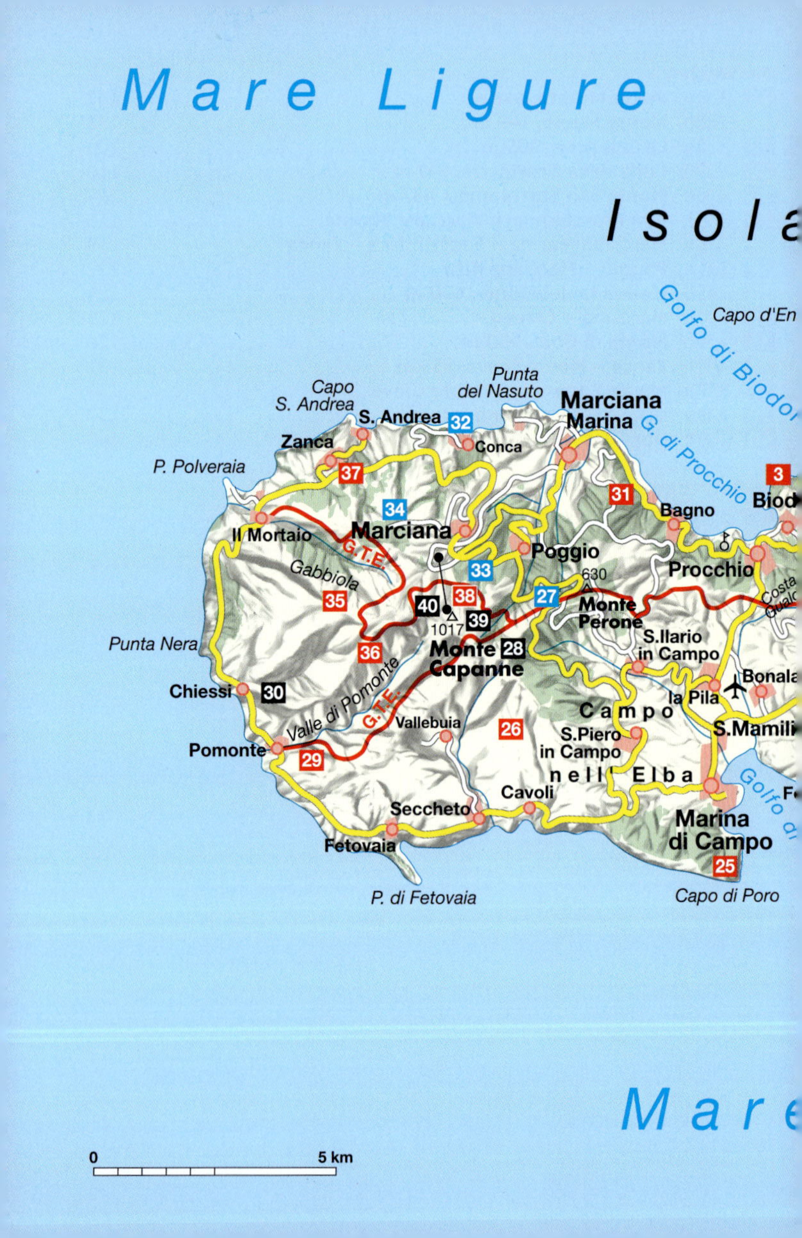

Mare Ligure
Isola
Golfo di Biodola
Capo d'En
Capo S. Andrea
Punta del Nasuto
Marciana Marina
G. di Procchio
S. Andrea
32
Zanca
Conca
P. Polveraia
37
31
3
Bagno
Biod
34
Marciana
Il Mortaio
G.T.E.
Poggio
Procchio
Gabbiola
33
630
35
40
38
27
Monte Perone
Costa
1017
39
Punta Nera
36
Monte Capanne
28
S.Ilario in Campo
Bonala
Chiessi
30
Valle di Pomonte
G.T.E.
la Pila
Campo nell'Elba
Vallebuia
26
S.Piero in Campo
S.Mamili
Pomonte
29
Golfo di
Cavoli
Seccheto
Fetovaia
Marina di Campo
25
P. di Fetovaia
Capo di Poro
Mare
0
5 km

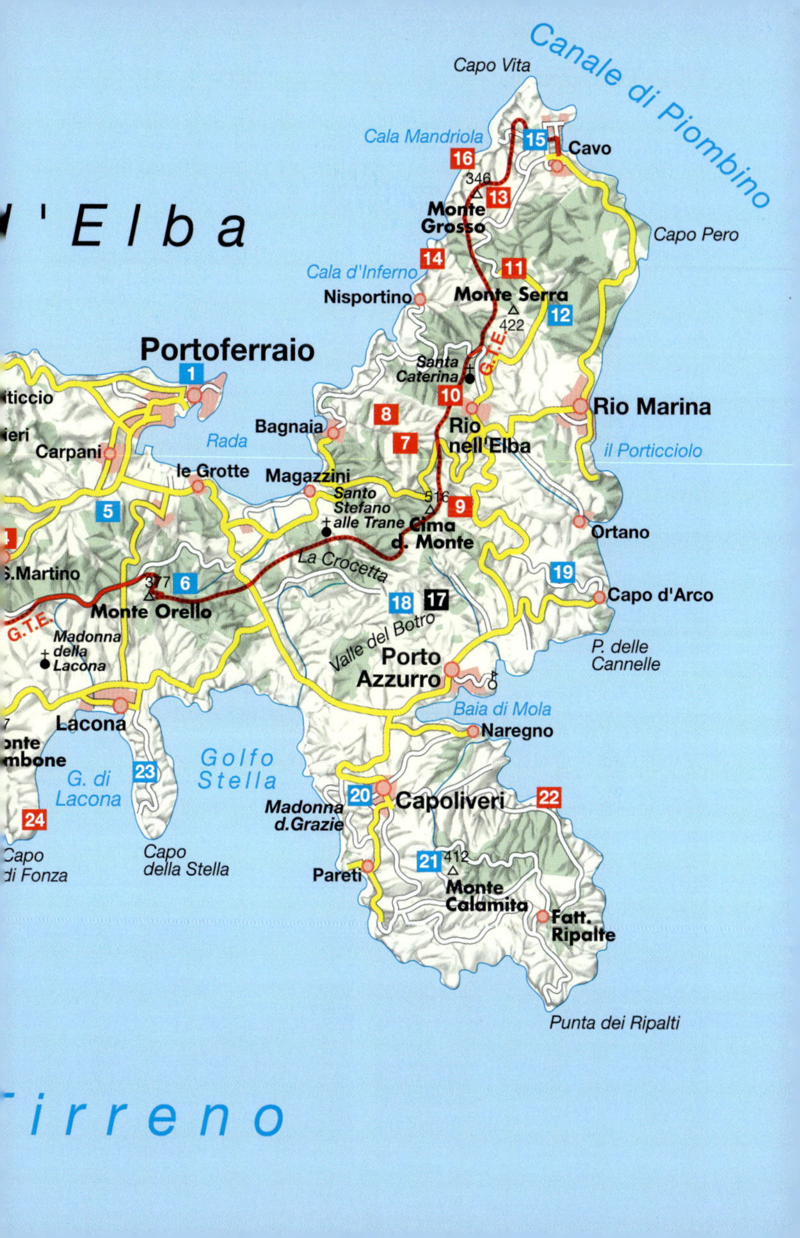
Canale di Piombino
Capo Vita
Cala Mandriola
Cavo
'Elba
Monte Grosso
346
Capo Pero
Cala d'Inferno
Nisportino
Monte Serra
422
G.T.E.
Portoferraio
Santa Caterina
Rio Marina
Rio nell'Elba
Bagnaia
Rada
il Porticciolo
Carpani
le Grotte
Magazzini
Santo Stefano alle Trane
516
Cima d. Monte
Ortano
La Crocetta
S.Martino
377
Monte Orello
Capo d'Arco
Madonna della Lacona
Valle del Botro
Porto Azzurro
P. delle Cannelle
Baia di Mola
Lacona
Naregno
Golfo Stella
G. di Lacona
Capoliveri
Madonna d.Grazie
Capo di Fonza
Capo della Stella
Pareti
412
Monte Calamita
Fatt. Ripalte
Punta dei Ripalti
Tirreno
1
5
6
7
8
9
10
11
12
13
14
15
16
17
18
19
20
21
22
23
24

TOP-TOUREN

Diese Auswahl umfasst auch einfache und kurze Touren, die es ermöglichen, die Vielfalt Elbas schnell kennenzulernen. Natürlich fehlen aber auch die alpinen Höhepunkte nicht. Fast alle Touren haben einen Berührungspunkt mit dem allgegenwärtigen Mittelmeer. Nach der Tour ins Meer springen zu können, ist eines der Merkmale dieses Wandergebiets.

Capo d'Enfola
Einfacher Rundweg über und um die verlassene Halbinsel. Auf der Nordseite des Kaps erwarten uns erfrischender Schatten und bizarre Felsformationen *(Tour 2, 2 h).*

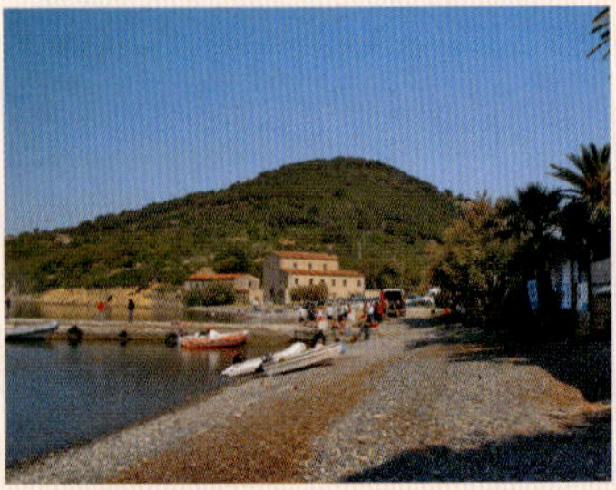

Castello del Volterraio
Festung aus dem Jahr 1284 mit Fernblick. Hier sieht man optimal auf Portoferraio, die einfahrenden Fährschiffe sowie einen Großteil der Nordküste der Insel *(Tour 7, 1.15 h).*

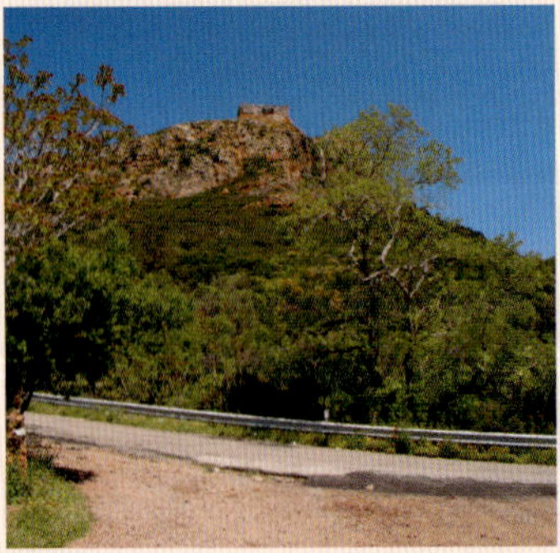

Spiaggia di Terranera und Monte Arco
Glitzernder Sand und grasgrünes Wasser in einem zerfurchten ehemaligen Bergwerksgelände. Dahinter ein steiler sonniger Aufstieg mit guter Aussicht über den Osten der Insel *(Tour 19, 2.15 h).*

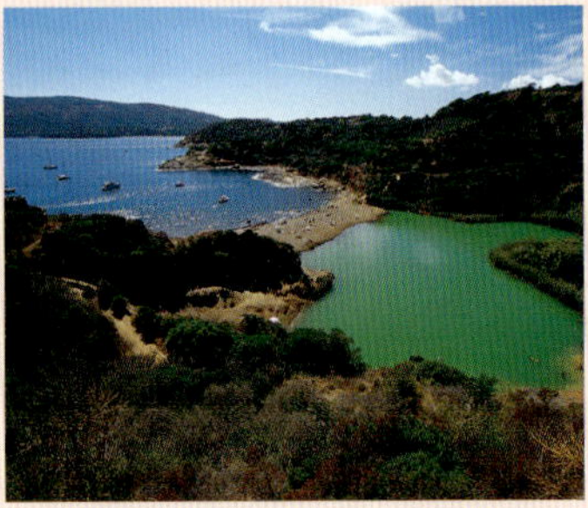

Madonna delle Grazie
Eine kleine Wanderung zum Meer und ein Dorfrundgang in Capoliveri. Es geht an Kirchen vorbei bergab bis zum Strand und durch kleine Gassen und Wege wieder hinauf *(Tour 20, 1.20 h).*

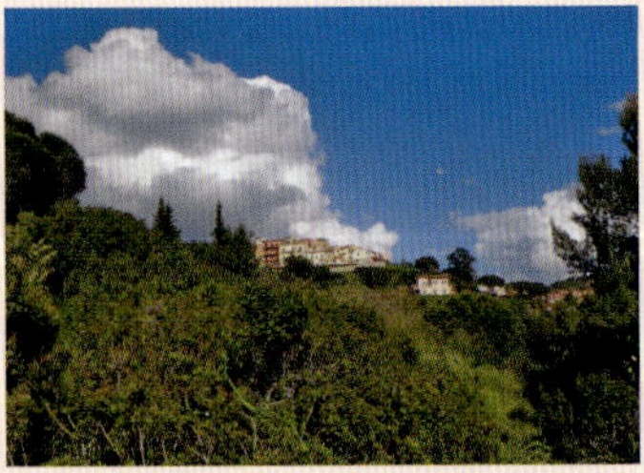

Costa dei Gabbiani
Im Norden und Osten des Monte Calamita liegen einige Traumstrände, die über einen einfachen, allerdings langen Weg nur zu Fuß erreichbar sind. Für Frühaufsteher – wegen der steilen Ostküste *(Tour 22, 4 h)*.

Monte Poro und Galenzana-Stand
Auf einsamen und waldigen Wegen verlässt man Marina di Campo, um zum Leuchtturm zu gelangen. Am Rückweg kann man sich am Galenzana-Strand erfrischen, der nur zu Fuß erreichbar ist *(Tour 25, 2 h)*.

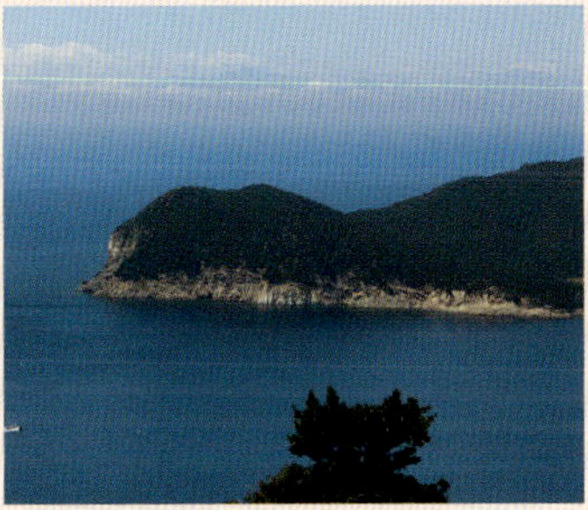

Le Calanche
Anspruchsvolle Bergtour auf schmalen Pfaden mit leichten gesicherten Kletterpassagen am Berg der bizarren Felsen. Der Monte Capanne ist im Abstieg im Blick *(Tour 28, 3.30 h)*.

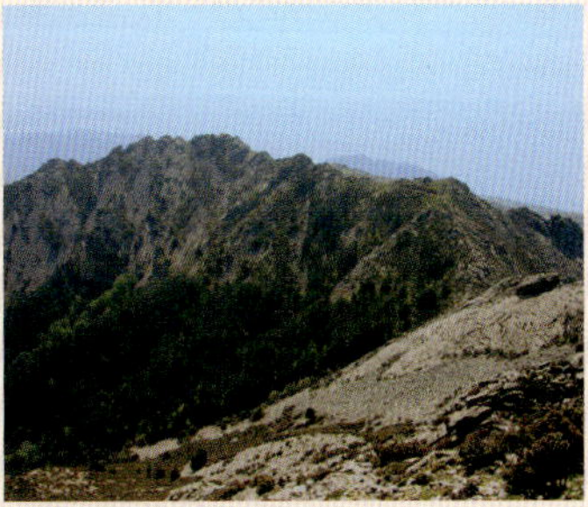

Colle della Grottaccia
Im Dschungeltal und am Steppenberg geht es kühl und heiß zu. Oben stehen viele Caprili. Morgenmenschen sind hier klar im Vorteil (Südküste!) *(Tour 29, 4.30 h)*.

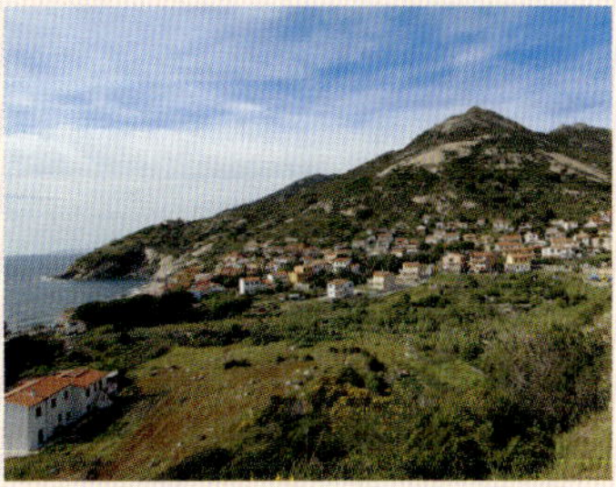

Marciana Marina – Sant'Andrea
Küstenwanderung durch die Wunderwelt des Cotoncello, zwischen glatt gescheuerten Granitplatten, bizarr verwitterten Steinfiguren und scheinbar absturzbereiten Felskugeln *(Tour 32, 2.15 h)*.

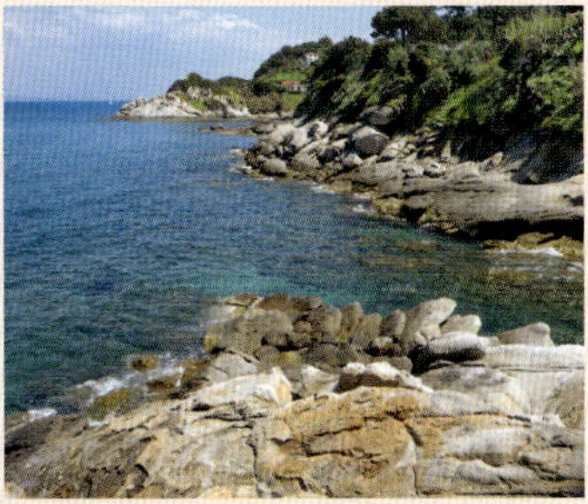

Monte Capanne – Monte Giove
Mit der Seilbahn fährt man auf den höchsten Berg der Insel und erklimmt anschließend trotzdem einen einsamen Gipfel. Rundumblick über die ganze Insel inbegriffen, Schatten spendende Rast im Abstieg bei der Bergkirche *(Tour 38, 3.30 h)*.

WICHTIGE HINWEISE FÜR UNTERWEGS

Anforderungen

Das Spektrum der hier vorgestellten Touren reicht vom Stadtspaziergang über gemütliche Strand- und Bergwanderungen bis zu langen und sehr anspruchsvollen Gebirgsüberschreitungen. Trotz der geringen Gipfelhöhen – nur der Monte Capanne ragt über die 1000-Meter-Marke hinaus – zeigen manche Gebiete Steilhänge und Schutthalden, Felsgrate und schroffe Wände, auf denen man Trittsicherheit und Schwindelfreiheit benötigt. Um die Anforderungen besser einschätzen zu können, wurden die Tournummern mit verschiedenen Farben markiert. Diese erklären sich wie folgt:

SCHWIERIGKEITSKATEGORIEN

■ = Leicht

Diese Wege sind meist gut markiert, ausreichend breit und nur mäßig steil, daher auch bei Schlechtwetter relativ gefahrlos zu begehen. Sie empfehlen sich auch für ältere Wanderer und für Kinder.

■ = Mittel

Diese Routen sind stellenweise schmal und steil; sie können schon kurze ausgesetzte oder unmarkierte Abschnitte aufweisen. Deshalb sollten sie nur von trittsicheren Bergsteigern begangen werden. Beachten Sie auch die empfohlene Gehrichtung.

■ = Schwierig

Diese Pfade sind häufig schmal und weisen sehr steile Passagen auf. Stellenweise sind sie ausgesetzt; gelegentlich ist die Zuhilfenahme der Hände notwendig. Dies bedeutet, dass sich diese Routen nur für trittsichere, absolut schwindelfreie, konditionsstarke und erfahrene Bergsteiger eignen. Ein guter Orientierungssinn ist ebenfalls hilfreich. An der oberen Grenze dieser Tourenkategorie liegen Touren mit kurzen Kletterpassagen im I. Schwierigkeitsgrad sowie der einzige gesicherte Klettersteig der Insel.

Die kleinere Fähre von Rio Marina nach Piombino.

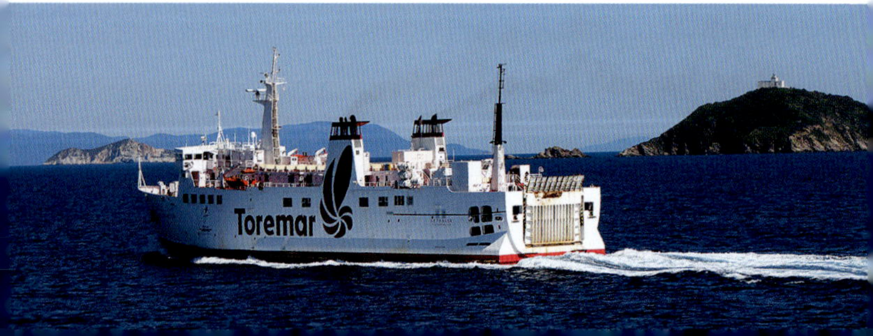

Anreise

- **Mit der Bahn:** Schnellzüge ab den großen Städten Nord- und Mitteleuropas nach Firenze, Genova oder Milano. Die Anreise innerhalb eines Tages ist kaum möglich, es empfiehlt sich, Nachtzüge zu nehmen. Meist muss man für die kurze Strecke zum Hafen Piombino Marittima noch vorher in Campiglia Marittima umsteigen, dies entfällt nur bei einigen Verbindungen ab Pisa und Livorno. Fahrplanauskunft unter: bahn.de, nightjet.com, oebb.at, sbb.ch, trenitalia.com.
- **Mit dem Auto:** Ab München ca. 800 km über den Brenner, Modena und Bologna nach Firenze; ab Wien ca. 1000 km über Villach, Udine, Padova und Bologna nach Firenze. Nach der Ausfahrt Firenze Scandicci weiter über die Superstrada FI-PI-LI (nicht vorangekündigt, erst bei der Ausfahrt angeschrieben) bis südlich von Pisa. Von Stuttgart (ca. 900 km) und Zürich (ca. 700 km) über Chur, San Bernardino, Milano, Parma und La Spezia nach Pisa. Weiter für alle Strecken kurz auf der A12 bis Rosignano Marittimo und anschließend auf der S1 nach Piombino. Die Autobahnen sind gebührenpflichtig: Vignette in der Schweiz und in Österreich, zusätzlich Maut am Brenner (ca. 10 €) und streckenabhängig in Italien ab Brenner oder Chiasso (ca. 40 €, Angaben jeweils für eine Strecke).

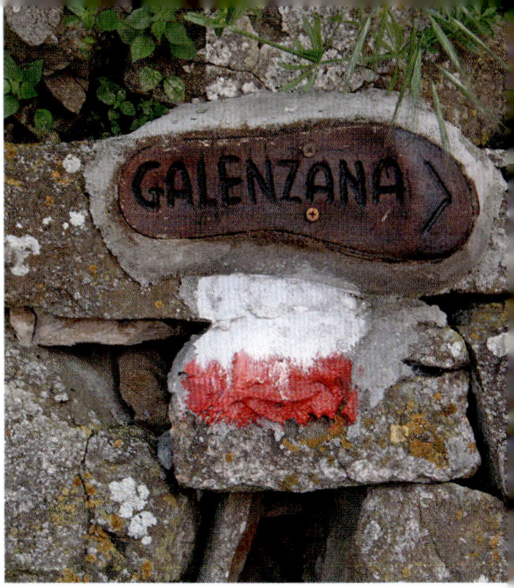

Ein Wegweiser zum Strand bei Marina di Campo.

- **Fährverbindungen:** Schnelle Verbindungen ab Piombino, zwischen 6 und 22 Uhr setzt alle 1–2 Stunden eine Fähre nach Portoferraio über (seltener nach Rio Marina und Cavo, zu Letzterem einige Verbindungen nur mit Personenverkehr). Dauer rund eine Stunde, Kosten ca. 50 € für eine Strecke für ein Auto und zwei Erwachsene. Hauptzielhafen ist Portoferraio, seltener werden Rio Marina und Cavo im Osten angesteuert. Es gibt vier Fährbetreiber: toremar.it, mobylines.de, blunavytraghetti.com und corsica-ferries.de (auch Verbindungen ab Bastia). Reservieren Sie online, unter der Woche kann man es auch ohne Reservierung riskieren. In der Nebensaison ebenfalls gute Verbindungen, da auch der Berufspendlerverkehr über die Fähren erfolgt. Kaufen Sie die Tickets in Piombino erst vorne am Hafen und nicht bei den Agenturen am Weg dorthin: bis zur Abfertigungsbarriere fahren, die linke Spur nehmen, parken und über die offenen Treppen links hoch, dann rechts. Alle Gesellschaften haben in dieser Halle ihre Schalter.

Auskunft

- italia.it
- visitelba.de, offizielle Tourismusagentur des Toskanischen Archipels Info-Elba, nur im Internet.
- Parco Nazionale dell'Arcipelago Toscano, Direktion und Information in der ehemaligen Tonnara in Enfola, vgl. Tour 2, und bei verschiedenen Info-Points auf der Insel. Organisation von Wanderevents wie dem Tuscan Coast & Island Walking Festival, islepark.it.

Ausrüstung

Abgesehen von der Tour im Stadtgebiet von Portoferraio sollte man nur in stabilen, bis über die Knöchel reichenden Wanderschuhen mit griffiger Sohle losmarschieren. Je fester die Schuhe, desto sicherer der Tritt, auch wenn man darin schwitzen mag. Zudem benötigt man strapazierfähige, wind- und regendichte Kleidung, Ersatzwäsche sowie in höheren Lagen auch bei Schönwetter Pullover und Anorak, Mütze und je nach Saison auch Handschuhe. In den Rucksack gehören außerdem: eine kleine Tourenapotheke sowie Proviant und eine volle 1,5-Liter-Trinkflasche, denn in der Regel finden sich unterwegs keine Einkehrmöglichkeiten. Schutz vor der Sonne bieten eine Sonnencreme mit hohem Schutzfaktor, eine leichte Kappe oder ein Sonnenhut. Viele Touren ermöglichen abschließende Abstecher zur felsigen Küste, manchmal will man auch in die Nachbarbucht überwechseln. Daher sind Schuhe, die nass werden können, zu empfehlen.

Bus

Die Inselbusse starten am zentralen Busbahnhof in Portoferraio (Viale Elba hinter dem Hochhaus am Fährhafen). Stadtbusse haben einstellige Nummern und erschließen die nähere Umgebung von Portoferraio (u. a. das Tal

GPS-TRACKS UND KOORDINATEN DER AUSGANGSPUNKTE

Auf **gps.rother.de** stehen zu diesem Wanderführer GPS-Tracks und die Koordinaten der Ausgangspunkte zum kostenlosen Download bereit. Dieser QR-Code führt direkt zum Download.
8. Auflage, Passwort: **448208ktw**
Die GPS-Tracks können in die **Rother App** importiert werden. In der App kann man unterwegs stets sehen, wo man gerade ist und wo es langgeht. **Anleitungen dazu: rother.de/gps**
Trotz sorgfältiger Prüfung können wir Fehler und zwischenzeitliche Veränderungen nicht ausschließen. Verlassen Sie sich für die Orientierung niemals einzig und allein auf die GPS-Daten, sondern beurteilen Sie die Verhältnisse vor Ort.

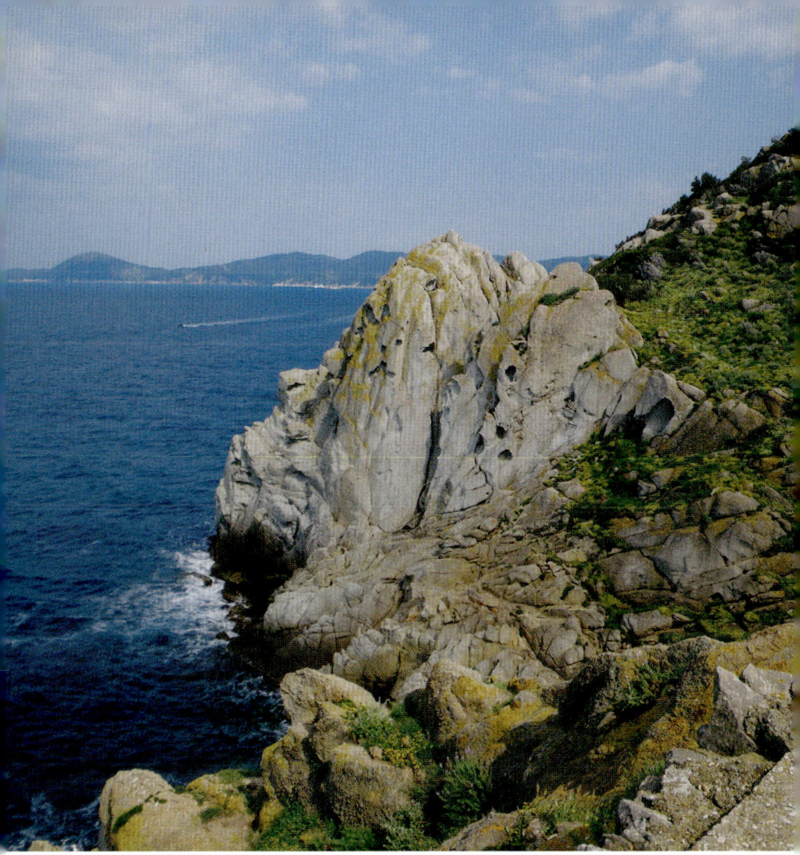

Tafoniverwitterung am Capo d'Enfola.

von San Martino und Viticcio). Die drei Überlandlinien weisen dreistellige Nummern auf: 116 im Westen, 118 in der Inselmitte und 117 im Osten. Diese Busse fahren mehrmals täglich in alle größeren Orte. An Sonn- und Feiertagen ist das Angebot eingeschränkt. Information, Routen und Fahrpläne unterat-bus.it (italienisch). Tickets löst man idealerweise vor dem Einsteigen mit der Handy-App TABNET.
Da und dort ist die Anfahrt per (Leih-)Fahrrad, Mountainbike oder Motorroller eine Alternative. In den italienischen Sommerferien (Juli und August) verkehren die Buslinen 7 und 8 zwischen den Badestränden und einigen Orten im Hinterland teilweise kostenlos. Fahrpläne jedes Jahr neu.

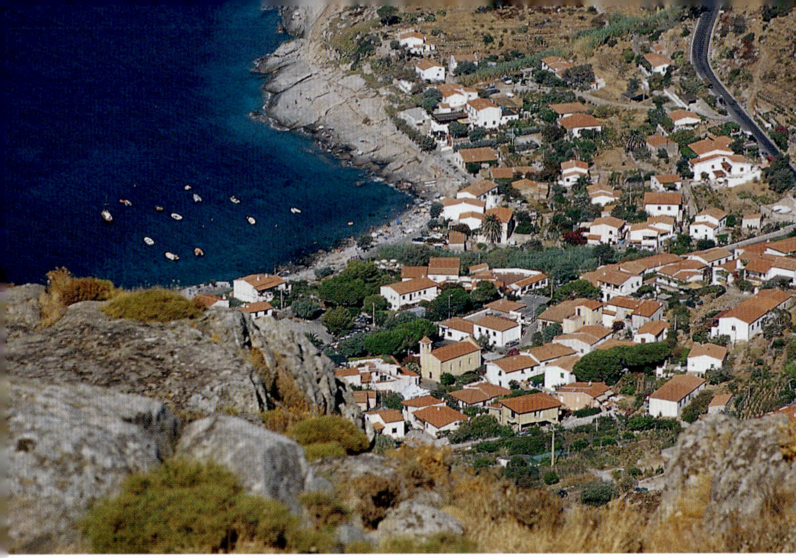

Blick hinab auf Chiesi.

Trotz allem bleibt das Busangebot gerade für Tagestouren oft ungünstig. Bedenken Sie auch, dass eine Querung der Insel mit dem Bus mehrere Stunden beanspruchen kann!

Feiertage

Natale (Weihnachten), Santo Stefano (25./26. Dezember), Capodanno (1. Januar), Epifania (6. Januar), Pasqua (Ostersonntag und -montag), Anniversario della Liberazione (Jahrestag der Befreiung von der deutschen Wehrmacht am 25. April), 1. Mai, Fondazione della Repubblica (Jahrestag der Republikgründung am 1. Sonntag im Juni), Ferragosto (15. August – an diesem Tag ist ganz Italien unterwegs), Ognissanti (1. November) und Festa dell'Immacolata (8. Dezember). Darüber hinaus feiert man in praktisch jeder Stadt und in jedem Dorf lokale Feste mit religiösem Hintergrund oder mit historischen Wettkämpfen (Auskunft in den Tourismusbüros).

Gefahren beim Wandern

Bei Nebel kann die Orientierung auf den Bergen (und mitunter auch in den Wäldern) schwierig werden. Im Gebirge bilden sich oft schon vormittags Wolken – starten Sie also zeitig.

Vor wilden Tieren braucht man sich auf Elba nicht zu fürchten. Respektabstand sollte man allerdings zu Wildschweinen mit Frischlingen einhalten. Und achten Sie auf verdächtiges Rascheln im Gras: Die Aspisviper – bis zu

ITALIENISCHE BEGRIFFE FÜR WANDERER

acqua	Wasser
a destra	rechts
aiuto!	Hilfe!
albergo	Gasthof, Hotel
alta, alto	hoch
ambiente	Umwelt
a sinistra	links
basso	niedrig
bivio	Abzweigung
bocca	Scharte
bocchetta	kleine Scharte
bosco	Wald
caccia	Jagd
caduta di sassi	Steinschlag
cammino	Weg, Pfad
campanile	Turm
capanna	Hütte
casa	Haus
cascata	Wasserfall
castello	Burg
cave	Steinbruch
chiesa	Kirche
cima	Gipfel, Spitze
colle	Hügel, Pass
corda	Seil
costa	Bergrücken
cresta	Grat
croce	Kreuz
diritto	geradeaus
discesa	Abstieg
dislivello	Höhenunterschied
fermata	Haltestelle
fiume	Fluss
foce	Scharte, Mündung
fontana	Brunnen
fonte	Quelle, Brunnen
fosso	Graben
frane	Hangrutschungen
grotta	Grotte, Höhle
inagibile	unbegehbar
incidente	Unfall
itinerario	Route, Weg
lago	See
largo	breit
lontano	fern
lungo	lang
marmo	Mamor
metro	Meter
montagna	Berge, Gebirge
monte	Berg
nebbia	Nebel
nord	Norden
orrido	Klamm
ovest	Westen
paese	Dorf
passeggiata	Spaziergang
passo	Pass
pericoloso	gefährlich
pernottare	nächtigen
pian	Ebene
piazza	Platz
pioggia	Regen
pizzo	Bergspitze
podere	Bauernhof, Landgut
poggio	Anhöhe
ponte	Brücke
pozzo	Schacht, Strudelloch
prato	Wiese
profondo	tief
punta	Gipfel, Spitze
rifugio	Hütte, Schutzhütte
salita	Aufstieg
sasso	Fels, Felsberg
sella	Schulter, Sattel
sentiero	Weg, Pfad
serpente	Schlange
soccorso alpino	Bergrettung
sopra	oben
sorgente	Quelle
sud	Süden
tempo	(Geh-)Zeit, Wetter
temporale	Gewitter
torre	Turm
torrente	Wildbach
trattoria	Gasthaus
val, valle	Tal
valanga	Lawine
vallone	tiefes Tal
vedretta	kleiner Gletscher
vento	Wind
vetta	Spitze
vicino	nah
via	Straße, Weg
via ferrata	Klettersteig

75 cm lang, mit schwarzen Querbändern auf grauem, hell- oder rotbraunem Grund, gelber Schwanzspitze und breitem, dreieckigem Kopf – ist sehr scheu, aber ziemlich giftig.
Vor allem in der trockenen Jahreszeit können auch Waldbrände gefährlich werden. Es sind auch auf Elba schon mehrmals Wanderer in den Flammen umgekommen. Der Autor hat selbst an einem windigen Tag Ende August einen Waldbrand erlebt: beim Abstieg vom Colle della Grottaccia am Monte Capanne in das Valle di Pomonte. Bei der Ankunft in Pomonte brannte der ganze Südhang des Monte Cenno. Die Windböen trieben haushohe Flammenfontänen durch die ausgetrocknete Macchia hinauf.
Achten Sie unterwegs nicht nur auf verdächtige Rauchentwicklung, sondern auch auf die Windrichtung und die Möglichkeit, notfalls rasch ins Tal zu kommen, und zwar möglichst im rechten Winkel zum Wind (gegen den Wind landet man in den Flammen, mit dem Wind kommt man in den giftigen Rauch. Rauch und Flammen sind oft schneller als wir zu Fuß).
■ Verständigung bei Feuerausbruch: Tel. 115, mobil Tel. 112.

Gehzeiten

Die Zeitangaben verstehen sich als unverbindliche Durchschnittswerte und enthalten nur die reine Gehzeit ohne Rasten oder Fotopausen.

Hotels, Agriturismo, Camping

Jährlich erscheinen aktualisierte Kataloge mit einer Auswahl an Hotels, Ferienwohnungen, Agriturismo und Campingplätzen samt Restauranttipps, Sport- und Freizeitangeboten, die auch beim Infopoint des Nationalparks in Portoferraio ausliegen.

SYMBOLE

Symbole im Tourenkopf
- Mit Bus erreichbar
- Einkehrmöglichkeit
- für Kinder geeignet

Symbole im Höhenprofil
- Ort mit Einkehrmöglichkeit
- Einkehrmöglichkeit
- Parkplatz
- Bushaltestelle
- Gipfel
- Kirche, Kapelle
- Burg, Schloss, Ruine
- Höhle
- Aussichtsplatz
- Rast- und Picknickplatz
- Leuchtturm
- Campingplatz
- Auf-/Abfahrt mit Seilbahn
- Joch, Sattel, Passübergang
- Abzweigung
- Wassermühle
- Quelle
- Hafen, Anlegestelle
- Strand, Bademöglichkeit

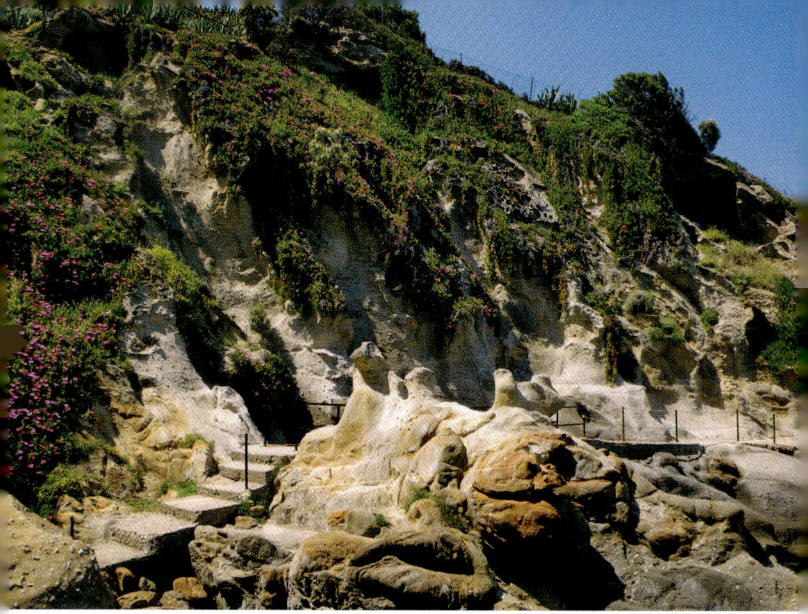

Weg am Cotoncello (Tour 32).

Optimale Quartiere für Wanderurlaube bietet der Agriturismo, die italienische Version von »Urlaub auf dem Bauernhof«. Die Betriebe vermieten Zimmer oder Ferienwohnungen mit und ohne Verpflegung.
Im Bereich von Portoferraio, Rio Marina, Cavo, Porto Azzurro, Capoliveri, Lacona, Marina di Campo und Procchio stehen viele, in der Regel gut ausgestattete Campingplätze zur Verfügung (Öffnungszeiten meist zwischen April und Anfang Oktober). Campingsuche: park4night.com.

Karten

Vor Ort empfiehlt sich zum Wandern die Karte des Nationalparks Toskanisches Archipel, erhältlich in Enfola (siehe Tour 2). Diese Karte wird von 4Land Maps produziert und ist über die App von Avenza Maps gratis am Mobiltelefon anzeigbar. Dort sind jedoch die Topografie und das Straßennetz etwas veraltet und nicht optimal lesbar.
Weitere Karten: Freytag & Berndt, »Elba – Island Pocket« im Maßstab 1:45.000; Kompass Wanderkarte Nr. 2468 »Isola d'Elba« im Maßstab 1:25.000 (mit Kurzführer); Edizioni Multigraphic, Carta turistica e dei sentieri »Isola d'Elba« im Maßstab 1:25.000.
Übersichtskarten für die Anreise: Freytag & Berndt »Toskana« im Maßstab 1:150.000; Michelin 563 »Toscana, Umbria, Marche, Lazio, Abruzzo« im Maß-

stab 1:400.000. Karten sind auf Elba in Tabakläden und in manchen Supermärkten erhältlich. Bezug in Deutschland im Buchhandel, in Österreich bei Freytag & Berndt (freytagberndt.com).

Klettern

Kurze Sportkletterrouten gibt es u. a. an der Costa dei Gabbiani bei Capoliveri, am Monte San Bartolomeo, bei Fetovaia oder bei Madonna del Monte oberhalb von Marciana. Literatur unter versantesud.it.

Klima und Wandersaison

Das vergleichsweise milde Inselklima ermöglicht Wanderungen das ganze Jahr über. Die besten Tourenzeiten sind Frühling (Blüte), Spätsommer und Herbst. An heißen Hochsommertagen sollte man im Strand- oder Waldbereich wandern; für Bergtouren empfiehlt sich dann ein sehr früher Aufbruch – Sie sollten Ihr Ziel vor 9 Uhr erreicht haben.

Im Herbst beginnen eher unsichere Wetterverhältnisse, es gibt aber auch herrliche Tage zum Wandern. Der meiste Niederschlag fällt in den ersten Monaten des Jahres, auf den höchsten Gipfeln manchmal sogar als Schnee. Auf den Bergen muss man mit deutlich geringeren Temperaturen rechnen, mitunter weht kräftiger Wind. Abseits der Sommersaison bedingt die Lage im Golf von Genua manchmal eine länger anhaltende Wolkendecke als anderswo am Mittelmeer, diese Wolken regnen meist über dem Festland ab.

Markierung

Fast alle der vorgestellten Routen sind mit Holzwegweisern beschildert und – ähnlich wie in den Alpen – meist rot-weiß markiert. Ungenaue Routeneintragungen in den Wanderkarten oder fehlende Tafeln und Markierungen können da und dort zu Verwirrung führen. An vielen Ausgangspunkten stehen große Infotafeln mit eingetragenen Wanderrouten. Generell gilt, dass der Westen um den Monte Capanne besser markiert ist, hingegen fehlen im Osten abseits der Grande Traversata Elbana (GTE) viele Hinweisschilder, besonders bei Zustiegen aus Ortsgebieten. Beachten Sie auch, dass die meisten Wege viel seltener begangen werden als in den Alpen, dadurch werden Windbrüche oder ausgewaschene Wegabschnitte oft

KLIMATABELLE

		Jan	Feb	Mrz	Apr	Mai	Jun	Jul	Aug	Sep	Okt	Nov	Dez	Ø
Maximal-Temperatur	°C	10	10	12	14	19	23	26	27	23	18	13	10	17
Minimal-Temperatur	°C	5	5	6	8	12	16	19	20	16	13	9	6	11
Wassertemperatur	°C	14	13	14	15	18	22	24	25	23	21	18	16	18
Sonnenstunden	h	5	4	5	6	7	8	9	9	7	5	4	4	7
Tage mit Regen		7	6	7	7	5	4	2	2	8	8	7	6	5

viel länger nicht saniert. Deshalb ist grundsätzlich auf allen Wegen gute Ausrüstung und gutes Schuhwerk zu empfehlen.
Es wurden sämtliche Wege neu nummeriert, es gibt nur mehr dreistellige Wegnummern und viele Nebenwege führen gar keine Nummern mehr. In der Natur ergibt sich dadurch natürlich ein Nebeneinander von alten und neuen Bezeichnungen. In diesem Wanderführer sind ausschließlich die neuen Wegnummern aufgeführt. Beachten Sie, dass gedruckte Karten oft noch ältere Wegbezeichnungen führen.

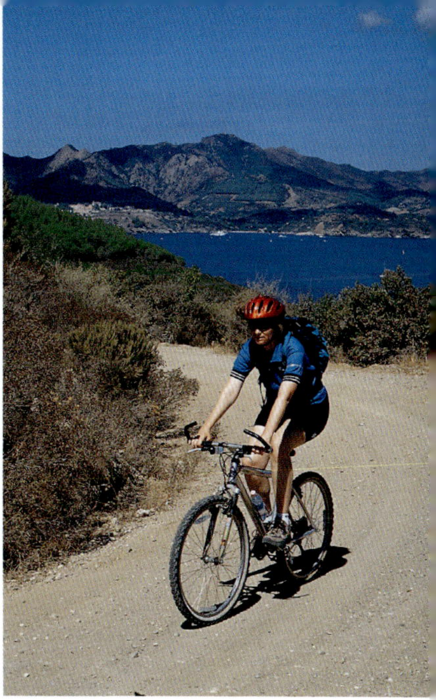

Die Halbinsel Calamita zeigt sich als wahres Mountainbike-Paradies.

Mountainbiking

Elba bietet viele einsame Neben- und Forststraßen; fahrbare Wege erreichen an manchen Stellen sogar die Bergkämme. Manche der hier vorgestellten Wanderungen lassen sich zu tollen »bike & hike«-Touren ausbauen. Einige Wege, die in den Karten oder vor Ort als Bikerouten eingezeichnet sind, erweisen sich allerdings als sehr ruppige und technisch anspruchsvolle Singletrails. Besonders schöne Bike-Reviere findet man bei Capoliveri und Marina di Campo.

Notfall

- Europäische Notrufnummer (zentral, auch mobil): Tel. 112 für Verkehrspolizei (polizia stradale), Feuerwehr (vigili del fuoco) und Notarzt (pronto soccorso).

Öffnungszeiten

Die meisten Geschäfte öffnen Montag bis Freitag um 9 Uhr, machen zwischen 12.30 bzw. 13 Uhr und 15 bzw. 15.30 Uhr Mittagspause und schließen um 19.30 Uhr. Am Samstagnachmittag und am Sonntag bleiben außerhalb der Tourismuszentren die Rollläden unten, manche Lebensmittelgeschäfte und Supermärkte sind aber sonntagvormittags offen.
Kirchen kann man in der Regel täglich zwischen 7 und 12 oder 13 Uhr und zwischen 16 oder 17 Uhr und 19 oder 20 Uhr besichtigen – während der

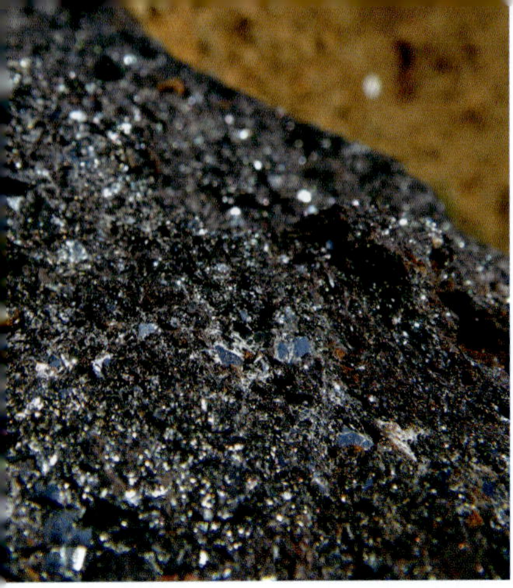

Hämatitkristalle an der Spiaggia di Terranera (Tour 19).

Messen bitte nicht herumgehen! Die Öffnungszeiten der Museen variieren überall; staatliche Museen sind am Montag geschlossen.

Seilbahn
Die einzige »Aufstiegshilfe« der Insel erschließt den Monte Capanne: Ein Stehgondellift befördert Sie in rund 15 Minuten von der Talstation unterhalb von Marciana zur Bergstation knapp unter dem Gipfel. Trotz der altertümlich anmutenden Körbe für je zwei Personen ist die Bahn modern ausgestattet. Betrieb zwischen Ostern und Anfang Oktober. Achtung: erste Fahrt um 10 Uhr (rund 2 Std. Mittagspause ab 12.30 Uhr), eine Einzelfahrt kostet 12 Euro.

Tauchen und Segeln
Rund um die Insel sind (auch deutschsprachige) Segelschulen und Tauchbasen zu finden. Anbieter findet man zusammengefasst im Internet unter-infoelba.net.

Taxi
Taxis sind etwas billiger als nördlich der Alpen; es werden aber zahlreiche Zuschläge kassiert. (Vor Überlandfahrten sollte man daher vorher unbedingt den Preis aushandeln.) Verschiedene Taxidienste findet man in Portoferraio beim Hochhaus.

Telefon und Internet
Die Landesvorwahlen aus Italien lauten nach Deutschland 0049, nach Österreich 0043 und in die Schweiz 0041, dann die 0 der Ortsvorwahl weglassen. Die Vorwahl nach Italien ist 0039, allerdings wird dann die 0 vor der Teilnehmernummer mitgewählt; die Ortskennziffer ist in Italien fester Bestandteil der Telefonnummer. Italienische Mobilnummern beginnen mit 3 ohne führende Null.

Zeitungen
Deutschsprachige Tageszeitungen und Magazine sind in Portoferraio und in den den meisten größeren Ferienorten oft schon am Erscheinungstag erhältlich.

Der Umwelt zuliebe ...

Auch beim Wandern hinterlassen wir einen ökologischen Fußabdruck, aber im Einklang mit der Natur unterwegs zu sein, ist gar nicht so schwer!

VORBEREITUNG UND ANFAHRT

- Sich vorab informieren, worauf in Bezug auf Natur und Umwelt in der jeweiligen Wanderregion besonders zu achten ist.
- Soweit möglich mit Bahn und Bus anreisen, Wander- und Rufbusse nutzen.
- Ist eine Anfahrt mit dem Auto nötig, Fahrgemeinschaften bilden.
- Bei weiten Anfahrten Mehrtagestouren planen oder von einem Quartier vor Ort aus mehrere Touren absolvieren.
- Flugreisen möglichst reduzieren und durch Beiträge zu Klimaschutzprojekten kompensieren.

KLEIDUNG UND AUSRÜSTUNG

- Beim Kauf von Outdoor-Kleidung auf umweltfreundliche und faire Herstellung achten und Kleidungsstücke möglichst viele Jahre nutzen.
- Ausrüstung kann man eventuell auch gebraucht kaufen oder ausleihen.
- Reparieren statt neu kaufen.

VERPFLEGUNG

- Beim Einkauf Bio-Ware, regionale und saisonale Erzeugnisse bevorzugen.
- Hütten und Gasthäuser auswählen, die regionale Produkte verwenden.
- Auf Einwegflaschen und Plastikverpackungen verzichten, stattdessen wiederverwendbare Trinkflaschen und Brotzeitboxen benutzen.

ÜBERNACHTUNG

- Bei lokalen Anbietern buchen, damit Menschen vor Ort profitieren.
- Auf Hütten und in anderen Unterkünften Strom und Wasser sparen.

UNTERWEGS

- Wege benutzen und Abkürzer vermeiden.
- Sperrungen von Wegen und Schutzgebieten respektieren.
- Keine Blumen pflücken und keine Pflanzen entnehmen.
- Waldbrandgefahr beachten.
- Müll wieder mit nach Hause nehmen und dort entsorgen.
- Toilettengänge in freier Natur möglichst vermeiden.
- Lärm vermeiden.
- Hunde an die Leine nehmen.

ROTHER
BERGVERLAG

ZUR REGION

Der Edelstein der Venus

Elba, ein Edelstein? Als die Göttin der Liebe dem Meer entstieg, sollen sich aus ihrer Halskette sieben kostbare Steine gelöst haben. Sie liegen heute noch als Inseln vor der toskanischen Küste. Geologen sehen das anders: Sie haben herausgefunden, dass man im Südosten Elbas, auf der Halbinsel Calamita, gewissermaßen auf afrikanischem Boden wandelt – ihre ältesten Gesteine stammen vom schwarzen Kontinent, der 400 bis 500 Millionen Jahre alt ist. Das übrige »Baumaterial« des Toskanischen Archipels ist vor etwa 230 bis 240 Millionen Jahren entstanden – teils durch vulkanische Vorgänge (vor 7 Millionen Jahren fanden auf Capraia heftige Ausbrüche statt) oder durch Gesteinsumwandlung in der Tiefe, teils durch die Ablagerung organischer Stoffe oder älterer Gesteine auf dem Boden eines urzeitlichen Meeresbeckens. Endgültig zur Insel wurde Elba übrigens erst vor 12.000 Jahren: Während der Eiszeiten sorgte der niedrige Wasserspiegel des Mittelmeers mehrmals für eine Landverbindung mit der Toskana – die Ureinwohner konnten noch zu Fuß einwandern.

Elba zeigt sich als die geologisch vielfältigste der toskanischen Inseln, ja als weltweite Besonderheit, die in die »World Heritage List« der UNESCO aufgenommen wurde: Ihr höchster Gipfel, der Monte Capanne, 1018 m, ist Teil der Granitgebirge des Westens, Hinterlassenschaft einer großen Magmakammer, die knapp unter der Oberfläche abgekühlt und später hochge-

Große und kleine geologische Wunder auf Schritt und Tritt …

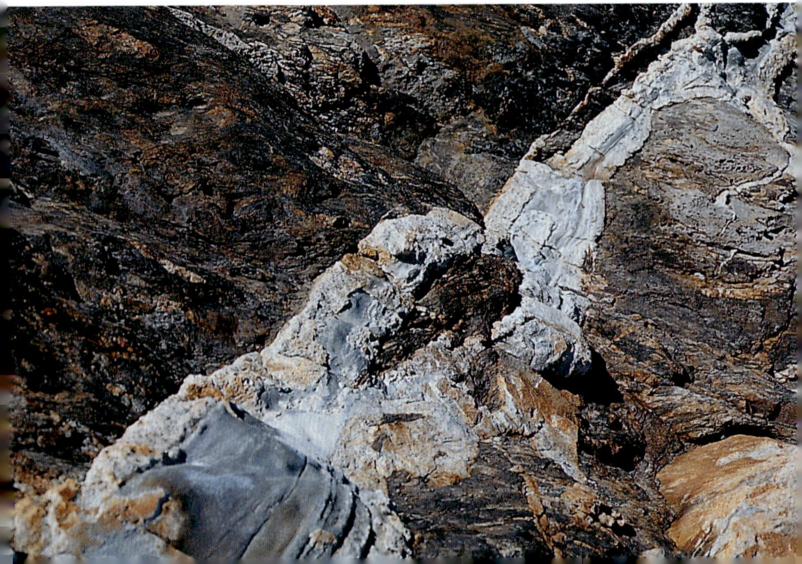

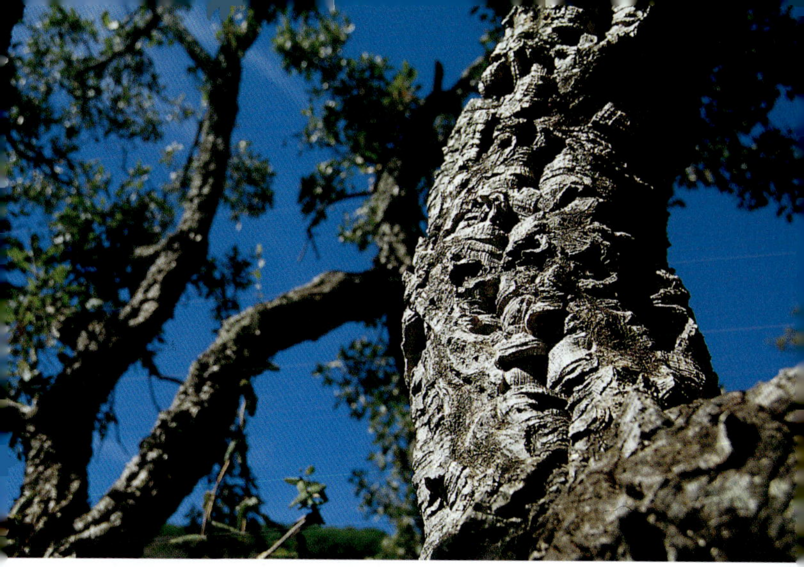

Die Korkeiche gehört zu den auffälligsten Bäumen Elbas.

drückt worden ist. Die beiden Übergänge im Zentrum der Insel liegen wiederum bloß 45 m über dem Meer – die Berge dazwischen bestehen aus so unterschiedlichen Gesteinen wie Porphyr oder Flysch, erreichen aber nicht einmal 400 m. Der geologisch interessanteste Bereich befindet sich im Osten Elbas, in den Kalk- und Schieferbergen, deren Erzlagerstätten schon von den Menschen der Antike genutzt wurden. Hier gibt es wie Messing glänzende Pyritkristalle zu entdecken oder das nach der Insel benannte Mineral Ilvait, Turmaline und Calcite, schwarzen Hämatit oder grünen Epidot. Am besten, Sie lassen den Glanz aller hier vorkommenden Mineralien in den Museen von Rio nell'Elba oder Rio Marina auf sich wirken. Wer es ganz genau wissen will: S.E.L.C.A. Firenze hat eine geologische Karte der Insel im Maßstab 1:50.000 herausgebracht, zu finden in besseren Zeitungsläden.

Flora und Fauna

Im Frühling leuchtet ganz Elba: Der Ginster (zum einen harmloser Pfriemenginster, zum anderen aber auch der extrem stachelige Dornginster) streicht ganze Hänge gelb, rosafarbene Zistrosen schmücken das Gestrüpp, weiß blinken Myrten und die Baumheide ... Und über allem liegt ein Duft, der an die mediterrane Küche erinnert: Salbei und Minze, Rosmarin und Thymian, Fenchel, Origano oder wilder Spargel ... Wo sich heute die undurchdringliche Macchia und die (spärlichere) Garrigue ausbreiten, wäre man noch zu Zeiten der Römer durch dichte Wälder gewandert. Vor allem

für die Schmelzöfen und den Schiffsbau benötigte man immer größere Mengen an Holz, sodass die ursprünglichen Steineichenbestände im Lauf der Jahrhunderte fast verschwunden sind. An ihre Stelle trat immergrüner Buschwald – ein dornenreiches, maximal zwei, drei Meter hohes Dickicht aus Baumheide und Lorbeer, Erdbeerbaum, Wacholder, Wolfsmilch und Mastix, das heute bereits die Hälfte der Inselfläche bedeckt (und abseits ausgetretener Wege kein Fortkommen zulässt). Teile der alten Waldflächen sind mit Kiefern aufgeforstet worden, man findet aber auch noch herrliche Kastanienhaine, unter denen mannshohe Farne sprießen. An der Küste ist im Frühsommer vor allem die flächendeckende Hexenhand (Kaktus) eindrücklich. Diese ist zwar eingeschleppt, hat aber wunderschöne Blüten.
Genauso vielfältig wie die Urnatur zeigt sich das kultivierte Land Elbas. In den flacheren Bereichen werden Oliven geerntet, des Weiteren Feigen, Granatäpfel, Kaki und – an windgeschützten Stellen – Zitronen. Seit Menschengedenken wird auch Wein angebaut. Zu Napoleons Zeiten trug die Insel mehr als 32 Millionen Rebstöcke, die im 19. Jahrhundert größtenteils dem Pilzbefall und der Reblausplage zum Opfer fielen. Mittlerweile stehen Elbas DOC-Weine (Elba Bianco und Elba Ansonica, Elba Rosso, Elba Rosso Riserva und Elba Rosato sowie Elba Aleatico und Elba Moscato, zwei Dessertweine aus luftgetrockneten Trauben) wieder hoch im Kurs, doch auch der offene Hauswein erweist sich in den meisten Fällen als ehrlich und gut. Einen guten Überblick über das Angebot, Weingüter und Probiermöglichkeiten gibt die in der Tourismusagentur in Portoferraio erhältliche Bro-

Wer beobachtet hier wen?

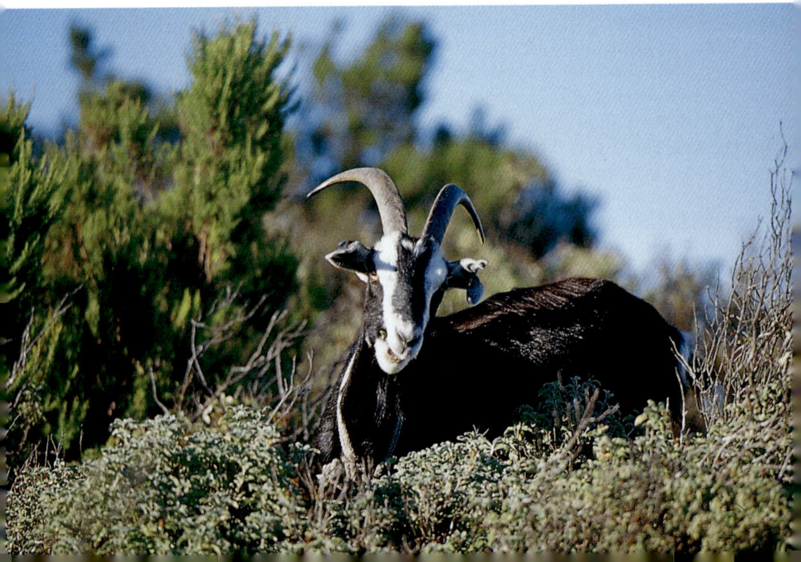

schüre »Itinerario Elba«. Eine »Strada del Vino« ist auf den Inselstraßen ausgewiesen.

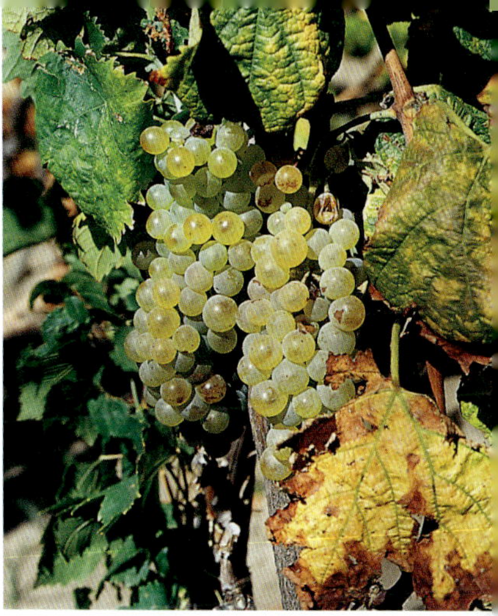

Auf Elba wird auch Wein angebaut.

Unterwegs begegnet man auch allerlei Tieren, z. B. wilden Ziegen und sardischen Mufflons, Kaninchen und natürlich den allgegenwärtigen Eidechsen. Die im 20. Jahrhundert ausgesetzten mitteleuropäischen Wildschweine haben sich so vermehrt, dass sie zur Plage wurden: Überall sieht man zerwühltes Erdreich, zum Leidwesen der Bauern auch im Bereich der Gärten und Felder. Mittlerweile dürfen die Schwarzkittel sogar im Nationalpark wieder gejagt werden. Für Ornithologen ist Elba ein Paradies: Im Frühjahr und im Herbst legen viele Zugvögel einen Zwischenstopp ein, sämtliche für den Mittelmeerraum typischen Vögel nisten hier, an manchen Küstenabschnitten sind Silbermöwen, Gelb- und Schwarzschnabelsturmtaucher zu beobachten. Seltener zu sehen sind der Wanderfalke, das Rothuhn und die Korallenmöwe – Letztere wurde zum Symbol des Nationalparks des Toskanischen Archipels. Über die Bewohner des Meeres informiert man sich am besten im Acquario dell'Elba bei Marina di Campo, das als die beste derartige Anlage im Mittelmeerraum gilt.

Begehrt seit Jahrtausenden

Die Spuren menschlicher Anwesenheit reichen auf Elba 50.000 Jahre weit zurück. Schon früh wurde der Reichtum an Erzen erkannt und genutzt: »Aethalia« – die Funken sprühende – nannten sie die Griechen, und die Etrusker erwiesen sich ab etwa 800 v. Chr. als die ersten Meisterschmiede der Insel. Sie wurden um das Jahr 396 v. Chr. von den Römern unterworfen: Der Handel mit der Ewigen Stadt blühte auf, und wie die Ruinen römischer Sommerhäuser beweisen, galt die Insel schon in der Antike als touristische Top-Destination.

575 n. Chr. kamen die Langobarden, 199 Jahre später wurden sie von den Truppen Karls des Großen wieder vertrieben. Die folgende Zeit stand dann ganz im unheilvollen Zeichen der Piraten: Seit dem 9. Jahrhundert mehrten sich die Überfälle der Sarazenen, die Elba als Basis für ihre Raubzüge im Mittelmeerraum schätzten. Unzählige Menschen wurden getötet oder in die Sklaverei verschleppt; die Überlebenden zogen sich auf höher gelegene Plätze zurück und befestigten ihre Dörfer. Im Jahr 1016 schenkte der Papst,

dem die Vertreibung der »Heiden« ein Anliegen war, die Insel der Republik Pisa, die Kirchen, Wehrtürme und die Burg Volterraio errichten ließ. Auch die Genueser versuchten sich der Insel zu bemächtigen (1291). Mit einem Staatsstreich im Jahre 1392 begann die mehr als 200 Jahre währende Herrschaft der Familie Appiani. Ab 1546 begründeten die Medici aus Florenz ihren Einfluss auf die Insel: Cosimo I. baute den Hafen von Portoferraio zur uneinnehmbaren Festung aus – sie hielt sogar den Angriffen des Piratenführers Dragut stand. Privilegien wie günstige Kredite, Steuerfreiheit und Schutz vor der Inquisition ließen die Einwohnerzahl rapid anwachsen. Im östlichen Teil der Insel regierten ab 1603 die Spanier, auf die Longone (das heutige Porto Azzurro) zurückgeht.
Im ausgehenden 17. Jahrhundert geriet Elba in die Konflikte zwischen den europäischen Nationen. Von 1802 bis 1815 gehörte die gesamte Insel zu Frankreich, eine Epoche, die mit der 300 Tage währenden Anwesenheit Napoleons endete: Der verbannte Feldherr nutzte sie sogleich für Reformen im Bereich der Landwirtschaft und im Bergbauwesen, für die Entwicklung des Bildungs- und Gesundheitswesens, für die Aufforstung der kahl geschlagenen Wälder sowie für den Bau von Verkehrswegen und Wasserleitungen. 1859 ging die Insel von den Habsburgern, die sie nur kurz besessen hatten, an das Königreich Italien. Die Erzförderung und Metallverarbeitung leisteten wichtige Beiträge zur Entwicklung der italienischen Industrie, bis Mitte des 20. Jahrhunderts der Tourismus zum wichtigsten wirtschaftlichen Standbein wurde: Heute genießen jedes Jahr um die 3,5 Millionen Gäste ihre Ferien auf Elba. Sie konzentrieren sich stark auf die Sommermonate; fassen Sie bei der Planung die Nebensaison ab Ende April und bis Mitte Oktober ins Auge, gerade zum Wandern ist dies die bessere Zeit.

Im Westen der Insel trifft man immer wieder auf Caprili (steinerne Hirtenunterstände).

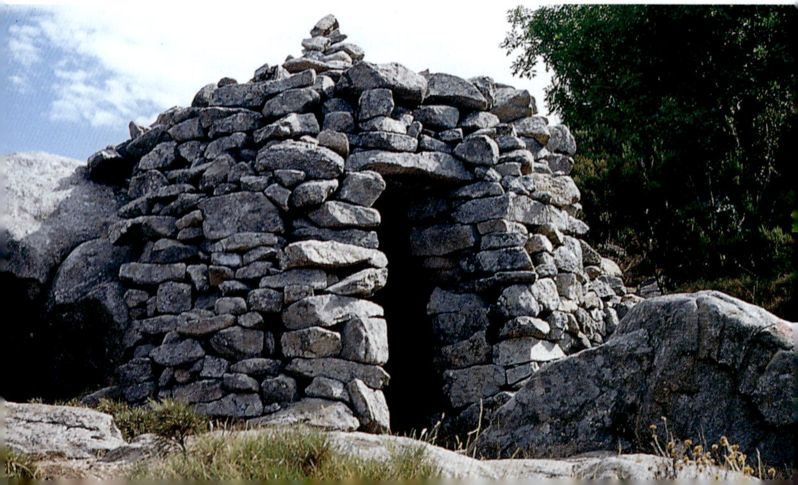

PARCO NAZIONALE DELL' ARCIPELAGO TOSCANO

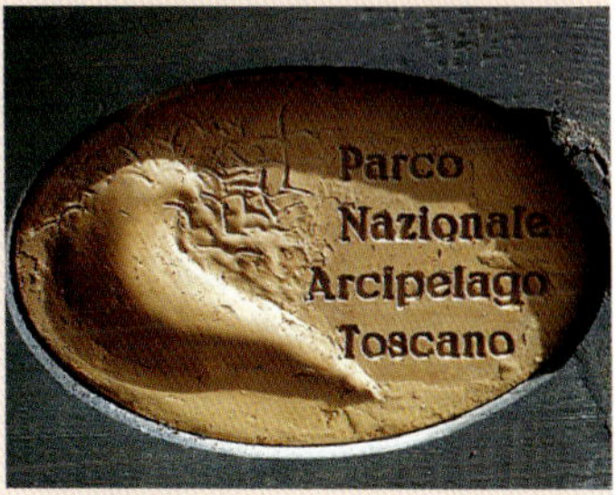

Seit dem 22. Juli 1996 stehen 53 Prozent der Fläche von Elba unter dem Schutz eines Nationalparks, der auch Teile der Nachbarinseln Giglio und Capraia sowie die Gesamtflächen von Pianosa, Montecristo, Gorgona und Giannutri umfasst – insgesamt 18.000 Hektar Land und 57.000 Hektar unter Wasser.

Sein Hauptziel sieht der Nationalpark in der Bewahrung der Natur, der Kultur und auch des Fremdenverkehrs.

Der Schutzstatus der einzelnen Sektoren ist recht unterschiedlich: In der Zone A – z. B. auf Montecristo – sind alle Veränderungen untersagt: Gäste dürfen diese Zone nur in sehr beschränkter Anzahl und ausschließlich mit Führung besuchen; Fischen, Ankern und Schwimmen ist verboten.

In der Zone D dagegen, zu der weite Teile des elbanischen Nationalparkgebiets gehören, liegen bäuerliche Anwesen und sogar Ortschaften wie Poggio oder Marciana – hier steht in erster Linie der Ausgleich zwischen der Natur, der traditionellen Bewirtschaftung und einem möglichst »sanften« Tourismus im Vordergrund.

Die anfangs kaum in die Planung einbezogene Bevölkerung war mehrheitlich gegen die Nationalparkidee, und das geplante Jagdverbot fand unter den Jägern natürlich keine Zustimmung. Zorn und Unsicherheit über die zu erwartenden Einschränkungen führten sogar zu Demonstrationen gegen das Projekt. Erst angesichts großzügiger Finanzierungszusagen durch die Europäische Union konnte das Parkgremium, in dem auch Wissenschaftler sowie Vertreter der Gemeinden und der großen Umweltverbände sitzen, am 1. Januar 1998 offiziell seine Arbeit aufnehmen.

Die Liste der bisher umgesetzten Projekte spiegelt viele Probleme der Insel wider: Säuberungsaktionen und Aufräumarbeiten nach Waldbränden, der Schutz der Dünen und Feuchtgebiete, der Ausbau der Kläranlagen, die Lösung der Wildschwein- und Mufflonplage, Studien zur Trinkwasserversorgung. Daneben unterstützt der Nationalpark landwirtschaftliche Projekte und den Agriturismo, aber auch die Anlage von Wander- und Reitwegen oder die touristische Aufbereitung der inzwischen stillgelegten Erzminen.

In Marciana sowie in Rio nell'Elba entstanden Informationszentren; darüber hinaus wird die Renovierung historischer Bauten wie z. B. der Burgruine Volterraio und des Torre di San Giovanni forciert. Wissenschaftliche Arbeiten, Schulveranstaltungen, Kongresse und Seminare runden den Tätigkeitsbereich ab. Die Nationalparkverwaltung engagiert sich übrigens auch vehement gegen den Plan, die prekäre Trinkwasserversorgung durch einen Stausee im Valle di Pomonte zu lösen.

■ Informationen unter: islepark.it.

AUSGANGSORTE UND AUSFLUGSZIELE

Capoliveri

Hoch auf einem Hügel vor der Halbinsel Calamita im Südosten Elbas liegt Capoliveri, das sich zu einem noblen Tourismusort entwickelt hat. Möglicherweise haben schon die Phönizier an diesem strategisch günstigen Platz einen Handelsstützpunkt errichtet; die Etrusker lebten jedenfalls mit Sicherheit hier. Capoliveri war stets bekannt für seine eigenwilligen und unbeugsamen Einwohner, die selbst Napoleon die Steuer verweigerten (bis dieser den Bürgermeister und den Bischof als Geiseln nehmen ließ). Man lebte vom Weinbau und von der Arbeit in den riesigen Eisenminen, die bis in die 80er-Jahre des 20. Jahrhunderts in Betrieb waren. Wer eine Familie gründete, baute an sein Elternhaus an, wodurch das romantisch verschachtelte, da und dort nur durch schmale Treppengassen zugängliche centro storico rund um die Piazza Matteotti und die Kirche Santa Maria Assunta entstanden ist.

Unterhalb des Ortes befinden sich beliebte Badebuchten. An der Cala dell'Innamorata findet jedes Jahr am Abend des 14. Juli ein großes Fest statt: Zum Gedenken an eine tragische Liebesgeschichte marschieren 80 Personen in historischen Kostümen zum Strand, der mit unzähligen Fackeln beleuchtet wird. Sehr empfehlenswert ist auch ein Besuch des botanischen Gartens bei der Residence Cala dei Peducelli (Fahrstraße in Richtung Madonna delle Grazie, etwa nach 300 m links beschildert): Dort können Pflanzen der Mittelmeer-Macchia, aber auch viele exotische Gewächse und Kakteen bewundert werden (Internet: caladeipeducelli.it).

Cavo

Im einstigen Nobelort an der Nordspitze Elbas ist es still geworden. Protzige Unternehmervillen aus der Belle Epoque erinnern noch an seine Bedeutung als Refugium der Reichen und Schönen – eine Tradition, die, wie die Reste einer römischen Villa belegen, mehr als 2000 Jahre zurückreicht.

Die Palais und ihre Parks sind ebenso wenig öffentlich zugänglich wie die freigelegten Reste zweier etruskischer Schmelzöfen. Nach einer längeren Wanderung gelangt man zu einem Turm, den sich die Fabrikantenfamilie Tonietti als Mausoleum hoch über dem Ort bauen ließ – das Betreten des baufälligen Gemäuers ist jedoch gefährlich.

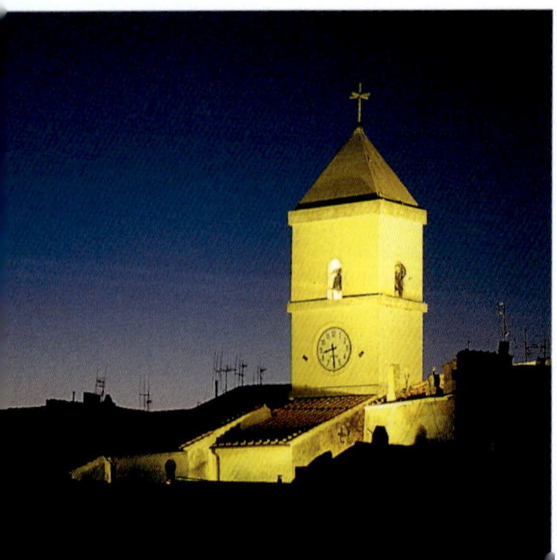

Capoliveri bei Nacht.

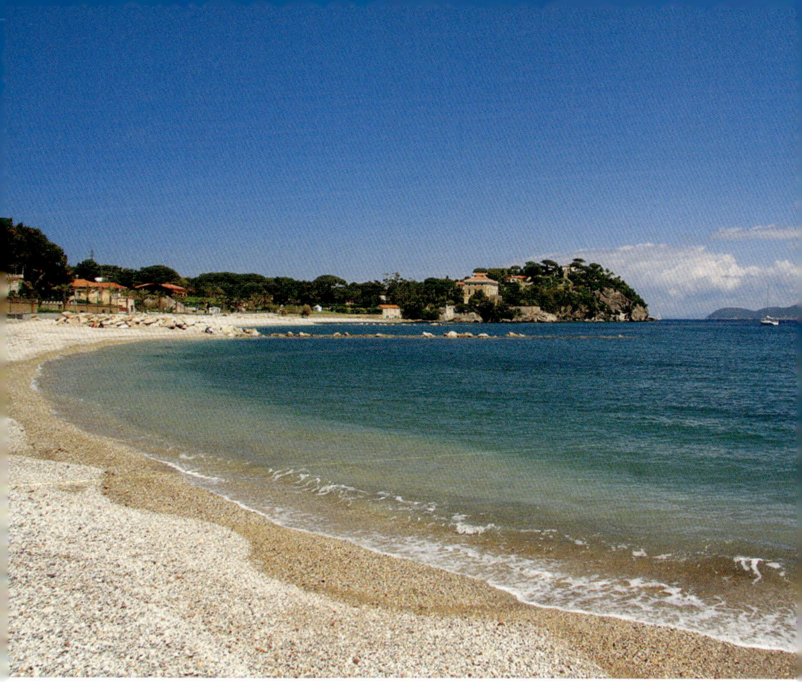

Weitläufiger Strand von Cavo mit Blick auf das Festland.

Cavoli

Oberhalb des kleinen Ferienortes an der Südküste zwischen Marina di Campo und Seccheto legte ein Buschbrand im Sommer 1990 einen römischen Granitsteinbruch frei. Man fand dort acht halbfertige Säulen, die mithilfe nasser Holzkeile aus dem Gestein gesprengt wurden. In der Nähe entdeckte man auch ein unvollendetes Steinbecken. Zu besichtigen ist der Steinbruch auf den »Vie del Granito« ab San Piero. Siehe Tour 26.

Chiessi

Nicht weit von der Punta Nera, dem westlichsten Punkt Elbas, schmiegt sich das reizende Fischerdorf in eine felsige Bucht unter dem Monte San Bartolomeo. Mühselig aufgeschichtete Trockensteinmauern strukturieren das Tal hinter den Häusern: Sie sind die Voraussetzung für den seit Jahrhunderten gepflegten Weinbau. Wie verwilderte Kulturen und verfallene Cantinas (Weinkeller) zeigen, zogen sich die Reben einst auch über den 300 m hohen Capo und die steilen Abhänge des Monte San Bartolomeo hinauf. Ein Urlaubstipp für naturverbundene Individualisten!

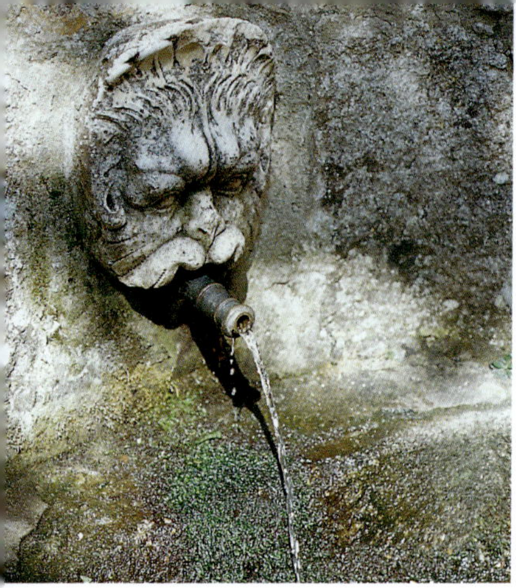

Der Brunnen vor dem Heiligtum Madonna del Monte.

Madonna delle Grazie
Die kleine Barockkirche mit Turm und Kuppel liegt südwestlich unterhalb von Capoliveri, nahe dem Meer. Sie birgt ein Ölgemälde der Muttergottes mit Kind – die Kopie eines Originals von Michelangelo, die einer seiner Schüler angefertigt haben dürfte. Siehe Tour 20.

Madonna della Lacona
Hinter dem Golf von Lacona, am Fuß des bewaldeten Monte Barbatoia, verbirgt sich eine kleine Wallfahrtskirche aus dem 16. Jahrhundert, die auch Madonna delle Nevi genannt wird. Der stille und romantische Ort ist nur 1 km vom Strand entfernt.

Madonna del Monte
Das älteste und bedeutendste Heiligtum Elbas liegt auf 630 m Seehöhe, inmitten von Kastanienbäumen und bizarr geformten Tafonifelsen zwischen Marciana und dem Monte Giove. Es geht vermutlich auf prähistorische Wurzeln zurück. Das heutige Gotteshaus wurde 1595 errichtet; das vorgelagerte Halbrund mit dem barocken Brunnen entstand 95 Jahre später. Die Verehrung des wundertätigen Marienbildnisses im Inneren der Kirche ist bis heute lebendig: Anfang Mai und vor allem am 15. August pilgern Tausende auf dem mit Granitplatten gepflasterten Weg von Marciana herauf. Wer es ihnen gleichtut, wird von den Bildern und Texten der 14 Kreuzwegkapellen überrascht sein. Eine Tafel an der Wand der Einsiedlerklause berichtet dagegen von der Anwesenheit Napoleons im Spätsommer 1814, die allerdings einen eher profanen Hintergrund hatte: Der Korse genoss hier ein heimliches Rendezvous mit seiner polnischen Geliebten Maria Walewska. Siehe Tour 34.

Madonna di Monserrato
Auf einem Felssporn unter den schroffen Bergen nördlich von Porto Azzurro steht eine Mini-Ausgabe der Wallfahrtsstätte Monserrat bei Barcelona; das stimmungsvoll gelegene Gotteshaus birgt sogar eine Kopie der schwarzen Muttergottes des katalanischen Klosters. Das seltsame Heiligtum geht tatsächlich auf einen Katalanen zurück: José Ponce de León, Gouverneur des damals spanischen Porto Longone (Porto Azzurro), stiftete es im Jahre 1606 zum Dank für seine Errettung aus Seenot. Noch heute ist es jedes Jahr

im September Ziel einer Prozession – etruskischen Funden zufolge könnte die Kultstätte aber schon in vorchristlicher Zeit verehrt worden sein. Siehe Touren 17 und 18.

Magazzini (Ottone)
Hortus (Garten) nannten schon die Römer die Gegend im Südosten der Bucht von Portoferraio. Im 19. Jahrhundert entstanden hier eine stilvolle Villa (heute ein nobles Hotel) und ein »Akklimatisationsgarten« (Giardino dell'Ottone), in dem man exotische Pflanzen an das Mittelmeerklima gewöhnte. Heute sind hier prachtvolle Palmen aus aller Welt zu sehen, u.a. auch ein fast 2,5 m hoher Feigenkaktus. Der 2 ha große Palmengarten von Ottone ist öffentlich zugänglich; Eingang bei der Rezeption des Campingplatzes Rosselba le Palme.

Marciana (Marciana Alta)
Ein Bergdorf wie aus dem Bilderbuch: Beschützt von einer pisanischen Festung, die knapp 400 m über dem Meer am Hang des Monte Giove klebt, drängen sich verschachtelte Häuser aneinander, verbunden durch schmale Gassen, Treppen und Torbögen – bis hinunter zur Pfarrkirche Santa Caterina und zur Piazza di For di Porta, von der man einen fantastischen Blick zum Meer genießt. Marciana war zwischen 1399 und 1634, unter den Fürsten Appiani aus Piombino, sogar die Hauptstadt der Insel. Sehenswert: Casa del Parco unterhalb der Fortezza, Archäologisches Museum mit prähistorischen und antiken Exponaten sowie Museo dell'Arte Contadina. Siehe Touren 33 bis 38.

Der Hafen von Marciana Marina.

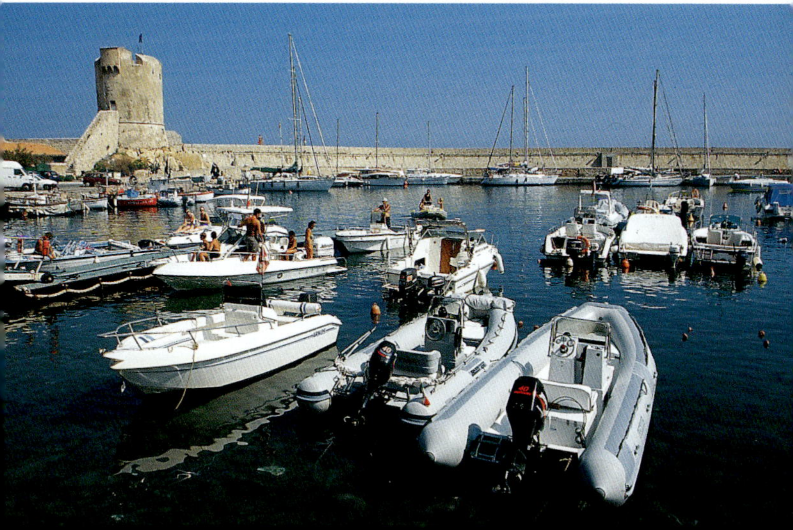

Marciana Marina

»Il Cotone« heißt der älteste Bereich des einstigen Hafens von Marciana, der in der weiten Bucht im Norden des Monte Capanne liegt. Der Name kommt von einigen Felsen am Meer, um die sich Fischer angesiedelt hatten; dort steht heute noch die barocke Pfarrkirche Santa Chiara. Im 12. Jahrhundert baute man am anderen Ende des Hafens einen Wachturm zum Schutz vor Piraten. 500 Jahre später wurde Marciana Marina zu einem Zentrum des Thunfischfangs – und bald so groß, dass es seinen »Heimatort« oben in den Bergen überrundete: 1884 erfolgte die Trennung in zwei eigenständige Gemeinden. Der Fischereihafen floriert bis heute; er gilt als einer der sichersten am Tyrrhenischen Meer. Daneben entwickelte sich aber der Tourismus, und zwar sehr behutsam – die Cafés und Geschäfte an der Hafenpromenade geben dem sympathischen Urlaubsort bloß eine bunte Note. Siehe Tour 31 und 32.

Marina di Campo

Der Fischerhafen liegt im Süden der Ebene, die sich zwischen dem gebirgigen Westen Elbas und den Waldhöhen in der Mitte der Insel öffnet. Bedeutung erlangte er als Verladestelle für Granit, den die Etrusker schon im 5. Jahrhundert v. Chr. am Rand des Campo nell'Elba abgebaut hatten. Immer wieder wurde die Bucht von Piraten heimgesucht, sodass die Pisaner im 12. Jahrhundert Befestigungsanlagen errichteten (der heute noch bestehende Torre di Marina stammt aus dem 16. Jahrhundert). Bis 1930 brachte der Handel mit dem begehrten Baumaterial Arbeit und Wohlstand, um dann nach und nach vom Tourismus abgelöst zu werden: Marina di Campo gilt als der älteste und traditionsreichste Ferienort Elbas. Das historische Ortszentrum zeigt sich heute sorgsam renoviert und versprüht noch immer fröhlichen Charme. Siehe auch Tour 25.

Ein Ausflugsziel mit Kindern bildet der Acquario dell'Elba (beim Hotel Marina am Nordostende der Bucht; Beschilderung ab der Straße von Procchio): In 60 großen Becken sind 150 verschiedene Meeresbewohner aus aller Welt zu sehen, das angeschlossene Museo Faunistico Elbano zeigt viele ausgestopfte Landtiere (acquarioelba.com).

Monte Perone

Der 630 m hohe, von herrlichen Eichen- und Kastanienwäldern bedeckte Rücken erhebt sich im Osten des Monte Capanne. Auf der asphaltierten Höhenstraße zwischen Poggio und Sant'Ilario in Campo ist er leicht erreichbar; rund um den schattigen Picknickplatz tummelt sich an Wochenenden halb Elba. Siehe Touren 27 und 28.

Poggio

Der Name (»Anhöhe«) sagt es schon: Gleich einem Adlerhorst thront dieses Bergdorf auf einem 330 m hohen Hügel im Norden des Monte Capanne.

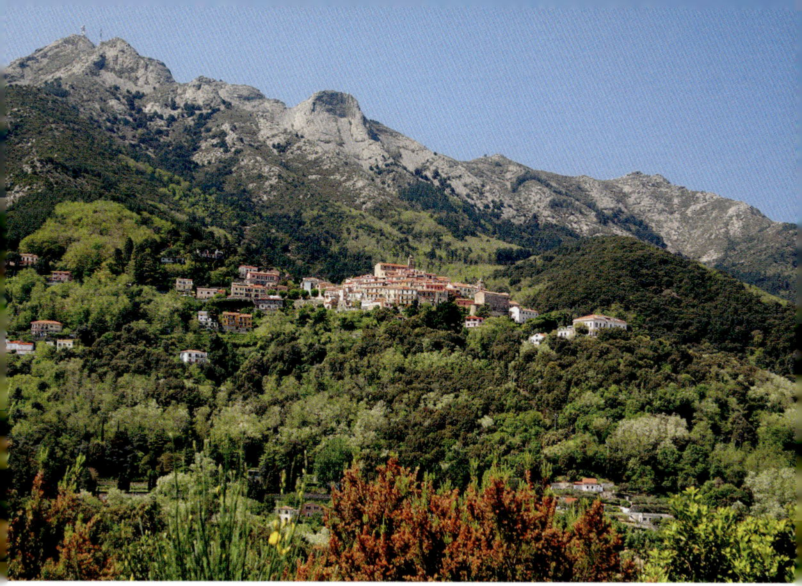

Poggio unter dem Monte Capanne.

Wie im Nachbarort Marciana (zu dem Poggio gehört) hat man seine Häuser und sogar die beiden Kirchen festungsartig ausgebaut. Trotzdem zeigen sich die kleinen Plätze und die verwinkelten Gassen bunt und freundlich, denn überall stehen Töpfe mit Blumen und anderen Pflanzen. Das angenehme Klima inmitten ausgedehnter Kastanienwälder führte dazu, dass Poggio schon 1947 zum Erholungsort wurde: Hier entstand eines der ersten Hotels der Insel, und das heute noch gern getrunkene Mineralwasser aus der nahen Fonte Napoleone verhalf dem Ort einige Zeit lang sogar zum Beinamen »Terme«. Siehe Tour 39.

Pomonte

Das kleine Küstendorf im Westen Elbas besticht durch zauberhafte Landschaftskontraste: Direkt über dem hier einmündenden, üppig grünen Valle di Pomonte steht der granitgraue Monte Capanne. Der Ortsname – »hinter den Bergen« – weist in die Antike zurück. Antiken Verhältnissen entsprach auch die Verkehrsanbindung, und zwar bis in die 60er-Jahre des 20. Jahrhunderts: Vor dem Bau der Küstenstraße zwischen Marciana und Marina di Campo erreichte man Pomonte nur auf uralten Maultierwegen, die bis zu 700 m über dem Meer durch die Gebirgshänge ziehen und heute Teilstrecken der »Grande Traversata Elbana (GTE)« bilden. Viel zu holen gab es allerdings nicht – abgesehen vom Wein, der heute noch liebevoll gepflegt

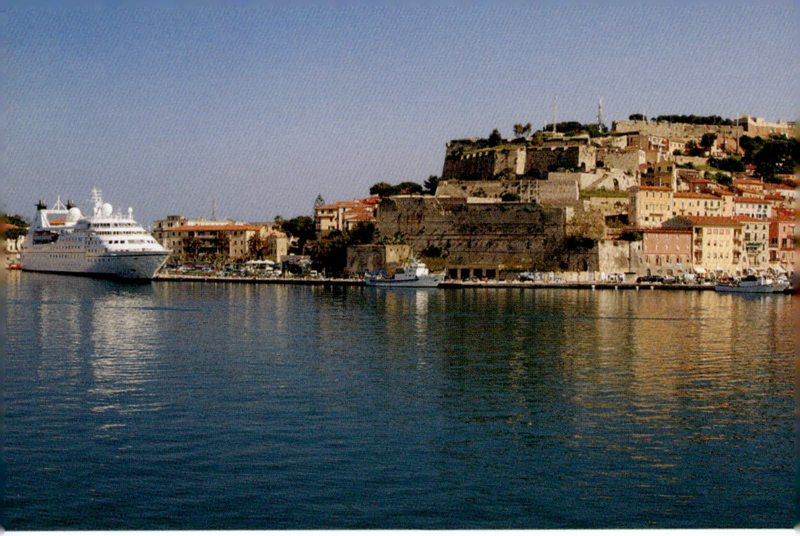

Aussicht vom Fährschiff: Forts und alter Hafen von Portoferraio.

wird, und etwas Gemüse gab die Gegend nie viel her. Interessant ist nicht zuletzt der Friedhof, den man sich mit dem Nachbarort Chiessi teilt und der nach längeren Streitigkeiten genau auf halbem Weg dorthin erbaut wurde. Siehe Tour 29 und 30.

Porto Azzurro
Der vielleicht schönste Hafenort der Insel liegt im Südosten Elbas, an der windgeschützten Baia di Mola zwischen der Halbinsel Calamita und dem felsigen Monte Mar di Capanna. Auf dem Meeresboden wurden römische Ruinen gefunden; die eigentliche Geschichte der Siedlung beginnt jedoch erst im Jahre 1603: Damals ließ Philipp III. von Spanien hier eine Festung erbauen – als Gegenpol zum rasch wachsenden Cosmopoli (Portoferraio). Unterhalb des mächtigen Forte Longone (siehe auch Tour 16) entstand ein Fischerdorf gleichen Namens, in dem bald auch Händler und Handwerker sesshaft wurden – viele von ihnen kamen aus dem damals ebenfalls spanischen Neapel. Porto Longone brachte es zu einiger Bedeutung, die erst Napoleon zugunsten Portoferraios schwächte. 1815, als die gesamte Insel zum Großherzogtum Toskana kam, zog die Garnison ab. Seither gilt die Festung in Italien als Synonym für gesiebte Luft, denn man adaptierte sie als Gefängnis. Dieses Negativimage war dem aufkeimenden Tourismus natürlich nicht besonders zuträglich, und so überlegten sich die schlauen Hafenbewohner 1947 einen zugkräftigeren Ortsnamen: Porto Azzurro – blauer Hafen. Siehe Tour 18.

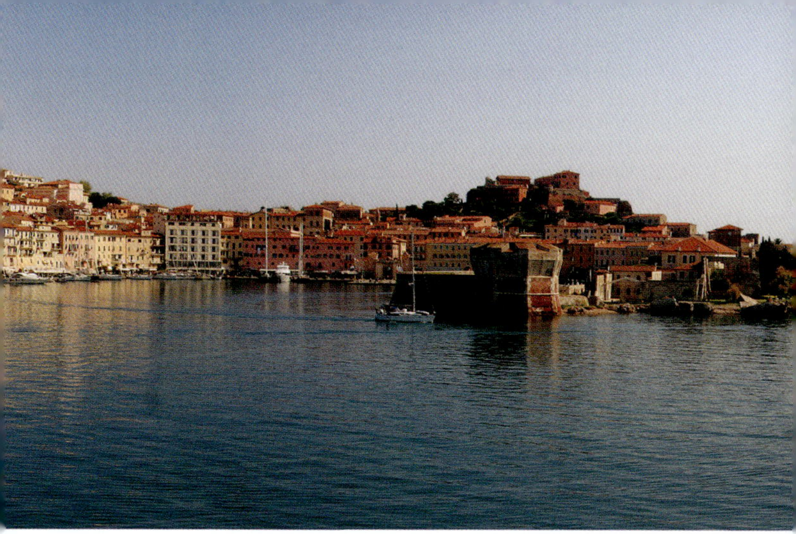

Eine vergnügliche Zugfahrt in die Vergangenheit des Bergbaus bietet die Piccola Miniera an der Straße Richtung Rio nell'Elba (lapiccolaminiera.it).

Portoferraio

Schon die Argonauten, die sagenhaften Helden der griechischen Mythologie, sollen in der großen, halbkreisförmigen Bucht im Norden Elbas einen Zwischenstopp eingelegt haben – zumindest nannten die Griechen den felsigen Landsporn, der sie von Wind und Wellen abschirmt, »Argóos«. Zur Zeit der Römer befand sich hier ein Handelszentrum namens Fabricia, was auf das lateinische Wort für »Schmied« hindeutet. Das heutige Stadtbild geht im Wesentlichen auf die Herrschaft von Florenz zurück: Cosimo I. aus dem Geschlecht der Medici ließ den Hafen ab 1548 mit unüberwindlichen Mauern ausbauen, um die geschundene Bevölkerung (und seine wirtschaftlichen Interessen) vor den ständigen Piratenüberfällen zu schützen. Ob der Name »Cosmopolis« tatsächlich auf ihn zurückgeht, ist umstritten – sein Werk hielt jedenfalls allen Anstürmen stand. Als am 4. Mai 1814 der berühmteste Besucher unter großem Jubel an Land ging, hieß der wichtigste Umschlagplatz des elbanischen Eisens längst »Portoferraio«: Napoleon Bonaparte bezog für kurze Zeit die Villa dei Mulini, die hoch über der Stadt zwischen ihren beiden Festungen steht. Um 1900 und während der beiden Weltkriege erlebte der »Eisenhafen« noch einmal Hochkonjunktur, und zwar durch die Hochöfen, die auf dem Gelände der heutigen Schiffswerften rauchten. Ein Bombardement durch die Alliierten im September 1943 beendete die Karriere der Inselhauptstadt als Industriezentrum:

Viele Einwohner mussten auswandern, bis der einsetzende Tourismusboom neue Erwerbsmöglichkeiten brachte. Seither liegt die Einwohnerzahl der Stadt ziemlich konstant bei 12.000.
Sehenswert: Forte Falcone (die renovierte Festungsanlage im Westen der Altstadt kann besichtigt werden und bietet einen herrlichen Blick über den Hafen, Eingang über der Porta a Terra), Forte Stella (östlich der Altstadt, Zugang auf der Via della Stella), Villa dei Mulini am Piazzale Napoleone, Chiesa della Misericordia (sie birgt u. a. eine Kopie der Totenmaske Napoleons), Teatro dei Vigilanti (Konzert-Festwochen im September, sonst Besichtigung nur mit Genehmigung), Centro Culturale-Congressuale »De Laugier« – Pinacoteca Foresiana (Piazzale de Laugier), Duomo an der Piazza della Repubblica, Kulturzentrum Ritz (Via P. Gori), Porta a Mare, Galeazze (die Markthalle hinter der Piazza Cavour), Della Linguella (auf der Halbinsel vor dem Hafenbecken befinden sich der Torre del Martello, das Museo Archeologico und die Mauern einer römischen Villa), Centro per le Arti Figurative »T. Signorini« (Calata Mazzini, gegenüber Molo del Gallo), die von Felsen umschlossene Spiaggia le Viste nördlich der Altstadt (Zugang durch eine Unterführung von der Via del Falcone), Spiaggia le Ghiaie (beste Badegelegenheit, Zugang von der Piazza del Popolo durch den Park am Viale A. Manzoni). Siehe auch Tour 1.

Das einstige Bergbaudorf Rio nell'Elba im Osten der Insel.

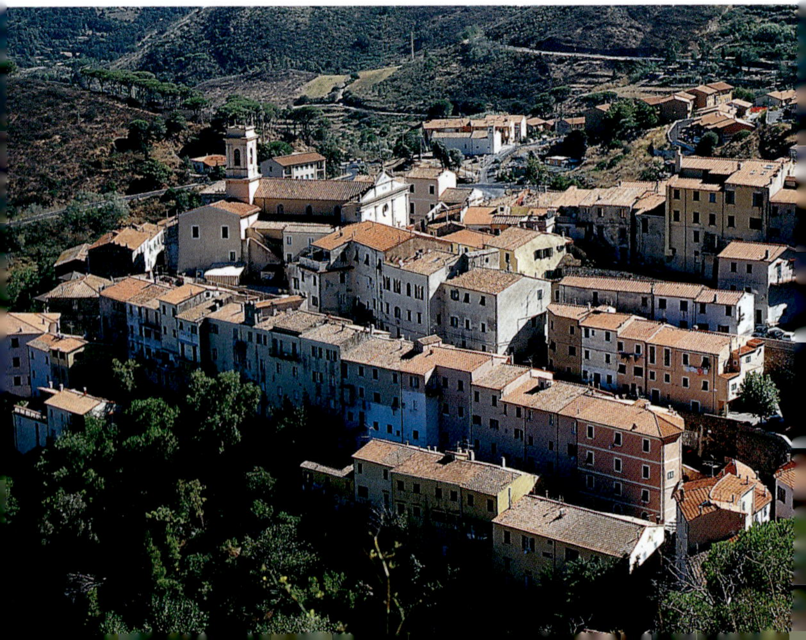

Procchio
Beliebtes Ferienzentrum an der Nordküste, im Schnittpunkt zwischen Portoferraio, Marciana Marina und Marina di Campo. Auf dem Monte Castello südwestlich über dem Ort findet man noch Mauerreste einer etruskischen Höhensiedlung; Archäologen fanden auf dem 227 m hohen Berg auch Unmengen von Tonscherben, Metallgegenständen und Schlacken, die von Schmelzöfen stammen. Um 250 v. Chr. dürfte das blühende Dorf von den Römern erstürmt worden sein. Siehe Tour 31.

Rio Marina
Der industriell geprägte Hafen von Rio nell'Elba entwickelte sich im 18. Jahrhundert zur wichtigsten Verladestelle für das Eisenerz der Insel: Hier bezog auch die Bergwerksverwaltung ihr Hauptquartier, und noch heute fallen sofort die mehrstöckigen Arbeiterwohnhäuser auf. Der achteckige Hafenturm entstand im Jahre 1534; im 19. Jahrhundert baute man einen kleinen Uhrturm darauf. 1882 emanzipierte sich Rio Marina zu einer eigenen Gemeinde – ein Vorgang, der das traditionelle Konkurrenzverhältnis zum einstigen »Heimatort« nicht gerade entspannte. Das riesige Bergbaugebiet oberhalb des Ortes ist als Mineralienpark ausgestaltet (geführte Besichtigungen und Museum; parcominelba.it).

Rio nell'Elba
Der Ort liegt im Osten Elbas, 180 m über dem Meer am Osthang des Monte Strega. In der Nähe entdeckten Archäologen die Reste einer jungsteinzeitlichen Siedlung. Das Eisenerz, das dieser Teil der Insel birgt, haben vermutlich die Etrusker entdeckt; der Name des späteren Bergbauzentrums weist jedoch auf die Römer zurück: Rio kommt von »rivus« und meint jenen Bach, der heute noch unterhalb des Ortszentrums ins »Tal der Mühlen« plätschert. Aus Furcht vor den Piraten bauten die Menschen ihre Häuser und die Pfarrkirche wie Festungen aus. Die wehrhaften Mauern hielten dem Ansturm jedoch nicht immer stand.
Im Jahre 1534 wüteten beispielsweise die Horden des Freibeuters Barbarossa, die auch das ältere Nachbardorf Grassera dem Erdboden gleichmachten: Nur die von Macchia überwucherten Fundamente der romanischen Kirche San Quirico erinnern an das Blutbad. Rio blühte zwar wieder auf; doch nach der Übersiedlung der Minenverwaltung nach Rio Marina und der Schließung der Erzbergwerke sahen sich viele Bewohner zum Auswandern gezwungen: Lebten im 18. Jahrhundert noch um die 5000 Menschen im Ort, so zählt er heute gerade noch 900 Seelen. Die verwinkelten Gassen zeigen sich jedoch ordentlich herausgeputzt, und am Ortsrand entstehen neue Häuser – das sympathische Bergdorf strahlt nach wie vor Lebenswillen aus. Besichtigen Sie das Museo Minerali Alfredo Ricci (die umfassende Sammlung eines Minenarbeiters) und das alte Waschhaus unterhalb des Ortszentrums. Siehe auch Touren 9 bis 11.

San Martino

Im Sommer 1814 fand der nach Elba verbannte Napoleon im waldreichen Tal von San Martino, etwa 5 km südwestlich von Portoferraio, einen neuen Wohnsitz. Er ließ hier ein altes Bauerngut zu einer repräsentativen Landvilla umbauen – ihr Schaustück bildet der »ägyptische Saal« mit üppigen Gemälden und Deckenmalereien. Bereits am 26. Februar 1815 verließ Napoleon die Insel wieder. 36 Jahre später ließ Anatol Demidoff, der Ehemann einer Nichte des Korsen, vor der Villa San Martino eine wesentlich prunkvollere Galerie im Stil eines dorischen Tempels errichten. Hier finden heute Ausstellungen und Konzerte statt. Siehe Tour 4.

Santa Caterina

Die 2 km nordöstlich von Rio nell'Elba unter dem Monte Serra gelegene Einsiedelei stammt aus dem 13. Jahrhundert. Der Platz wurde jedoch mit großer Sicherheit schon von den Etruskern und den Römern verehrt – heidnische Fruchtbarkeitsriten leben bis heute im alljährlichen Volksfest am Ostermontag fort. Während des Zweiten Weltkriegs versteckten sich hier Widerstandskämpfer. Seit den 80er-Jahren des vorigen Jahrhunderts wird Santa Caterina jeden Sommer zu einer Stätte der künstlerischen Begegnung, während neben der Kirche ein botanischer Garten (Orto dei Semplici Elbani) mit Wildpflanzen des Toskanischen Archipels entstanden ist. Siehe Tour 11.

San Piero in Campo

Nur wenige Touristen verirren sich in das Bergdorf, das vermutlich die Römer auf 220 m Seehöhe am südöstlichen Auslauf des Calanche-Massivs angelegt haben: Verwinkelte Gässchen laden zum Bummeln ein, die alte Festung und die romanische, zweischiffige Chiesa San Nicolò (mit schönen Fresken aus dem 14. und 15. Jahrhundert) flankieren einen zu Recht »Belvedere« genannten Platz – man genießt hier einen traumhaften Blick in die Bucht von Marina di Campo. Die Piazza Garibaldi, die von Bäumen beschattete »gute Stube«, findet man ausnahmsweise einmal am Rand des Ortskerns. Beachten Sie die wunderschönen Granitumrahmungen der Haustüren und der Fenster – keine gleicht der anderen. Rund um San Piero ist das Gewerbe der Granitbrecher bis heute lebendig: Steinsäulen aus Elba findet man

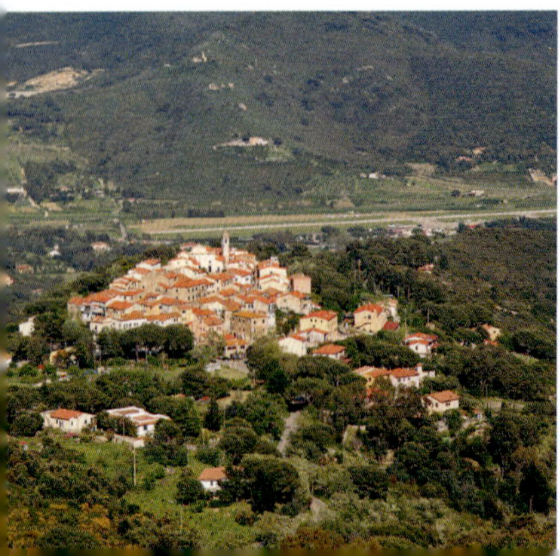

Sant'Ilario in Campo vor dem kleinen Flughafen La Pila.

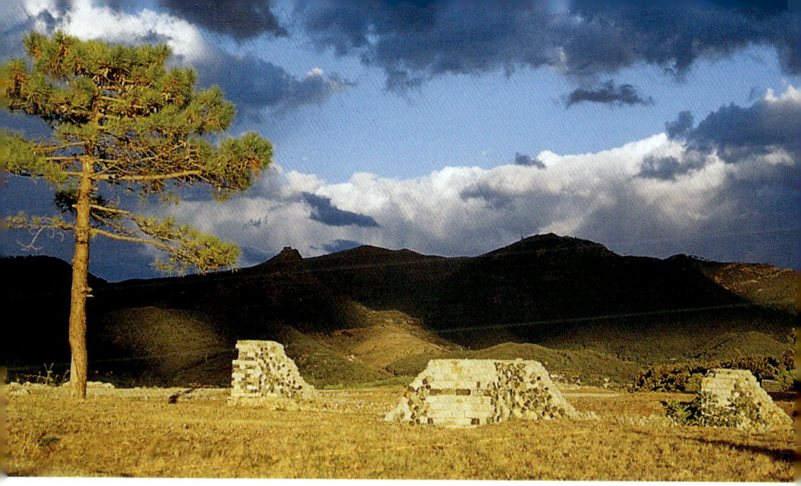

Die Reste der Villa Romana delle Grotte bei »Gewitterbeleuchtung«.

an vielen Bauwerken der Toskana, z. B. auch am Schiefen Turm von Pisa. Im Ort starten die »Vie del Granito«. Siehe Tour 26.

Sant'Ilario in Campo

Das ebenso ursprünglich gebliebene Nachbardorf von San Piero steht auf einem 200 m hohen, schütter bewaldeten Rücken unter dem Monte Perone, und das verspricht einen großartigen Blick über den Campo nell'Elba. Die Vorfahren der 250 Einwohner schützten sich mit Wehrmauern vor feindlichen Überfällen. Oberhalb des Ortes, direkt an der Höhenstraße über den Monte Perone, finden sich zwei Relikte der Romanik: der pisanische Wachturm San Giovanni und die von dichten Kastanienwäldern umgebene Kirchenruine gleichen Namens.

Santo Stefano alle Trane

1,5 km südöstlich von Magazzini, in einem Tal unterhalb des Monte Castello, steht diese romanische Kirche auf einem kleinen Hügel inmitten von Wein- und Olivenkulturen.

Villa Romana delle Grotte

Im Süden der Bucht von Portoferraio, auf einer Anhöhe direkt gegenüber der Stadt, kann man die Reste der kunstvoll errichteten Mauern einer luxuriösen römischen Villa aus dem 2. Jahrhundert n. Chr. besichtigen. Sie war die größte auf den toskanischen Inseln und verfügte über eine interessante Badeanlage. Zufahrt von der Straße Portoferraio – Porto Azzurro, großer Parkplatz, täglich geöffnet, Mittagspause, villaromanalegrotte.it.

DIE SCHÖNSTEN STRÄNDE ELBAS

Elba ist ein Badeparadies – seine Küste bietet mehr als 150 Buchten und Strände. Die Wasserqualität ist durchwegs sehr gut; Ausnahmen bilden nur der Westteil der Bucht von Portoferraio (flachgründig, Hafen) und die Mola-Bucht (verlandet) westlich von Porto Azzurro.

Portoferraio: Padulella, Capo Bianco, Sottobomba
Weiße Kieselsteine mit winzigen schwarzen Punkten aus Turmalin und traumhaft klares Wasser unter den Felsklippen der nordseitigen »Porzellanküste«, gleich westlich von Portoferraio. Erreichbar auf Seitenwegen von der Straße nach Enfola.

Portoferraio: La Sorgente, Sansone
Auch an der »Porzellanküste« gelegene Kiesstrände, genauso weiß und unter noch schrofferen Abstürzen. Beschilderte Zugänge beim Camping Acquaviva.

Portoferraio: Capo d'Enfola
Südstrand mit buntem Kies und Blick auf den Monte Capanne, auf der anderen Seite am Nachmittag ruhige Fischerbucht (Tour 2).

Portoferraio: La Biodola
Der vielleicht schönste Sandstrand der Insel, auf jeden Fall der bekannteste, 500 m lang. In der Hochsaison ist es in den benachbarten Buchten Scaglieri und Forno oft ruhiger. Zufahrt von der Straße Portoferraio – Procchio (Tour 3).

Marciana: Procchio
Lebendiger Tourismusort mit einem feinen, etwa 1 km langen und bis zu 20 m breiten Sandstrand: Schirm-, Liegestuhl- und Bootsverleih (Tour 3 und 31).

Marciana: La Fenicia
Grober Kies und glasklares Wasser (Sonnenschirm- und Liegestuhlverleih) vor der Kulisse des pisanischen Hafenturms von Marciana Marina (Tour 31 und 32).

Marciana: La Cala
Die kleine, stille Kiesbucht zwischen Marciana Marina und Sant'Andrea gilt als Geheimtipp für Wanderer (Tour 32).

Marciana: Cotoncello, Sant'Andrea
Eine bizzarre Granitlandschaft mit seltsamen Steinfiguren, »Wackelsteinen« und eingefügtem Ministrand und ein 150 m langer, schmaler Sandstreifen vor gemütlichen Strandbars. Am Ende der Zufahrtsstraße von Zanca (Tour 32).

Westküste: Patresi
Sonnenuntergang über Korsika! Innerhalb einer kleinen Bucht zwischen Punta Polveraia und Punta della Fornace an der Westküste. Grober Kies, mit dem Auto erreichbar.

Südwestküste: Fetovaia
Nach Biodola die (oft überlaufene) Nummer zwei im elbanischen Sandstrand-Ranking, aber mit dem Vorzug, dass man sich hier – geschützt durch eine lange Landzunge – selbst bei Wind und Wellengang vergnügen kann. Zugang von der Straße Marina di Campo – Pomonte (Tour 29, Variante).

Südwestküste: Seccheto
Das winzige Dorf zwischen Marina di Campo und Pomonte war einmal ein wichtiger Verladehafen für Granit. Es besitzt zwei kleine Strände: einen mit Sand und einen mit glatt gescheuerten Felsen mit winzigen Naturbecken.

Marina di Campo: Galenzana
Der 30-minütige Fußmarsch von Marina di Campo lohnt sich: feiner Sand in einer weiten Bucht, die von großen Wellen verschont bleibt (Tour 25).

Marina di Campo
Der längste Sandstrand Elbas (1,4 km) beginnt direkt neben dem Hafen des Ortes und zieht sich bis zum Fuß des Monte Tambone. Besonders hübsch das Bagno Tropical, ein »klassisches« italienisches Strandbad (Tour 25).

Laconella und Lacona
Mehr als 1 km Sand mit naturbelassenen Dünen westlich des Capo Stella in einer weiten Bucht, die das (seichte) Meer vor Strömungen schützt: Ein Traumstrand für Familien (Tour 23 und 24).

Lacona: Acquarilli
Mittelfeiner Kies, kristallklares Wasser und bizarre Klippen – vom Parkplatz am Capo Norsi (über dem Golfo Stella zwischen Marina di Campo und Porto Azzurro, von Osten kommend nach einem Aussichtspunkt) nur auf einem Pfad erreichbar.

Lido di Capoliveri
Das Sandparadies des Ortes liegt gut geschützt, der Abendsonne und dem Monte Capanne zugewendet, im Osten des Golfo Stella. Abzweigung an der Straße Portoferraio – Porto Azzurro.

Capoliveri: Zuccale, Barabarca
Zwei Strandschönheiten im Südwesten der Halbinsel Calamita; 3 km nordwestlich von Capoliveri (beschilderte Zufahrt). In der Zuccale-Bucht Sonnenschirm-, Liegestuhl- und Bootsverleih.

Capoliveri: Morcone
Dieser familienfreundliche Sandstrand befindet sich unterhalb von Capoliveri, eine beschilderte Straße zweigt bei der südlichen Ortseinfahrt ab, auf der Höhe von Pareti.

Südostküste: Costa dei Gabbiani
Straccoligno, Ferrato, Malpasso, Calanova, Buzzancone, Miniera dei Sassi, Lo Stagnone, Punta Bianca – die Strand-Stars an der »Möwenküste« auf der Ostseite der Halbinsel Calamita. Mit dem Auto erreicht man nur die ersten davon. Die anderen muss man sich zu Fuß verdienen (Tour 22).

Porto Azzurro: Barbarossa & Reale
Die beiden schönen und sauberen Kiesstrände liegen nicht weit nordöstlich von Porto Azzurro. Auch mit dem Auto erreichbar; Bars, Liegestuhl- und Bootsverleih, Tauch- und Surfschule (Tour 19).

Cavo: Frugoso
Die einsame Fortsetzung des Strandes von Cavo, die sich jenseits des Capo Castello gegen die nördlichste Spitze Elbas hinzieht. Die Hochöfen von Piombino scheinen zum Greifen nah, doch der Blick zur Mäuseinsel und der bunte Kies entschädigen dafür (Tour 15).

Rio nell'Elba: Cala dell'Inferno
Die einsame Bucht südwestlich des Monte Grosso überrascht mit ziegelroten, grünen und weißen Kieselsteinen (Tour 14).

Rio nell'Elba: Nisportino
Der kleinere der beiden abgeschiedenen Kiesstrände, die man von Rio nell'Elba auf einer ausgeschilderten Bergstraße ansteuern kann. Inmitten einer wilden Küstenlandschaft genießt man die Ruhe bis zum Sonnenuntergang (Tour 14).

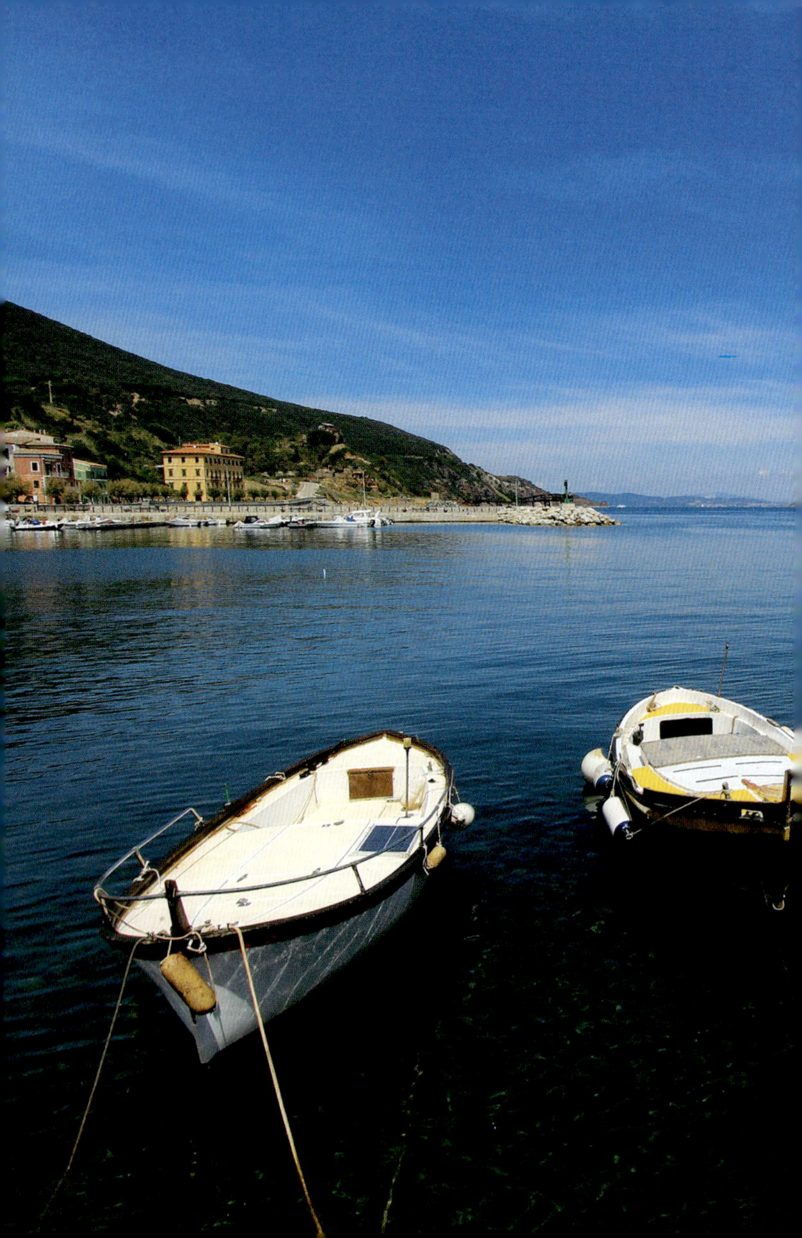

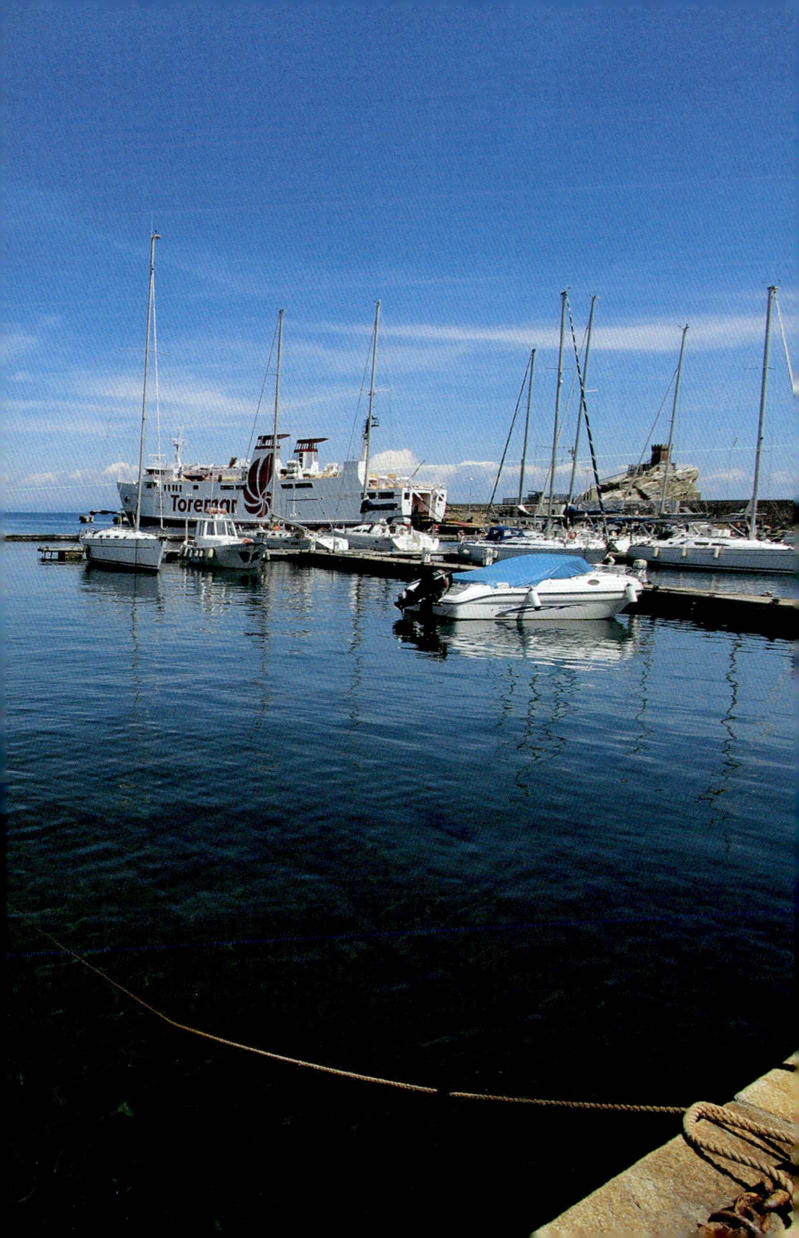
Toremar

↗ 80 m | ↘ 80 m | 5.3 km

1 Portoferraio

2.00 h

Ferienbeginn zwischen zwei Festungen

Für die meisten Elba-Besucher bildet Portoferraio das Tor zur Insel. Hinter dem einstigen »Eisenhafen« steigt die Altstadt im eleganten Halbrund gegen ihre beiden Festungen an. Ihr wahres Wesen gibt die lebendige Inselkapitale natürlich erst bei einer näheren Erkundung preis: bei einem Caffè mit Blick auf den Yachthafen, im Auf und Ab der verwinkelten Gassen, beim Ausspannen an einem der beiden bezaubernden »Stadt-Strände«. Hier ein Vorschlag für einen Stadtrundgang.

Ausgangspunkt: Altes Salzmagazin am Fährhafen (Calata Italia) von Portoferraio. **Anfahrt:** Elbas Hauptstadt ist von allen Orten der Insel gut erreichbar; Parkplätze befinden sich im Bereich des nördlichen Hafenbeckens (nicht bei den Fähranlegern), an allen breiteren Straßen und am Viale Elba beim Busbahnhof. Fast alle Parkplätze sind kostenpflichtig. **Busverbindung:** Beim Hochhaus befindet sich der Busbahnhof, hier halten alle Buslinien. **Anforderungen:** Gemütlicher Stadtspaziergang. **Einkehr:** Zahlreiche Bars, Enoteche, Trattorie und Ristoranti im Stadtbereich.

Start beim alten **Salzmagazin** ❶ am Fährhafen – stadteinwärts den Hafen entlang – auf der Via Vittorio Emanuele II unterhalb der Festungsmauern zum Hafenbecken Darsena Medicea – auf der Calata Mazzini zur Porta a Mare – Abstecher auf die Halbinsel **La Linguella** ❷ (Archäologisches Museum, Torre del Martello, Ruinen einer römischen Villa) – durch die Porta

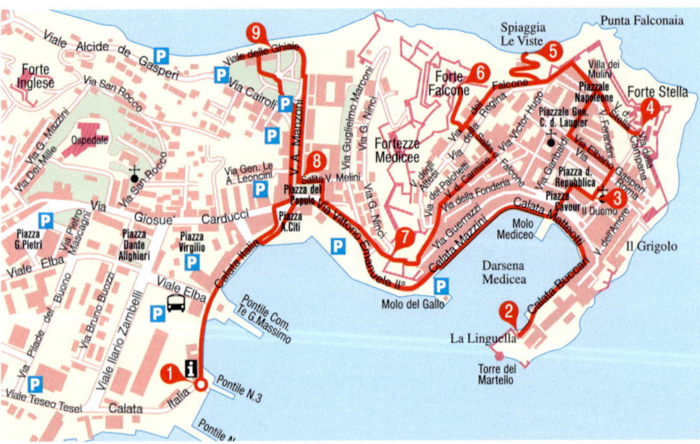

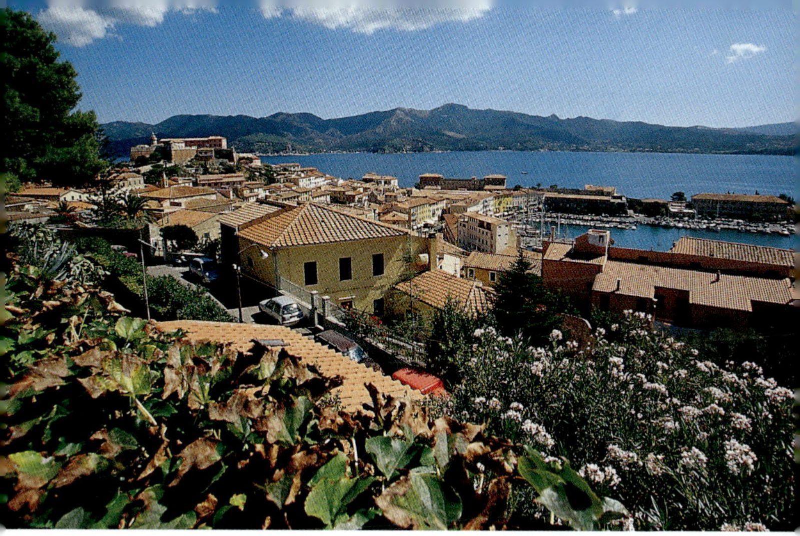

Vom Forte Falcone schweift der Blick bis zu den Bergen im Osten der Insel.

a Mare und über die Piazza Cavour zur Piazza della Repubblica – rechts zum **Duomo** 3 – die Salita Cosimo de' Medici (Treppe) hinauf – links auf der Via Elbano Gasperi zur Salita Napoleone, über diese rechts hinauf (links kurzer Abstecher zum Centro Culturale »De Laugier«) und an der Chiesa della Misericordia vorbei zum Piazzale Napoleone, rechts Abstecher zum **Forte Stella** 4 – links zur Villa dei Mulini – beim Tor rechts auf der Via del Falcone weiter (Abstecher durch die Unterführung zur **Spiaggia le Viste** 5 hinunter) – unter dem **Forte Falcone** 6 links die Treppe (Salita del Falcone) zum Teatro dei Vigilanti hinunter – rechts Via del Carmine – die Via Lambardi abwärts – durch die **Porta a Terra** 7 – Via Vittorio Emanuele II – von dort rechts durch die Allee der **Viale Manzoni** 8 zur **Spiaggia delle Ghiaie** 9. Zurück durch den Park und wieder die Viale Manzoni entlang des Hafens zum alten **Salzmagazin** 1.

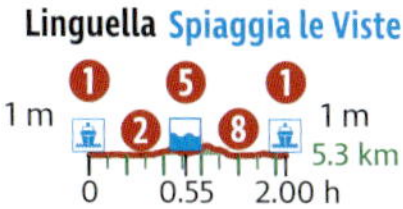

Portoferraios schmalste Altstadt-fassade.

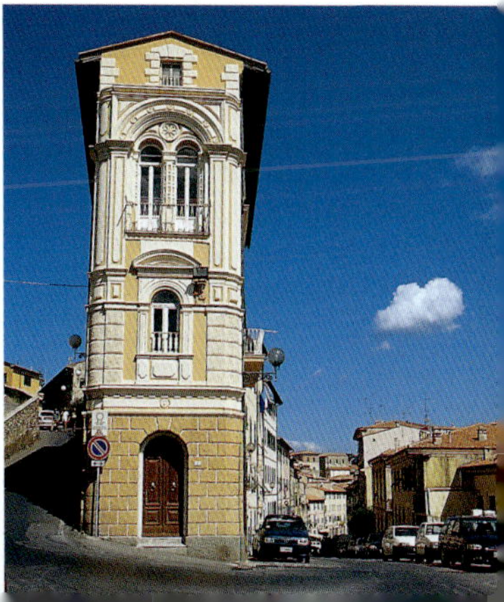

TOP

↗ 200 m | ↘ 200 m | 4.6 km

2 Capo d'Enfola

2.00 h

Ein Hügel mitten im Meer

Am westlichen Ende der fünf Kilometer langen »Porzellanküste« bei Portoferraio verengt sich das Land zu einem schmalen Strandstreifen, an dem der runde Monte Enfola »hängt«. Wie durch ein Wunder ist der Hügel bis heute von Hotels verschont geblieben. Vielleicht haben ihn die Römer als Insel bezeichnet, denn bei dem Namen könnte es sich um die Verballhornung des lateinischen Wortes »insula« handeln. Die Fischer, die hier seit den Zeiten der Medici dem Thunfischfang nachgegangen sind, werden derlei Dinge kaum beschäftigt haben. Das Ende ihres blutigen Gewerbes kam Mitte des 20. Jahrhundert. Die Tonnara, die alte Fischfabrik, stand lange leer, nun befindet sich hier ein Infozentrum des Nationalparks Toskanischer Archipel. Trister wirken die verfallenen Bunker und Munitionsdepots oben auf dem Hügel: Sie erinnern an das Jahr 1944, in dem hier heftige Kämpfe zwischen den Alliierten und den deutschen Besatzern tobten.

Blick zurück auf das »Festland«.

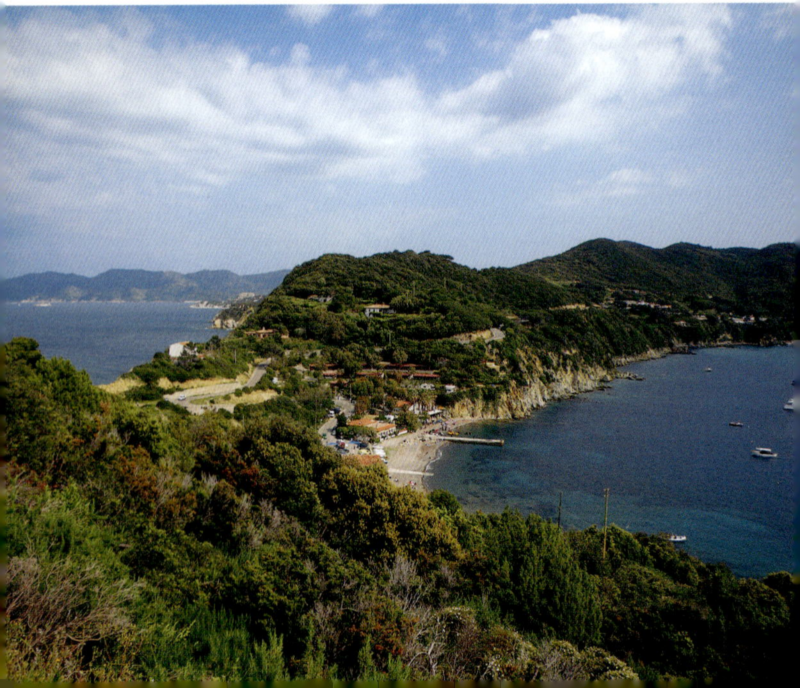

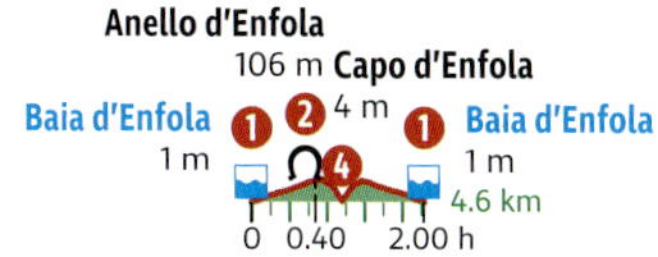

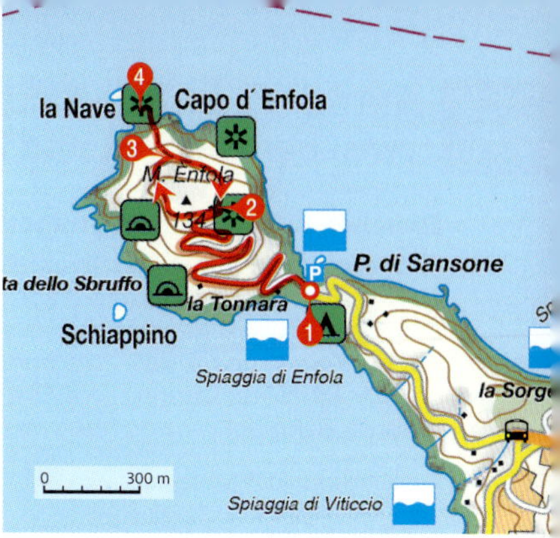

Ausgangspunkt: Landenge zwischen den beiden Stränden von Enfola, 1 m.
Anfahrt: Von Portoferraio auf der Stadtausfahrt zum ersten Kreisverkehr, dort rechts und entsprechend den Wegweisern »Enfola« weiter; vor Viticcio rechts hinunter (8 km); Parkplatz am Ende der Zufahrtsstraße.
Busverbindung: Von Portoferraio mit der Linie 7, Haltestelle Viticcio Bivio Enfola an der Abzweigung oberhalb der Buchten, Zustieg entlang der Straße bergab, 15 Min. zusätzlich.
Anforderungen: Unschwierige Wanderung auf breiten Wegen und schmalen, stellenweise recht steinigen Pfaden; Trittsicherheit ist erforderlich. Schatten nur auf der Nordseite, nicht im Anstieg. Vermeintliche Abkürzungen der Kehren der Fahrstraße sowie der eigentliche Gipfel sind stark verwachsen – was anfangs wie ein Pfad aussieht, erweist sich oft nur als unpassierbare Wildschweinfährte.
Einkehr: In Enfola und Viticcio.

Vom Parkplatz an der **Baia d'Enfola** ❶ gehen wir rechts neben der ehemaligen Tonnara (nun Nationalparkzentrum) vorbei. Dann steigt die breite, steinige alte Fahrstraße in weiten Kehren gegen den Monte Enfola an, vorbei an verfallenen Militärbunkern und an einem blau gestrichenen Stolleneingang (ehemaliges Munitionslager). Wir gehen die alte Straße weiter bis zum Ende und gelangen so geradeaus auf den schmalen **südlichen Anello d'Enfola** ❷, den Ringweg um die Gipfelkuppe. Hier geht es links bergab zur Nordwestseite. Der Wald lichtet sich. Bei einer Verzweigung am **nördlichen Anello d'Enfola** ❸ halten wir uns links, denn hier empfiehlt sich der Abstecher zur zerrissenen, von Möwen umschwirrten und von Tafonis (durch Verwitterung entstandene bizarre Felsformen) gekennzeichneten Granitküste am **Capo d'Enfola** ❹, vor der die winzige Insel La Nave im Meer liegt. Zurück geht es wieder hinauf auf den **Anello** ❷, nun aber links ansteigend durch die dicht bewachsene Nordseite der Halbinsel. So gelangen wir in die letzte Kehre der bekannten Fahrstraße. Auf dieser geht es anschließend hinunter zur Tonnara an der **Baia d'Enfola** ❶.

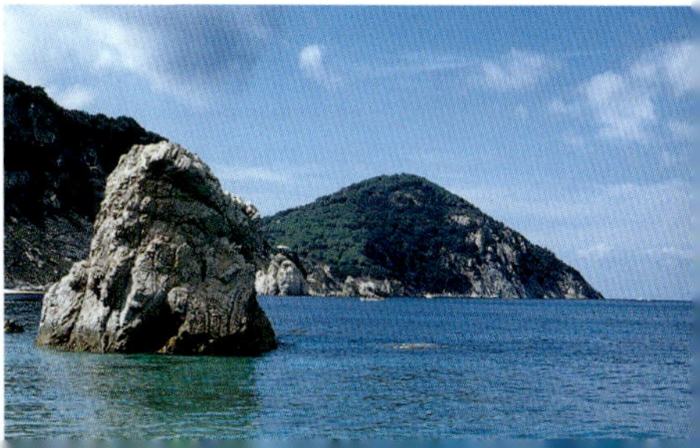

Hinter der »Porzellanküste« wölbt sich der Monte Enfola auf.

↗ 360 m | ↘ 360 m | 8.7 km

3 Am Sentiero della Salute – zwischen Biodola und Procchio

3.00 h

Zwischen den mondänen Stränden liegt ein begehbarer Stollen

In Biodola reihen sich die Mehrstern-Hotels aneinander, doch genau hier startet einer der originellsten Wege Elbas. Dieser führt rund 130 m durch einen alten Stollen, welcher aber beleuchtet und fast eben zu begehen ist. Auf der Tour liegen zudem zwei nur zu Fuß erreichbare Strände und ein origineller Rastplatz samt steilem Abstieg zum Meer. Auch für Höhenmeter ist gesorgt, denn am Hinweg überschreiten wir die Kammlinie der Halbinsel.

Ausgangspunkt: Wendeplatz, 2 m, am Ende der Straße zur Cala di Biodola.
Anfahrt: Von Portoferraio zuerst in Richtung Procchio und auf halber Strecke hinab nach Biodola, Parkplätze an der Zufahrt.
Busverbindung: Von Portoferraio mit Linie 6, Haltestelle Biodola am Ausgangspunkt der Tour. Von Procchio fährt die Buslinie 116 zurück nach Portoferraio.
Anforderungen: Einfache Höhen- und Küstenwanderung, einige steile Abstiege (beim Picknickplatz ist Vorsicht geboten). Viel Schatten auf allen Pfaden im Wald, weniger auf der Kammstraße vom Colle Pecoano zum Monte Pinello. Durchgehend markiert, außer auf der Kammstraße.
Einkehr: In Biodola und Procchio.

Varianten: Falls Tunnel geschlossen: Vom Strand zu den Tennisplätzen des Hotels Hermitage; auf den Hang zu und in einer Kehre nach rechts auf den bewaldeten Rücken hoch zu drei Villen, bis die Straße nach rechts abzweigt. Nun geradeaus weiter auf einen unmarkierten Weg, der in das Tal hinter dem ersten Strand hinabführt, hier links.
In der anderen Richtung vom ersten Strand in das Tal und nach 100 m scharf links zu drei Villen hoch, geradeaus die Straße zum Hotel Hermitage hinunter und bei den Tennisplätzen auf den Strand.
Nur der Küstenweg, unter Auslassung des Abstiegs zum Meer beim Picknickplatz, einfache Wanderung, 100 Höhenmeter; 2 Std.

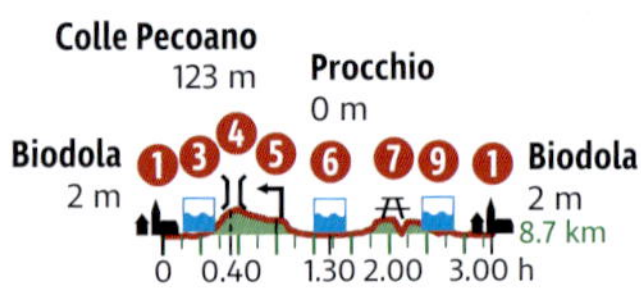

Am Wendeplatz in **Biodola** ❶ wählen wir gleich den öffentlichen Zugang zum Strand und gehen dort nach links bis ans südliche Ende. Hier hat das Hotel Hermitage eine Bootsanlegestelle, die wir betreten. Dann über eine Eisentreppe kurz hoch und gleich rechts durch ein Tor. Es schaut etwas abwehrend aus, jedoch ist der Tunnelabschnitt nachts gesperrt und somit auch dieses Tor. Nun zwischen Felswand und Zaun weiter, der Zaun hört glücklicherweise bald auf und schon sind wir beim Portal des **Tunnels** ❷, angelangt. Hier sind die Öffnungszeiten vermerkt (variieren je nach Sai-

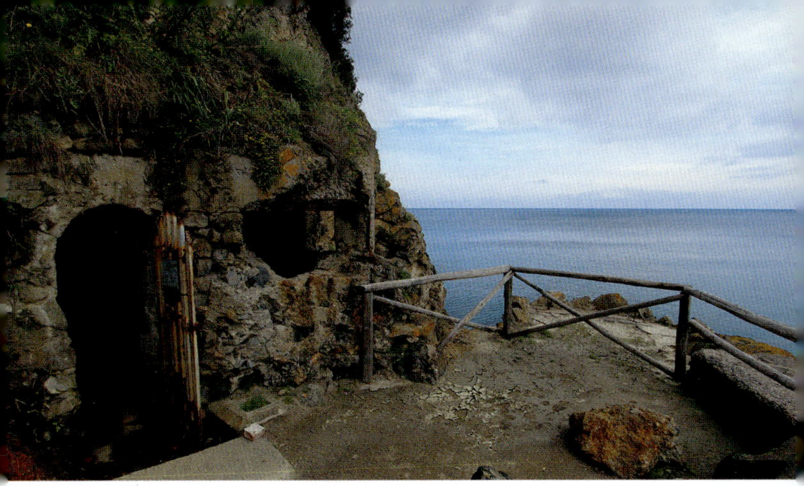

Stolleneingang auf der Seite von Biodola.

son und Tageszeiten, ggf. im Hotel nachfragen). Bitte beachten Sie, dass Sie hier auch am Rückweg passieren müssen! Einfach durch, es gibt eine Aussichtsplattform mitten im Verlauf. Anschließend geht der betonierte Weg kurz weiter, um bald in einen normalen Pfad überzugehen. Schnell sind wir dann schon am **ersten Strand** ❸, in der Bucht Porticollo. Auch wenn am anderen Strandende Wegweiser nach Procchio weisen, bleiben wir auf unserem Weg und gehen nun am Weg 245 landeinwärts einen Wasserlauf entlang. Kurz darauf führt ein nicht näher bezeichneter Weg links hoch, dies wäre der Notausstieg, falls der Tunnel am Rückweg gesperrt ist (anfangs Treppen, führt zur Straße hoch, dann immer links halten). Wir gehen aber am Bach weiter, bis der Weg diesen quert. Es folgt eine Hausruine, und der Pfad gewinnt merklich an Höhe. Kurz haben wir Einblick in eine Stromleitungsschneise, die wir weiter oben nochmals queren werden. Wir gehen den Weg weiter, nun noch steiler bis zum **Colle Pecoano** ❹, 123 m. Links wäre die viel befahrene Straße nach Procchio und Marciana, wir nehmen aber die schmale Straße (wechselnd Sand und Asphalt) rechts hoch (großer Sendemast). Der folgende Ab-

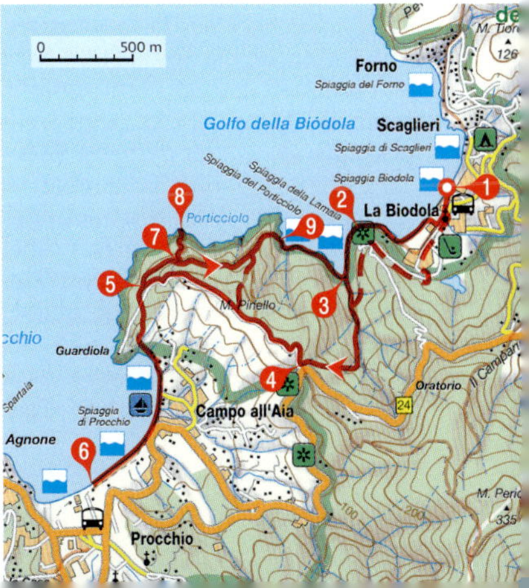

schnitt trägt die Wegnummer 245A. Anschließend führt die Straße durchs Grüne an wenigen Häusern vorbei und zunehmend bergab. So kommen wir auch am unscheinbaren Monte Pinello vorbei. Im Verlauf passieren wir rechts den Weg 246, hier könnte man die Tour abkürzen (man trifft zwischen den Punkten 7 und 9 auf den Küstenweg, dort rechts halten). Bei einem großen Anwesen mit zwei Einfahrten links tut sich eine regelrechte Straßensperre auf, es existiert aber ein kaum sichtbarer Durchgang rechts (nur für Fußgänger, Radfahrer verboten). Unweit davon kommt ein Weg von rechts hinzu, 55 m (unser späterer Rückweg).
Wir gehen aber rund 30 m weiter und **links** ❺ abwärts, ersichtlich durch Pfeil, Wegmarkierung 245 und Radroute. Wir kommen so weiter schlängelnd bergab durch eine Parkanlage (Sessel und Kunstwerke). Die Markierungen führen uns zu einem kleinen grünen Tor. Hier durch und weiter am Weg knapp über dem Meer unterhalb eines Hauses vorbei. Beim zweiten Haus herrscht am Weg ein Betretungsverbot, Steintreppen führen aber zum Strand. Dort weiter, anschließend auf Treppen über einen kurzen Felsabschnitt, durch eine Strandbar und immer am Wasser bis **Procchio** ❻ – oder wo auch immer man am Strand bleiben will.
Der Rückweg erfolgt an der Küste und großteils am Weg 245, teilweise weit oberhalb der Steilabbrüche. Zuerst geht es zurück ans Nordende des Strands und durch den Park hinauf zum links leicht schräg abzweigenden Weg kurz nach dem Punkt 5. Dieser breite Weg führt eben entlang an auffällig vielen Wasseranschlüssen zur Abzweigung bei einem riesigen **Picknickplatz** ❼ mitten im hohen schattigen Wald. Es gibt Grillplätze, kleine Tische und Gartensessel stehen herum. Geht man hinunter und dann links, kommt man zu einem einsamen Tisch direkt am Felsabbruch über dem Meer. Nimmt man den Pfad rechts (zuerst zu einem Gerätehäuschen), führen behelfsmäßige Treppen weiter abwärts zur **Felsküste** ❽. Aber Achtung, der Weg ist erdig und nicht sehr stabil, unten hilft ein Seil beim Abstieg. Bitte versuchen Sie diesen Abstieg nur, wenn Sie sich Ihrer Sache sicher sind. Unten ist die Felsküste, über große Blöcke und mit entsprechenden Badeschuhen kommt man hier im Sommer ins kühle Nass.
Unten am Meer geht es nicht weiter, daher müssen wir zurück zum **Picknickplatz** ❼, wo wir bequem flach nach links gehen. Ein richtiger Weg ist nicht immer deutlich erkennbar, weshalb man einem Verlauf parallel zur Küste folgt. Der Wald wird niedriger, es folgt rechts eine Abzweigung (Weg 246). Wir gehen aber weiter, drehen uns zunehmend nach Südosten und steigen so stufenweise bis zum kleineren **zweiten Strand** ❾, in der Bucht Porticollo. Der weitere Weg bleibt nahe am Wasser und führt durch die Macchia zum **ersten Strand** ❸, den wir schon vom Hinweg kennen. Der restliche Verlauf des Rückwegs ist identisch mit dem Anfang der Tour und führt zurück zum Wendeplatz in **Biodola** ❶.

Stollenausgang mit Steg.

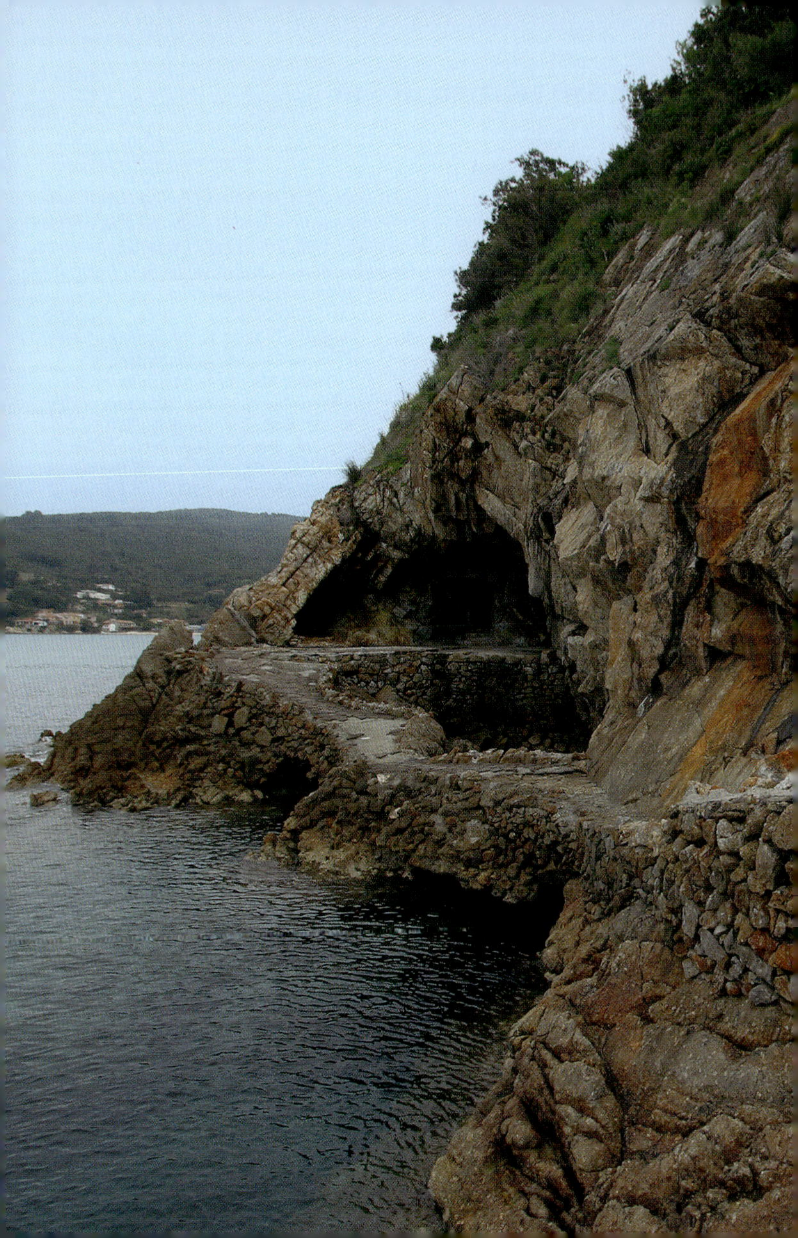

↗ 330 m | ↘ 330 m | 6 km

4 Monte San Martino, 365 m

3.00 h

Das grüne Herz der Insel

Die sanften Höhenzüge im Zentrum von Elba zeigen sich in sattem Grün. Weite Gebiete wurden seit 1950 mit Pinien aufgeforstet – so auch die Foresta di San Martino über Napoleons Kurzzeit-Residenz. Breit ausgeholzte Schneisen helfen, Waldbrände einzudämmen – und gewähren schöne Ausblicke bis Portoferraio.

Ausgangspunkt: Valle San Martino südwestlich von Portoferraio, Villa Napoleone, 55 m.
Anfahrt: Von Portoferraio Richtung Procchio, nach ca. 4,5 km links abzweigen; kostenpflichtiger Parkplatz vor der Villa Napoleone.
Busverbindung: Von Portoferraio mit der Linie 1, Haltestelle San Martino Villa Napoleone.
Anforderungen: Einfache Bergwanderung, meist schattige, stellenweise steile Wege und Pfade. Nicht überall markiert!
Einkehr: Bars am Ausgangspunkt.
Variante: Auf der Forststraße rechts unterhalb des Monte Barbatoia vorbei; 30 Min. kürzer. Verlängern lässt sich die Tour zum Beispiel vom Sattel unter dem Monte San Martino nach Süden (Nr. 248) zum Straßensattel zwischen Marina di Campo und Lacona und über den Monte Tambone, 377 m, bis zum Strand von Marina di Campo; 3.30–4.00 Std. Gehzeit.

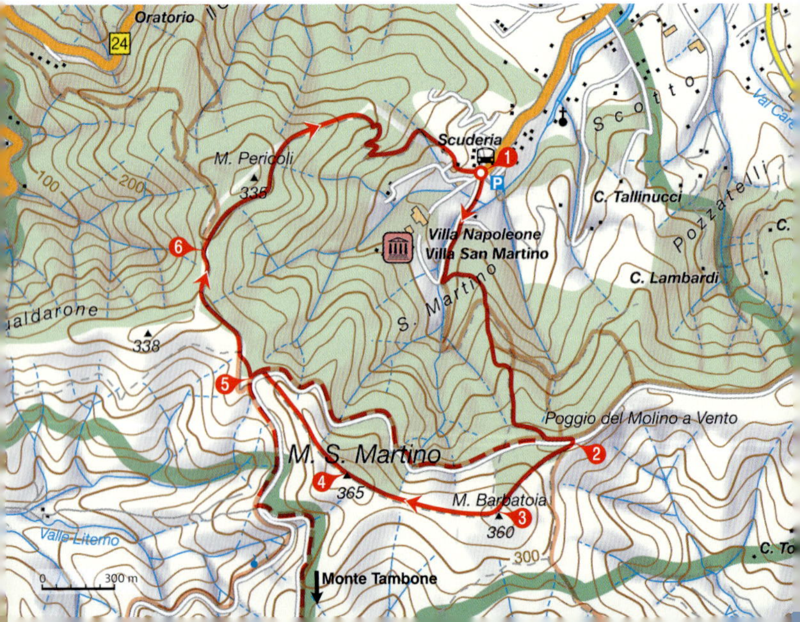

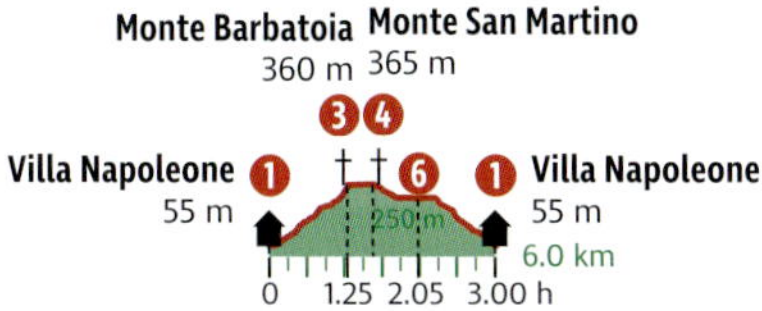

Wir starten unterhalb der **Villa Napoleone** ❶. Zwischen Andenkenläden zweigen zwei Zufahrten ab – wir gehen auf der linken, mit Weg 221 markierten, anfangs noch asphaltierten Straße nach Süden. Nach 200 m beginnt ein Pflasterweg in den Wald hinauf. Wir kommen zu einem Rastplatz und zweigen gleich danach links in den Wald ab. So steigen wir auf einem schmalen Waldpfad aufwärts. Bei einer Tafel gehen wir nach Süden und verlassen dabei den Weg 221, der nach links abzweigt. Wir stoßen auf eine Forststraße, wo wir 100 m nach links gehen, um anschließend kurz rechts hoch in den freigeschnittenen **Rücken** ❷, 275 m, zum Weg 214 zu gelangen. Auf diesem halten wir uns rechts und kommen so zum **Monte Barbatoia** ❸, 360 m. Über eine Senke hinüber zum **Monte San Martino** ❹, 365 m.

Wir gehen weiter über die Schneise abwärts, dann auf einem stellenweise ausgewaschenen Waldpfad in einen **Sattel** ❺, 297 m (verfallenes Magazin, Forststraßenkreuzung), und geradeaus in den Wald. Wir gelangen in eine Senke an einer Schneise. Der Weg 248 führt unterhalb dieser zu einer **Verzweigung** ❻ mit Tafel und Wegweiser, ab wo wir am Weg 245 zuerst flach den Monte Pericoli umgehen. Später führt der Weg in einem offeneren Bereich abwärts. Nach knapp 300 m gradliniger Strecke biegt er wieder rechts in den Wald ab.

Über Kehren gelangen wir zu einem alten Haus und weiter zu der Asphalt- bzw. Betonstraße, die hinter dem Parkhotel Napoleone und dessen Parkplätzen zum Ausgangspunkt unterhalb der **Villa Napoleone** ❶ hinunterleitet.

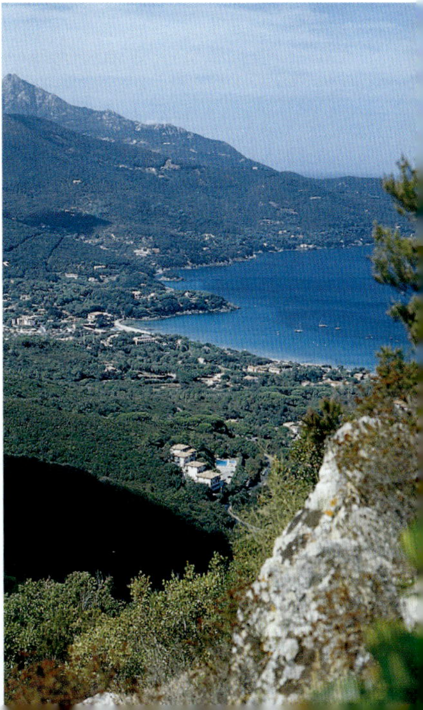

Blick zum Golfo di Procchio.

↗ 230 m | ↘ 230 m | 2.3 km

5 Santa Lucia, 240 m

1.30 h

Ein Ort der Stille

Blickt man von Portoferraio nach Süden, so entdeckt man links des großen Steinbruchs winzige Gebäude auf einem Hügel: Das ist die Einsiedelei Santa Lucia, die man nur zu Fuß erreicht. Oben rastet man dann zwischen Kapelle und Klause, Bruchstücken alter Befestigungsmauern und einem Metallkreuz, von dem der Blick über die Bucht von Portoferraio bis zum Monte Capanne schweift.

Ausgangspunkt: Abzweig nach Le Foci, südwestlich von Portoferraio.
Anfahrt: Von Portoferraio (Hafen) nach dem zweiten großen Kreisverkehr rechts Richtung Procchio und nach etwa 600 m bei einer Abzweigung (Recyclingcontainer, Bushaltestelle »Le Foci«) in einer Rechtskurve links. Keine Parkmöglichkeiten nach der Abzweigung, zwei kleine Stellflächen befinden sich rechts der Straße in Richtung Procchio nach ca. 200 m.
Busverbindung: Linien 1 und 116 von Portoferraio, Haltestelle Bivio Le Foci am Ausgangpunkt.
Anforderungen: Leichte Wanderung auf schmalen und stellenweise sehr steilen Pfaden; viel Schatten.
Einkehr: Unterwegs keine.
Variante: Vom Colle Reciso (Straßensattel zwischen San Giovanni und Lacona), 200 m, auf beschilderter Asphalt- und Schotterstraße (nicht links ins Val Carrene hinunter), anschließend links den Pfad durch ein ehemaliges Waldbrandgebiet hinauf; 30 Min.

Blick von Portoferraio auf die auf einem Hügel gelegene Einsiedelei Santa Lucia.

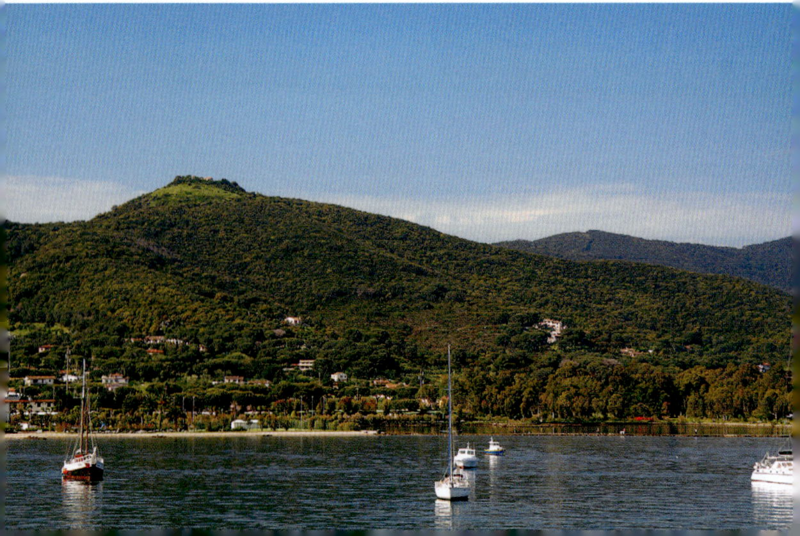

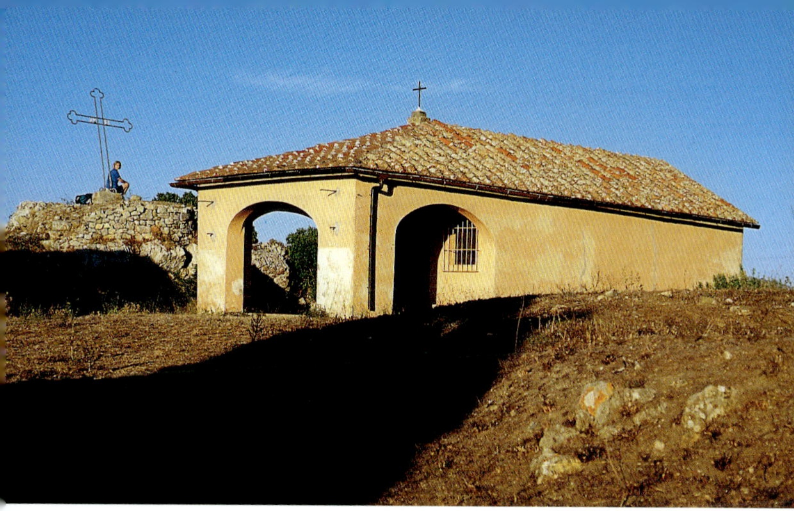

Ein Ort der Stille: die Einsiedelei südlich von Portoferraio.

Wir wandern zunächst auf der Seitenstraße über den kanalisierten **Fosso della Madonnina** ❶ in die kleine Ortschaft **Le Foci** ❷, 60 m. Bei den ersten Häusern geht es geradeaus, steil die Betonstraße hinauf und durch ein Tor zu den obersten Häusern.

Auf dem Privatparkplatz links an den Häusern vorbei und auf einer kurzen Schotterstraße bergauf in den Steineichenwald. Dort gelangen wir über kleine Gesteinsstufen und zwischen alten Terrassen zu einer Abzweigung: Nach rechts und in steilen Serpentinen durch Buschwald hinauf. Von der Waldgrenze kommen wir über einen Grashang zu einer Zisterne, links zu einem Haus und zur Kirche **Santa Lucia** ❸, 240 m.

Rückkehr auf dem gleichen Weg.

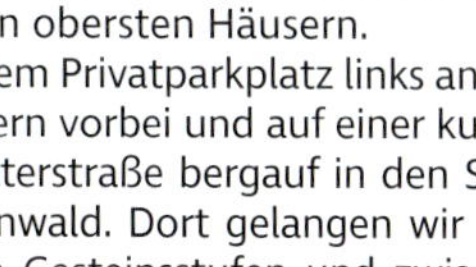

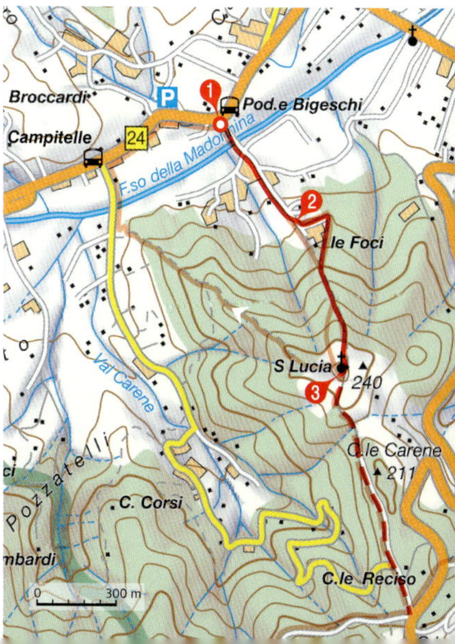

↗ 340 m | ↘ 340 m | 6.6 km

6 Monte Orello, 377 m

3.00 h

Verschlungene Wege im Wald

Diese Tour führt Sie durch ein weltentlegenes Tal in die 500 Hektar weiten Pinienforste am Monte Orello – und damit mitten hinein ins unbekannte Elba.

Ausgangspunkt: Der flache Sattel an der Hauptstraße von Portoferraio nach Porto Azzurro, südlich des Ortes Acquabona.
Anfahrt: Von Portoferraio Richtung Porto Azzurro, nach dem Golfplatz beim roten Haus (gegenüber der Abzweigung nach Buraccio) rechts (9 km); Parkmöglichkeit an den Seitenstraßen am Sattel.
Busverbindung: Linie 117 von Portoferraio und Porto Azzurro, bis Haltestelle Campo Ai Peri am Ausgangspunkt.
Anforderungen: Einfache, schattige Bergwanderung auf Forststraßen und schmalen Pfaden, eine Stelle ist steil und rutschig. Die Orientierung im Wald ist jedoch schwierig.
Einkehr: Bar/Ristorante in Acquabona und ca. 1,5 km in Richtung Porto Azzurro.

Vom roten Haus an der Hauptstraße und am Sattel **Case Marchetti** ❶ folgen wir der dort abzweigenden Straße mit der Markierung GTE. Zwischen Weingärten zu einer Abzweigung: Nach rechts (»Strada privata«) und an der Stromleitung entlang. Das Haus am Ende der Straße wird rechts umgangen, und der Weg führt weiter zwischen Rohrgras und Korkeichen, um sich dann zu teilen. Wir gehen rechts hinauf und auf schmalem Pfad nördlich des verwachsenen Fosso dei Catenacci taleinwärts, bis eine breite **Schneise** ❷, 150 m, quert. Hier rechts und bei der **Kreuzung** ❸ nach links. So erreichen wir eine **Forststraße** ❹, hier verlassen wir die GTE und gehen

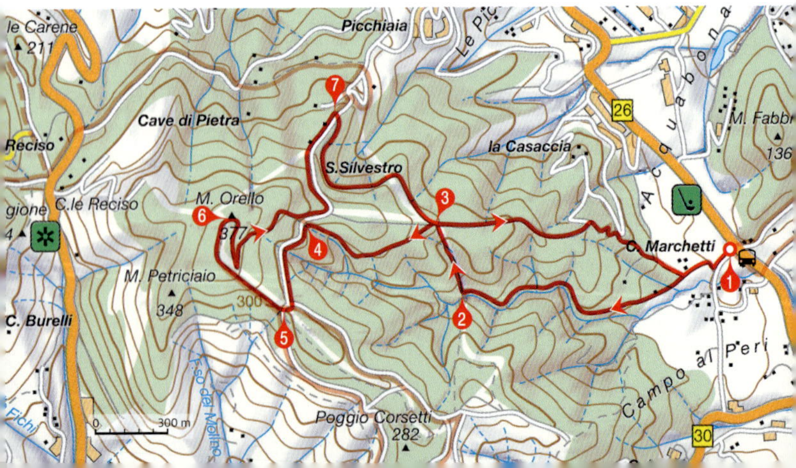

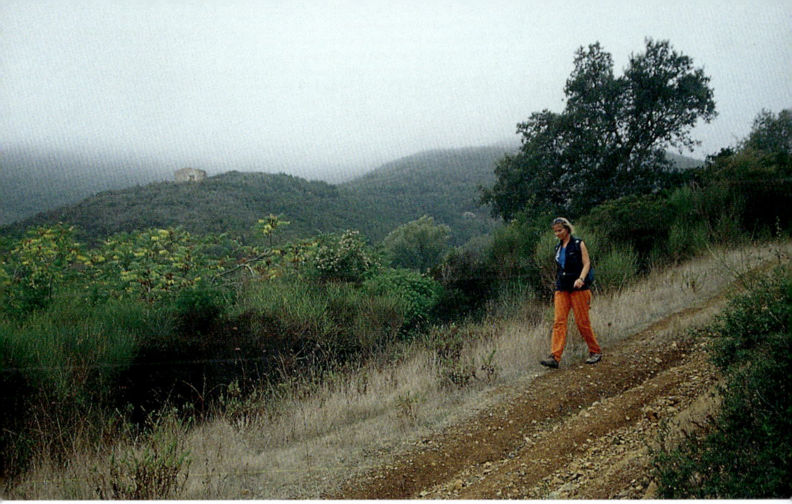

Nebel umwallt die Waldhöhen um den Monte Orello.

auf der Forststraße nach links rund 400 Meter leicht auf und ab. Zuletzt in einer Linkskurve rechts aufwärts in den **Sattel** ❺, 310 m mit einer Waldschneise am Kamm. Wir wandern scharf nach rechts, auf der Schneise über den steilen Rücken auf den Südgipfel des **Monte Orello**, 376 m. Hier wendet sich die Schneise nach rechts und über eine Senke erreichen wir den nahen **Nordgipfel** ❻, 377 m.

Bei einem alten Bunker rechts auf den Forstweg, der in einer Kehre durch den Waldhang zu einer Kreuzung hinabzieht. Nach links (Markierung GTE) die Kurve hinunter und zum Waldrand oberhalb der **Fattoria Monte Orello** ❼. Wir zweigen gleich rechts ab, kommen auf unmarkierter Schotterstraße an einem Haus vorbei und an der baumfreien **Kreuzung** ❸, die wir im Aufstieg passierten. Nun links auf dem Fahrweg über den mit Buschwald bewachsenen Rücken abwärts. Achtung: In einer scharfen Linkskurve müssen wir rechts abzweigen und auf schmalem Pfad abwärtsgehen. Bald geht es wieder auf einem Fahrweg weiter, dann zweigen wir nochmals scharf rechts auf einen Pfad ab, gehen steil hinunter und zwischen Olivenbäumen zur Straße, die uns links zum Sattel **Case Marchetti** ❶ zurückführt.

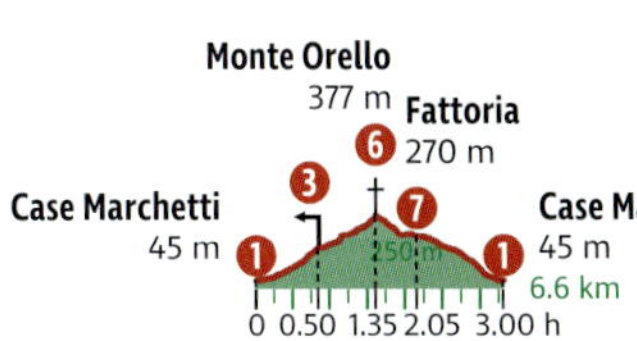

TOP

↗ 190 m | ↘ 190 m | 1.2 km

7 Castello del Volterraio, 394 m

1.15 h

Festung mit Fernblick

Nur Ruinen sind von der stolzesten Burg Elbas übrig geblieben. Zerborsten sind die Mauern allerdings durch Wind und Wetter – militärischen Anstürmen hat das Castello del Volterraio stets getrotzt. Möglicherweise war der 394 m hohe Felsberg im Osten der Bucht von Portoferraio schon zur Zeit der Etrusker befestigt – manche Sprachforscher leiten den Namen von ihrem Wortstamm »ful tur« (hoher Felsen) ab. Die heutige Anlage stammt aus dem Jahr 1284. Die Zinnen wurden damals bewusst kleiner gebaut, damit die Burg aus der Ferne größer aussah. Verteidigen konnte sich die Besatzung lediglich mit einer einzigen Kanone und acht Steinschleudern, später kamen noch ein paar Gewehre dazu. Das Schießpulver versteckte man aus Angst vor Explosionen außerhalb der Mauern. Der Bergfried stand übrigens in Sichtverbindung zum Torre del Giove und anderen Türmen, sodass man das Herannahen feindlicher Schiffe rasch mit Lichtsignalen weitermelden konnte. Heute findet man innerhalb der mächtigen Ringmauer, die im 17. Jahrhundert verändert wurde, noch Reste der Wehrgänge, des Palas und einer Kapelle; neben dem Verteidigungsturm ermöglichte eine Zugbrücke den einzigen Zugang.

Ausgangspunkt: An der Straße unterhalb des Burgberges.
Anfahrt: Von Portoferraio Richtung Porto Azzurro, nach 6 km links Richtung Rio nell'Elba abzweigen, durch die Ortschaft Magazzini und ca. 2 km in Kehren aufwärts (insgesamt 11,5 km); Parkplatz links bei verfallenen Bunkern.
Busverbindung: Von Portoferraio nach Magazzini bis Haltestelle Ottone Acqua Riese mit Linie 118. Von dort zu Fuß zuerst die Straße hinauf, knapp nach der Abzweigung nach Bagnaia beginnt links der Straße der Weg 254. Wenn der Stufenweg zur Burg kreuzt, links hinauf, zusätzlich rund 40 Min.
Anforderungen: Kurze, aber anstrengende Bergwanderung auf steilem Pfad. Kein Schatten!
Einkehr: In Magazzini.

Das Castello del Volterraio.

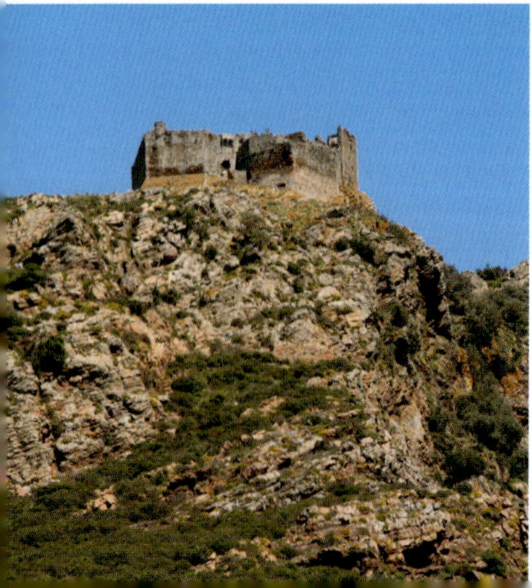

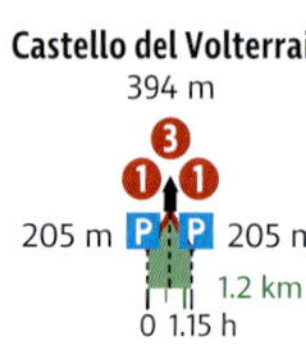

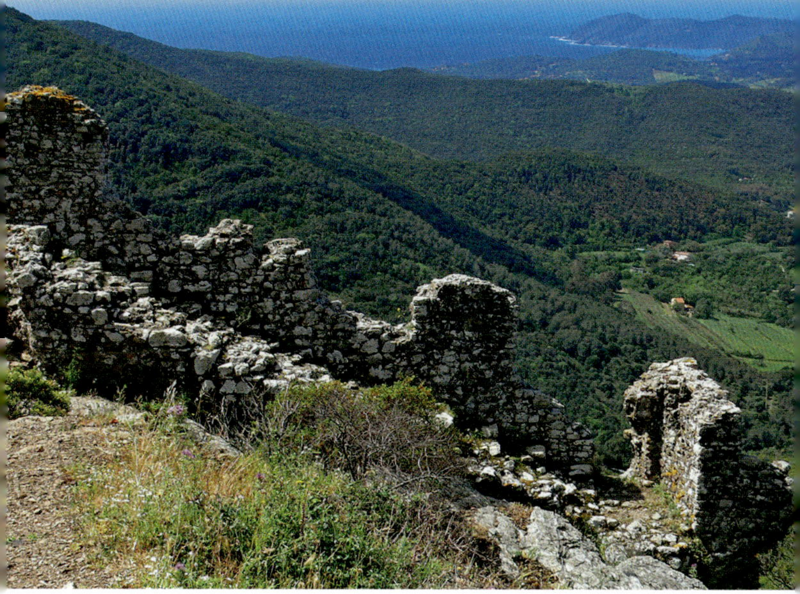

Ausblick von Volterraio zur Südküste.

Wir gehen vom **Parkplatz** ❶, 205 m, etwa 50 m neben der Straße aufwärts und biegen links auf einen gut ausgetretenen Pfad ab. Durch Gebüsch und Macchia geht es zu einer Wegteilung hinauf. Dort führt der z. T. gesicherte Weg nach rechts und nach 10 Min. links über felsiges Gelände. Vorbei an den unteren Befestigungsmauern gelangen wir zur einstigen Kapelle **San Leonardo** ❷. Davor zweigen wir nach rechts ab, gehen durch Gebüsch hinauf und steigen dann steil über den felsigen Hang zur einstigen Zugbrücke der Ruine des **Castello del Volterraio** ❸, 394 m.
Der Abstieg erfolgt auf derselben Route.

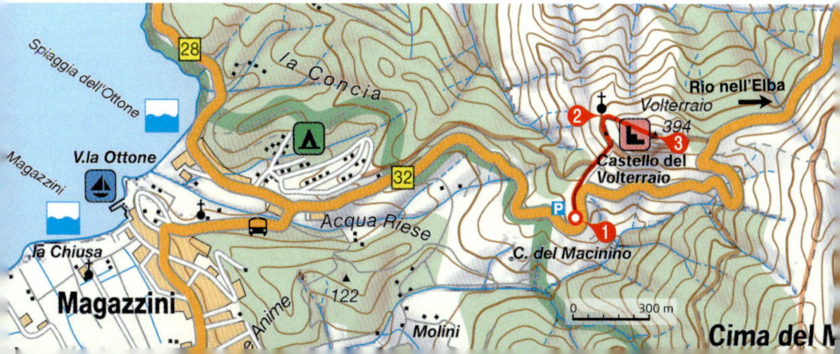

↗ 600 m | ↘ 600 m | 11 km

8 Monte Capannello, 406 m

4.15 h

Über verborgenen Schluchten

Hinter dem Feriendorf von Bagnaia verzweigen sich die größten Schluchten Elbas, das Valle delle Foreste und das Valle del Frasso. Die besten Einblicke in dieses felsige Labyrinth genießt man vom Monte Capannello. Der Weg dorthin ist landschaftlich sehr interessant – man muss allerdings zuerst ein paar Straßenkilometer in Kauf nehmen, da der Zustieg durch die Hänge hinter Bagnaia mittlerweile verwachsen ist.

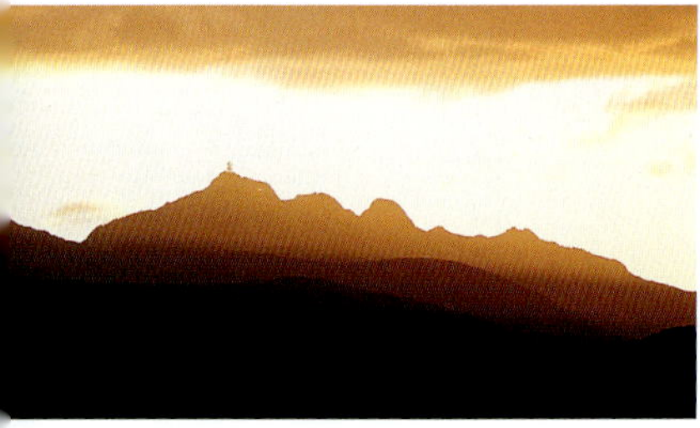

Blick vom Capannello zum Capanne.

Ausgangspunkt: Bagnaia auf der Ostseite der Bucht von Portoferraio.
Anfahrt: Von Portoferraio Richtung Porto Azzurro, nach 6 km links Richtung Rio nell'Elba und in Magazzini wieder links (insgesamt 14 km); Parkplätze hinter dem Ort an der Straße nach Nisporto.
Busverbindung: Von Portoferraio nach Bagnaia mit Linie 118 bis Haltestelle Bagnaia, zugleich Ausgangspunkt.
Anforderungen: Einfache Bergwanderung, größtenteils auf guten Wegen und Pfaden; der erste Abschnitt ist allerdings nicht markiert. Kaum Schatten! Achtung: In vielen Karten trägt der Berg eine falsche, um 90 m höhere Höhenangabe.
Einkehr: In Bagnaia; unterwegs keine.
Varianten: 1) Vom Passo la Croce Richtung Norden auf den Monte Strega, 427 m.
2) 30 Min. Weiterweg vom Passo la Croce auf Weg 253 nach Rio nell'Elba, 45 Min. Der Beginn des Wegs 253 kann mit dem Auto angefahren werden, allerdings kaum Parkmöglichkeiten dort; von hier 1.30 Std. weniger.

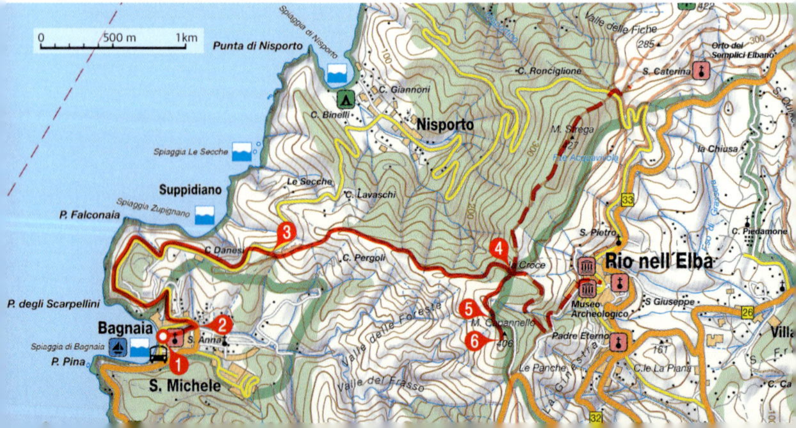

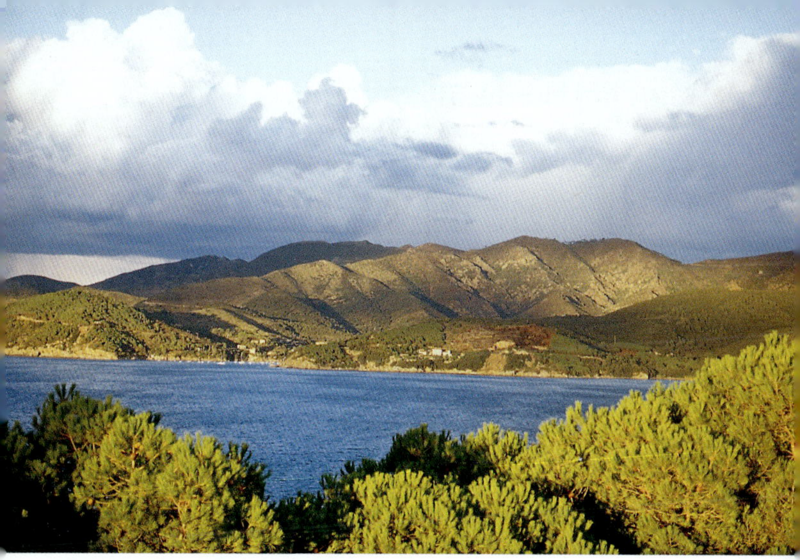

Unsere Route verläuft über den langen Rücken oberhalb von Bagnaia.

Wir gehen von der Bushaltestelle am Strand von **Bagnaia** ❶, dem Wegweiser »Chiesa« folgend, auf der Via della Valle bis zur **Kreuzung** ❷. Dort links abbiegen und so der Straße nach Nisporto folgen. Sie ist nicht viel befahren, wird allerdings zunehmend asphaltiert. Es bieten sich immer Ausblicke auf das Meer und wir steigen nur sehr flach an. Nach den letzten Häusern macht die Straße einen Links-Rechts-Schwenk, und anschließend sehen wir schon die Markierung des **Wegs 253** ❸, 100 m. Er führt auf einen kahlen Rücken, durch den rechten Hang und später nördlich des Kammes an einem Sattel vorbei. Unter einigen Kiefern und hoch über einem felsigen Graben kommen wir in den **Passo la Croce** ❹, 342 m (Stromleitung). Rechts auf der GTE auf eine kleine Anhöhe und steil über Holzstufen auf den **Monte Capannello** ❺, 406 m. Es folgt ein kurzer Abstieg über den felsigen Südkamm in einen Sattel, dann steigen wir auf dem Fahrweg neben dem RAI-Sender zum **Südgipfel** ❻, 408 m, an. Geht man in gleicher Richtung noch etwa 100 m über den Felsrücken abwärts, erreicht man ein kleines Kreuz (Tiefblick in die Schluchten).

Der Rückweg erfolgt auf derselben Route oder man steigt nach Rio nell'Elba ab. Es gibt leider keine anderen Alternativen, ohne einige Kilometer zusätzlich auf Asphalt zurückzulegen.

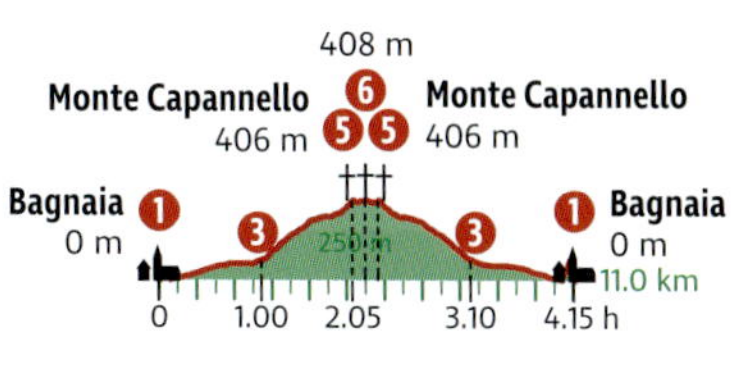

↗ 440 m | ↘ 610 m | 9 km

9 Cima del Monte, 516 m

3.30 h

Die große Überschreitung im Osten

Die Berge im Osten Elbas erreichen nur bescheidene Gipfelhöhen, zeigen sich aber stellenweise in wilder Ursprünglichkeit. Die Cima del Monte, die höchste Erhebung zwischen Rio nell'Elba und Porto Azzurro, wurde zwar mit allerlei Antennen und Sendeanlagen verschandelt, doch dafür bietet sie eine anregende Kammüberschreitung über kahle Grasrücken und felsige Passagen aus kleinsplittrigem Schiefergestein. Prachtvoll ist der Blick zur Bucht von Portoferraio, die sich genau hinter der Burgruine Volterraio öffnet. Weiter nach Süden durchquert man die steinige Gebirgsszenerie um den Monte Castello, bis man schließlich ins fruchtbare Valle del Botro absteigt und direkt im »blauen Hafen« am Meer landet: Die landschaftlichen Kontraste könnten nicht größer sein!

Rio nell'Elba.

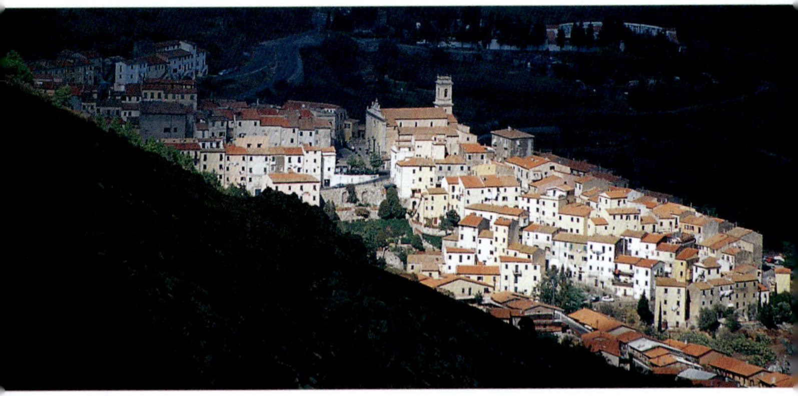

Ausgangspunkt: Rio nell'Elba, 170 m, Bushaltestelle.
Anfahrt: Von Portoferraio über Porto Azzurro oder kürzer über Volterraio und den Pass Le Panche. Parkmöglichkeit im Süden an der Via Giuseppe Garibaldi bei der Bushaltestelle und an der Umfahrungsstraße (netter Anstieg über eine steile Parkanlage zur Piazza del Popolo).
Busverbindung: Von Portoferraio nach Rio'nell Elba mit Linie 117 bis Haltestelle Rio nell'Elba, zugleich Ausgangspunkt.
Endpunkt: Porto Azzurro; Rückfahrt mit Buslinie 117.
Anforderungen: Einfache Bergwanderung auf breiten Wegen und steinigen Pfaden, im Gipfelbereich der Cima del Monte (und am Monte Castello) ist Trittsicherheit erforderlich. Kaum Schatten!
Einkehr: Rio nell'Elba und Porto Azzurro.
Variante: Kurztour Le Panche – Cima del Monte und zurück; 1.30 Std.

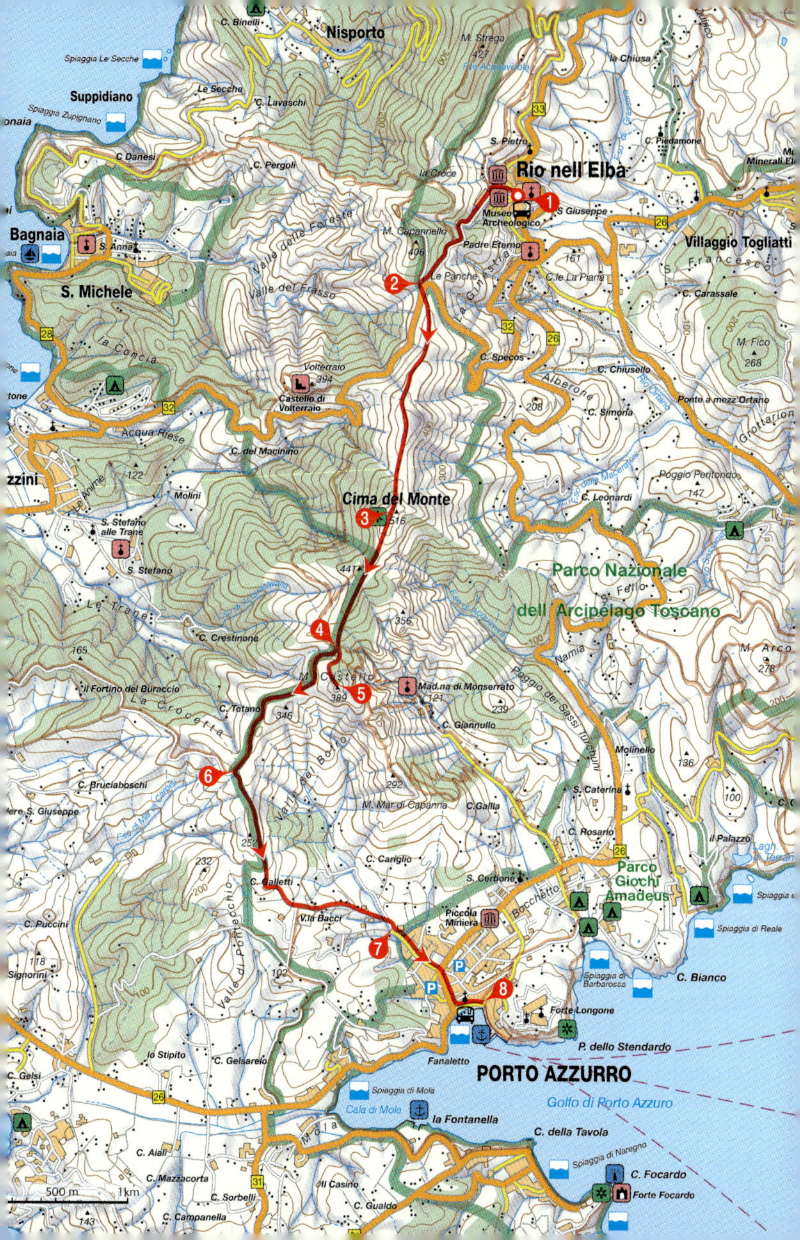
Nisporto
C. Binelli
M. Strega
Spiaggia Le Secche
Suppidiano
Le Secche
C. Lavaschi
Spiaggia Zupignano
la Chiusa
S. Pietro
C. Piedamone
C. Danesi
C. Pergoli
la Croce
Rio nell'Elba
Museo Archeologico
S. Giuseppe
Villaggio Togliatti
Bagnaia
S. Anna
M. Capannello
406
Padre Eterno
161
S. Michele
Valle delle Foreste
Valle del Frasso
Le Panche
C.le La Piana
La Ginestra
C. Carassale
S. Francesco
la Concia
M. Fico
268
C. Specos
Volterraio
394
Castello di Volterraio
Alberone
C. Chiusello
C. Simona
208
Ponte a mezz'Ortano
Acqua Riese
C. del Macinino
Poggio Pertondo
147
122
Molini
Le Anime
Cima del Monte
516
C. Leonardi
S. Stefano alle Trane
S. Stefano
441
Parco Nazionale dell'Arcipelago Toscano
Le Trane
C. Crestinone
356
165
M. Castello
389
Mad.na di Monserrato
121
Poggio dei Sassi Turchini
il Fortino del Buraccio
La Crocetta
C. Totano
346
239
C. Giannullo
M. Arco
278
Molinello
136
C. Bruciaboschi
Valle del Botro
292
S. Caterina
100
M. Mar di Capanna
C. Galla
Pere S. Giuseppe
C. Rosario
il Palazzo
252
232
C. Cariglio
C. Galletti
S. Cerbone
Bocchetto
Parco Giochi Amadeus
Spiaggia di Reale
C. Puccini
V.lla Bacci
Piccola Miniera
118
Signorini
Valle di Pontecchio
102
Spiaggia di Barbarossa
C. Bianco
Forte Longone
P. dello Stendardo
lo Stipito
C. Gelsareto
Fanaletto
PORTO AZZURRO
C. Gelsi
Spiaggia di Mola
Cala di Mola
la Fontanella
Golfo di Porto Azzurro
Mola
C. della Tavola
C. Aiali
Spiaggia di Naregno
C. Mazzacorta
C. Focardo
Forte Focardo
Il Casino
C. Sorbelli
C. Gualdo
C. Campanella
143
500 m
1 km

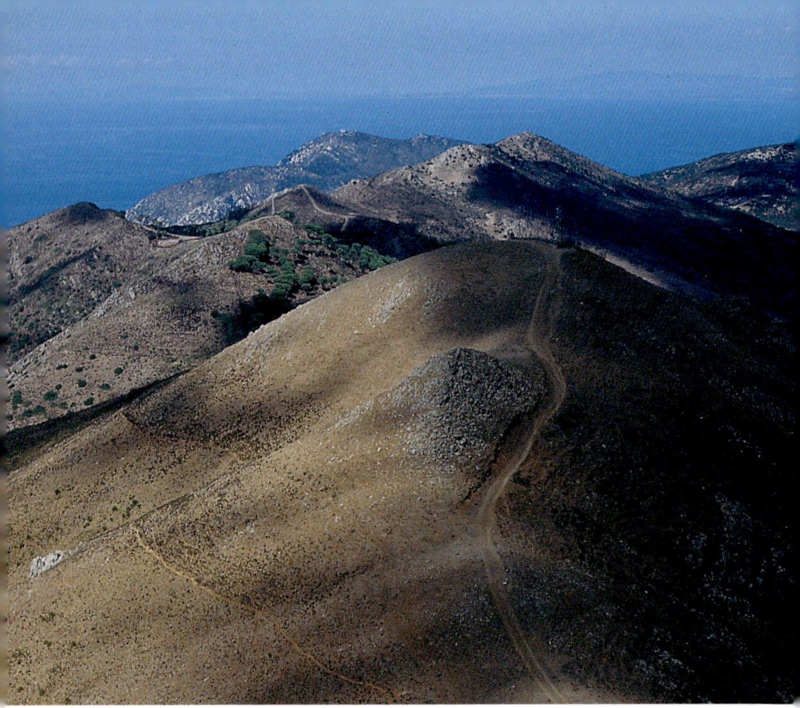

Der steppenartige Höhenzug der Cima del Monte.

Von der Bushaltestelle in **Rio nell'Elba** ❶ beim Gemeindeamt gehen wir zur Piazza del Popolo. Von dort auf der steilen, gepflasterten Via Sabba Galletti durch den Ort hinauf. Bei der Abzweigung der Via Solferino halten wir uns links und kommen auf der (für Autos gesperrten) Asphaltstraße in den Wald. Geradeaus an einem Picknickplatz vorbei und zum Pass **Le Panche** ❷, 325 m. Wir zweigen links ab und gelangen auf dem breiten, stellenweise ausgewaschenen Weg GTE über den kahlen Rücken auf eine Kuppe, 470 m. Dann kommen wir in einen Sattel, laufen wieder aufwärts und – vorbei an einem Umlenkspiegel für Funksignale – zum Ende des breiten Weges (Blechhütte). Auf steinigem Pfad sind wir in wenigen Minuten auf dem Gipfel der **Cima del Monte** ❸, 516 m (Sender).
Der Abstieg erfolgt auf dem markierten Pfad nach Süden: Über Geröll, Schieferplatten und Felsstufen steigen wir in einen Sattel, gehen links um eine Kuppe, 444 m, herum und dann rechts vom Rücken durch den freien Hang abwärts. Bei der Einmündung eines Weges geht es geradeaus, bald steiler hinab und links auf einem Fahrweg in eine weite Senke names **Piane**

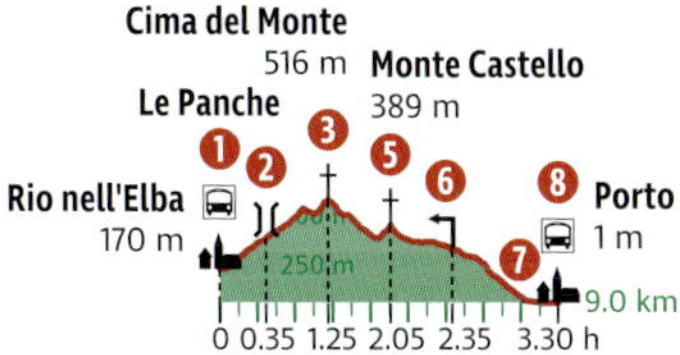

della Madonna ❹, 325 m. Hier lohnt sich der Abstecher auf den **Monte Castello** ❺: Links (Wegweiser »Madonna di Monserrato«) und auf einem Pfad laufen wir über einen grasigen Rücken hinauf, nach einem kleinen Sattel mit einigen Pinien geradeaus und auf den felsigen Gipfel, 389 m.

Von der weiten **Senke** ❹ wandern wir auf dem sanft abfallenden Fahrweg (GTE) rechts um den Monte Castello und seinen felsigen Nachbargipfel herum. Unter einem Sattel vorbei, über eine kleine Ebene und steiler abwärts zu einer **Abzweigung** ❻ oberhalb eines großen Steinbruchs, 276 m. Hier scharf nach links und den Weg 210 nehmen. Auf der stellenweise ausgewaschenen Schotterstraße über einen aussichtsreichen Rücken und links davon zwischen Bäumen hinab. Nach einem Linksschwenk und Villenzufahrten halten wir uns weiter rechts bergab und steigen zwischen Weingärten ab. Bei der nächsten Rechtskurve gehen wir geradeaus, weiter unten folgt ein schmaler Hohlweg, der teilweise neben der Straße verläuft, und wieder eine Schotterstraße ins **Valle del Botro** ❼.

Über eine kleine Brücke gelangen wir zum Sportplatz, rechts auf der Asphaltstraße (Viale Europa) zur Hauptstraße (Viale Italia) ins Ortszentrum von **Porto Azzurro** ❽.

Blick von der Route zur Inselhauptstadt.

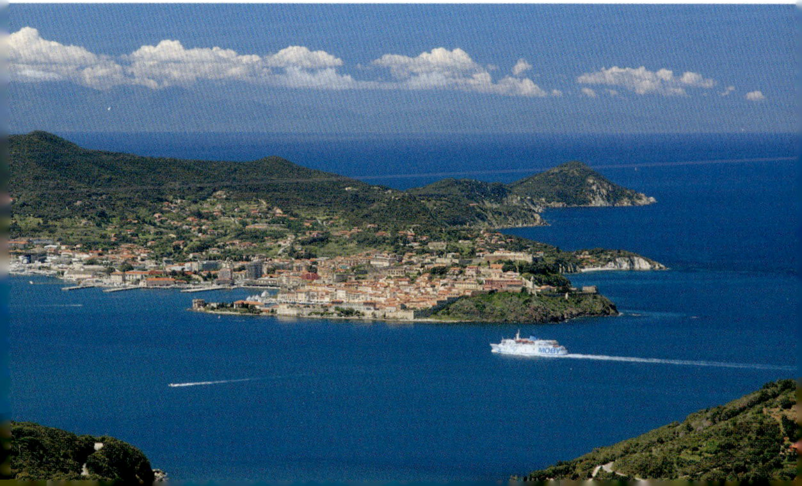

↗ 420 m | ↘ 420 m | 7 km

10 Monte Strega, 427 m

2.45 h

Wandern auf zwei Stockwerken

Rio aus der Vogelperspektive: Wunderschöne Tiefblicke verschenken zwei Höhenwege, die den legendenumwobenen »Hexenberg« erschließen – der eine quer durch einen steppenartigen Steilhang, der andere direkt über den felsigen Gipfelkamm.

Ausgangspunkt: Rio nell'Elba, 170 m, Bushaltestelle.
Anfahrt: Von Portoferraio über Porto Azzurro oder kürzer über Volterraio und den Pass Le Panche. Parkmöglichkeit im Süden an der Via Giuseppe Garibaldi bei der Bushaltestelle und an der Umfahrungsstraße (netter Anstieg über eine steile Parkanlage zur Piazza del Popolo).
Busverbindung: Von Portoferraio nach Rio'nell Elba mit der Linie 117 bis Haltestelle Rio nell'Elba, zugleich Ausgangspunkt.
Anforderungen: Einfache Bergwanderung, weitgehend auf schmalen und stellenweise sehr steilen Pfaden; nicht überall markiert. Kaum Schatten!
Einkehr: In Rio nell'Elba.

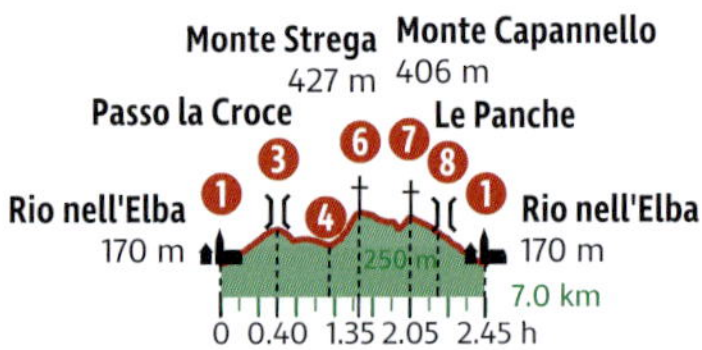

Kakteen bilden einen exotischen Rahmen um Rio nell'Elba.

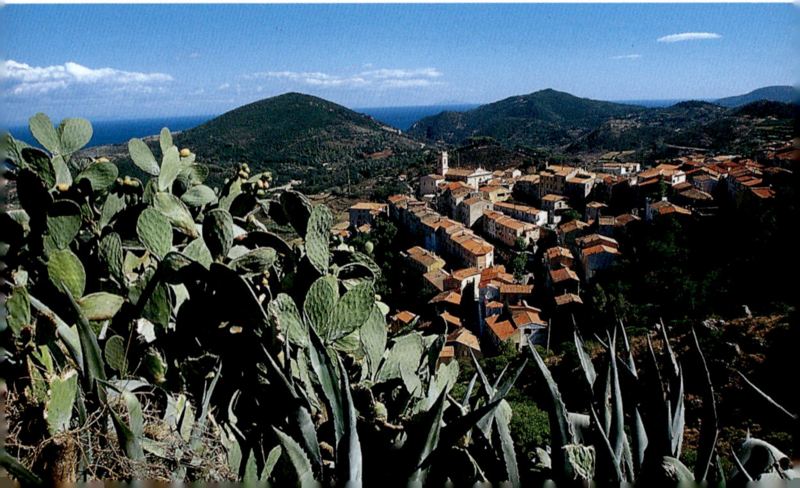

Von der Bushaltestelle in **Rio nell'Elba** ❶ beim Gemeindeamt gehen wir Richtung Le Panche hinauf. Beim **Picknickplatz** ❷ zweigen wir rechts auf den breiten Schotterweg mit der Markierung 253 ab (Schranke) – er führt über einen Graben in den **Passo la Croce** ❸, 342 m (Stromleitung). Achtung: Kurz davor zweigt scharf rechts ein schmaler, unmarkierter Pfad ab, der – unter der Stromleitung durch – in den grasigen Hang oberhalb von Rio nell'Elba führt. Absteigend in einen Graben, wieder aufwärts und dann im Auf und Ab durch die Macchia zu einem Haus. Rechts daran vorbei und auf dem Fahrweg zur **Asphaltstraße** ❹, auf der wir links kurz zum **Sattel** ❺, 305 m, zwischen Rio nell'Elba und Nisportino hinaufwandern. Dort zweigen wir links ab und gehen auf dem steilen Weg GTE über Stufen, auf rutschigem Kies und zwischen Gebüsch auf den felsigen **Monte Strega** ❻, 427 m (Vermessungszeichen). Weiter über den Kamm, dann steigen wir durch den rechten Hang ab und an zwei felsigen Kuppen vorbei in einen Sattel. Auf eine Kuppe, 396 m, dann steil und auf vielen Stufen in den **Passo la Croce** ❸, 342 m, hinunter. Man kann nun links die Runde schließen und zum Ausgangspunkt zurückkehren – schöner ist jedoch die abschließende Ersteigung des **Monte Capannello** ❼, 406 m. Der Abstieg erfolgt über den felsigen Südkamm in den Sattel vor dem Südgipfel und links auf breitem Weg in den Pass **Le Panche** ❽. Links auf der Asphaltstraße (Fahrverbot) wieder nach **Rio nell'Elba** ❶ hinunter.

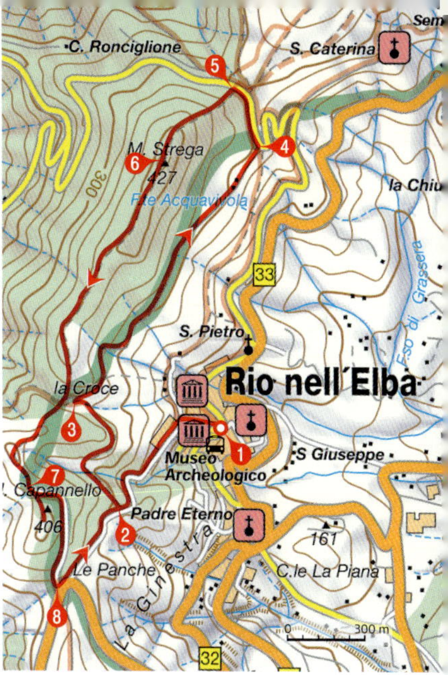

Monte Strega – der Hexenberg.

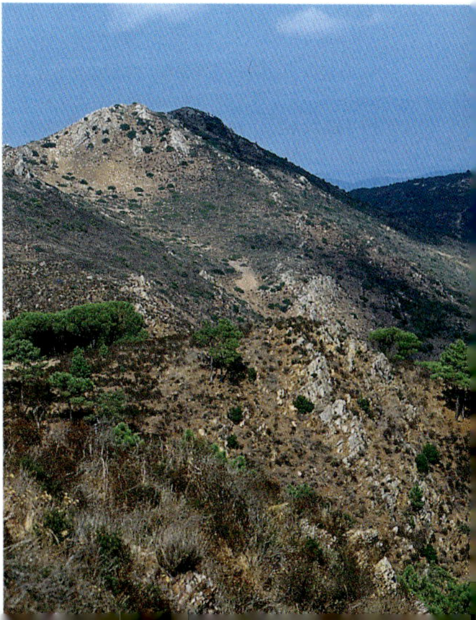

↗ 290 m | ↘ 290 m | 6.5 km

11 Monte Serra, 422 m

2.15 h

Ein Gipfel für Genießer

Wer ein wenig wegloses Gelände nicht scheut, kann den natürlichen Sperrriegel des Monte Serra mit dem zauberhaften Heiligtum Santa Caterina an dessen Fuß erwandern.

Ausgangspunkt: Rio nell'Elba, 170 m, Bushaltestelle.
Anfahrt: Von Portoferraio über Porto Azzurro oder kürzer über Volterraio und den Pass Le Panche. Parkmöglichkeit im Süden an der Via Giuseppe Garibaldi bei der Bushaltestelle und an der Umfahrungsstraße (netter Anstieg über eine steile Parkanlage zur Piazza del Popolo).
Busverbindung: Von Portoferraio nach Rio'nell Elba mit der Linie 117 bis Haltestelle Rio nell'Elba, zugleich Ausgangspunkt.
Anforderungen: Einfache Bergwanderung auf breiten Wegen und schmalen, großteils nicht markierten Pfaden; ein kurzer Abschnitt ist weglos und erfordert Trittsicherheit. Kein Schatten!
Einkehr: In Rio nell'Elba.
Variante: Oberhalb von Santa Caterina am quer verlaufenden Weg links und in den Straßensattel, 30 Min. kürzer.

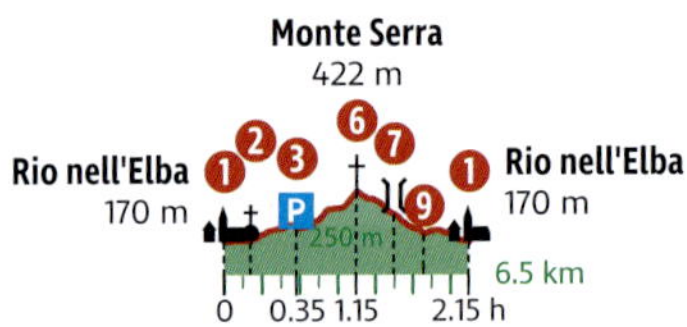

Von der Bushaltestelle in **Rio nell'Elba** ❶ beim Gemeindeamt gehen wir zur Piazza del Popolo und dort leicht links über die Via T. T. Castelli und die Via di Nardelli zur Kapelle **San Pietro** ❷ im Kreisverkehr. Von der Kapelle folgen wir der abzweigenden Asphaltstraße bergauf Richtung Nisportino etwa 1 km bis zum **Parkplatz** ❸ der Einsiedelei »Eremo S. Caterina d'Alessandria«. Weiter auf Weg 203 und auf ebener Schotterstraße zur Einsiedelei **Santa Caterina** ❹, 268 m. Links am Botanischen Garten vorbei und auf einem schmalen Pfad bis zu einem Graben mit blauem Gestein. Davor zweigen wir links ab (Steinmännchen), steigen auf unmarkierten Pfadspuren bzw. steilen, aber gut begehbaren Konglomeratplatten an und links an zwei frei stehenden Bäumen vorbei. So erreichen wir den breiten, quer verlaufenden Weg 202, dem wir rechts zu einer alten Erzgrube folgen. Weiter geht es auf einem schmalen, anfangs kaum ansteigenden Pfad, in zwei Kehren auf einen Rücken und oberhalb einer alten Mauer vorbei. Dann nach links und unter der **Hochspannungsleitung** ❺ aufwärts. Vor dem Strommast halten wir uns erneut links, steigen auf einen Vorgipfel und über den freien Rücken erreichen wir unser Ziel, den **Monte Serra** ❻, 422 m.

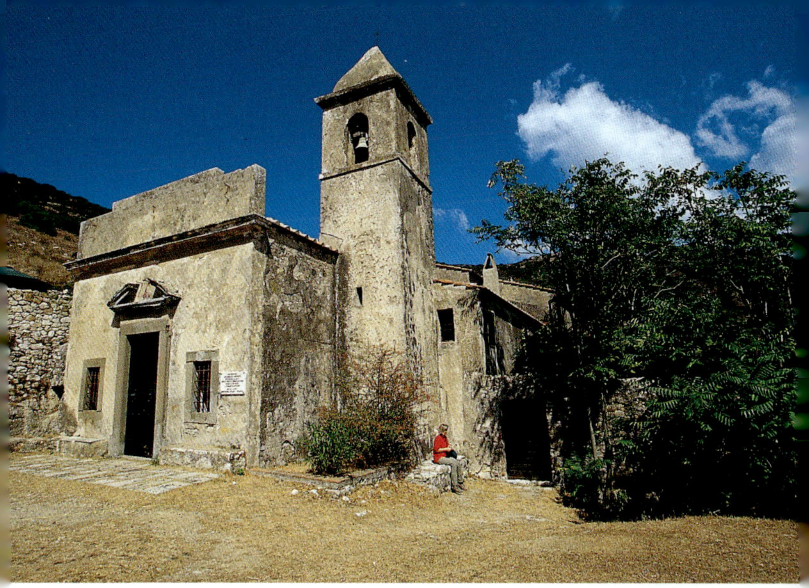

Das Highlight auf dieser Wanderrunde: die Einsiedelei Santa Caterina.

Der Abstieg erfolgt über den Südwestkamm (Gebüsch, brüchiges Schiefergestein) in eine Mulde und auf eine grasige Kuppe. Von dort über Kalkplatten und durch Macchia – rechts an einer eingezäunten Blechhütte vorbei – zum **Pass** ❼ zwischen Rio nell'Elba und Nisportino, 305 m.

Auf der Asphaltstraße gehen wir links 250 m bis zur ersten **Kehre** ❽ hinunter. Dort zweigen rechts zwei Wege ab: Wir wählen den unteren, schmaleren Pfad unterhalb von Mauern quer durch den Hang abwärts, vorbei an einer Quelle mit Steinbecken. Von der **Abzweigung** ❾ nach der großen Pinie gehen wir rechts weiter, oberhalb von Gärten vorbei und nach kurzem Anstieg zwischen Kakteen zu den ersten Häusern von Rio nell'Elba hinunter. Die Via Solferino führt uns abwärts, dann biegen wir scharf nach links ab und gelangen auf der steilen Via Sabba Galletti ins Ortszentrum. Rechts zurück zur Bushaltestelle beim Gemeindeamt in **Rio nell'Elba** ❶.

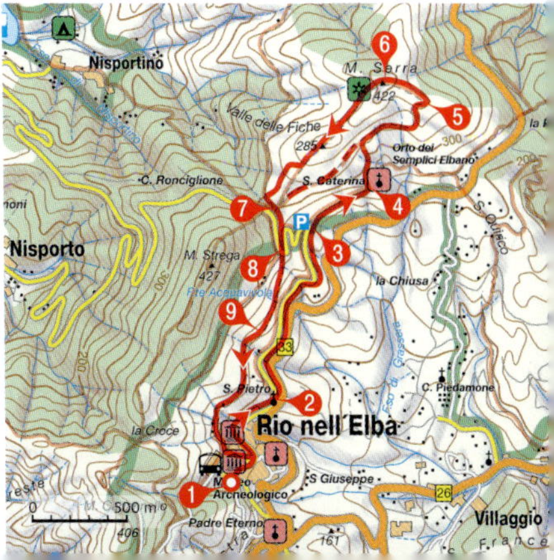

↗ 130 m | ↘ 130 m | 1.1 km

0.50 h

12 Torre del Giove, 352 m

Ein Turm gegen Seeräuber

Im Jahre 1459 ließ Jacopo II. d'Appiani auf dem Monte Giove, dem dicht bewaldeten »Berg des Jupiter« im Norden von Rio Marina, eine Miniaturburg errichten. Doch das »Fort am Joch« (Forte del Giogo), wie es die Einheimischen nannten, konnte Piraten und andere Eindringlinge nicht von weiteren Raubzügen abhalten. Heute sind die Mauerreste um den halb eingestürzten Turm von dichtem Grün überwuchert. In friedlicher Stille genießt man hier oben ein überraschend weites Panorama, das an klaren Tagen von der Halbinsel Calamita über die Cima del Monte und die Burgruine Volterraio bis hinüber zum Festland reicht.

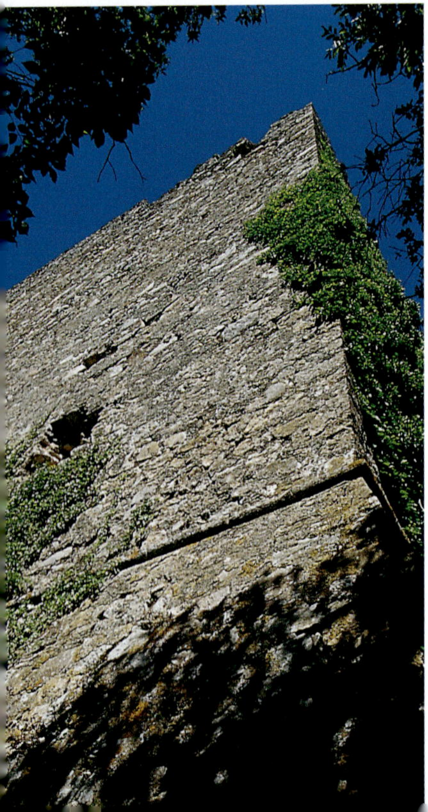

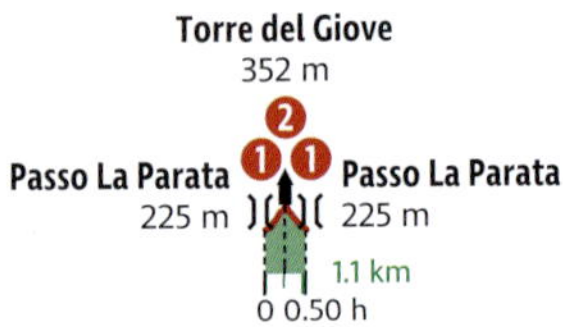

Ausgangspunkt: La Parata, der Waldsattel an der Straße von Rio nell'Elba nach Cavo (zwischen Monte Serra und dem sichtbaren Torre del Giove).
Anfahrt: Von Rio nell'Elba (Anfahrt dorthin siehe Tour 9) 2 km Richtung Cavo bis zum Passo La Parata; Parkmöglichkeit neben der Hauptstraße.
Busverbindung: Keine. Man kann jedoch mit dem Bus 117 nach Rio Marina und zur Haltestelle Vigneria fahren. Rund 150 m zurück auf der Straße und nun rechts am Weg 206 in das alte Bergbaugebiet hoch. Rund 50 m nach einer Rechtskehre scharf links am Weg 213 über alte Terrassen zum Bergrücken und dort hoch. Weiter oben scharf rechts am Weg 259 bis zum Torre del Giove. Rund 2 Std.
Anforderungen: Einfache Kurzwanderung auf schattigem Waldpfad.
Einkehr: In Rio nell'Elba.

Üppiges Grün umwuchert die einst so stolzen Mauern.

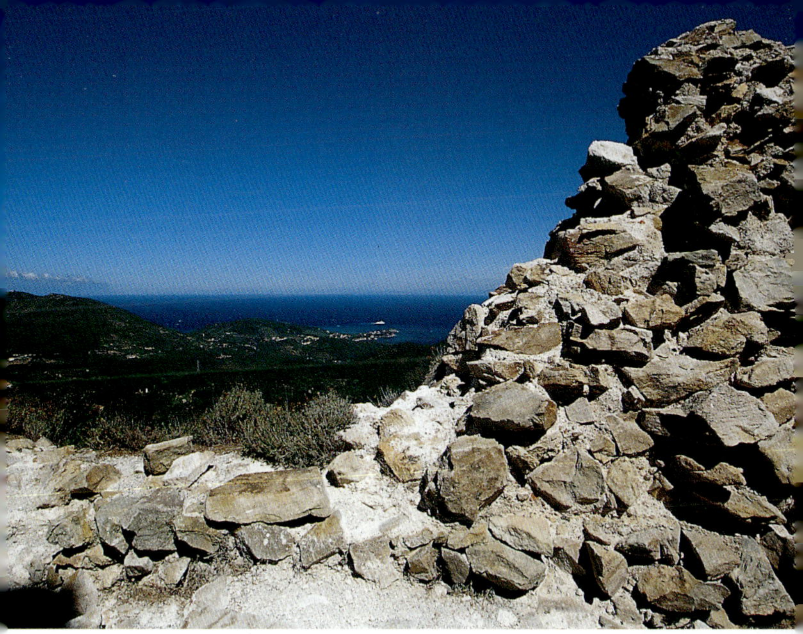

Im Ruinen-Panorama dominiert der Monte Grosso.

Im Sattel **La Parata** ❶ zweigt eine Forststraße nach Osten ab (eine Kette versperrt die Zufahrt, aber Wegmarkierung 259) und führt zu einer Lichtung mit einem Mauerrest. Dem Wegweiser »Mte. Giove« folgend geht es auf einem schmalen Weg in den dichten Steineichenwald. Gleich danach erreichen wir einen quer verlaufenden Pfad, auf dem wir links durch den Waldhang ansteigen. Nach etwa 15 Min. verbirgt sich links hinter einigen Bäumen ein kleiner felsiger Aussichtsplatz mit Blick zum Monte Serra. Dann führt der Waldweg im Rechtsbogen zu verfallenen Burgmauern: Über diese gelangen wir rechts zur Ruine **Torre del Giove** ❷, 352 m.

Der Abstieg erfolgt auf derselben Route.

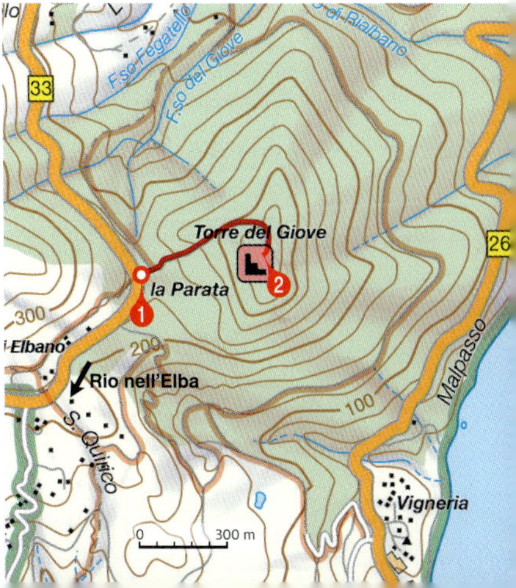

↗ 350 m | ↘ 350 m | 6.4 km

13 Monte Grosso, 346 m

2.20 h

Der erste Berggruß an die Fähre

Der erste elbanische Berg, den die Passagiere der Fähre von Piombino nach Portoferraio zu Gesicht bekommen, ist ein runder, grüner Buckel. Sofort fallen seine schroffen, rot-weiß strukturierten Küstenklippen auf und auf dem Gipfel entdeckt man ein kleines Bauwerk: den »Semaforo«, eine verlassene Funkstation. Herrlich ist die Aussicht von dort oben über die Bucht von Portoferraio bis zum Monte Capanne, aber auch in die andere Richtung nach Piombino.

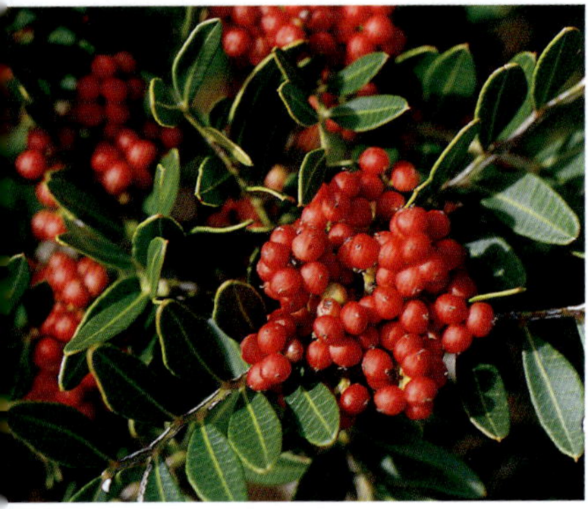

Typisch Macchia: Mastix.

Ausgangspunkt: Cavo an der Nordspitze Elbas.
Anfahrt: Von Portoferraio über Rio nell' Elba; Parkplatz vor dem Ortszentrum oder an der Via S. Giuseppe.
Busverbindung: Von Portoferraio mit der Linie 117 zur Haltestelle Cavo, zugleich Ausgangspunkt der Tour.
Anforderungen: Einfache Bergwanderung auf breiten Wegen und schmalen Pfaden, streckenweise Schatten.
Einkehr: In Cavo.
Variante: Aufstieg oder Zufahrt von der Straße Richtung Rio nell'Elba in den Sattel unter der Casa Muti, 80 m, rund 2 km nach der Ortsausfahrt von Cavo in einer engen Linkskurve. Oben Parkmöglichkeit; 30 Min. kürzer.

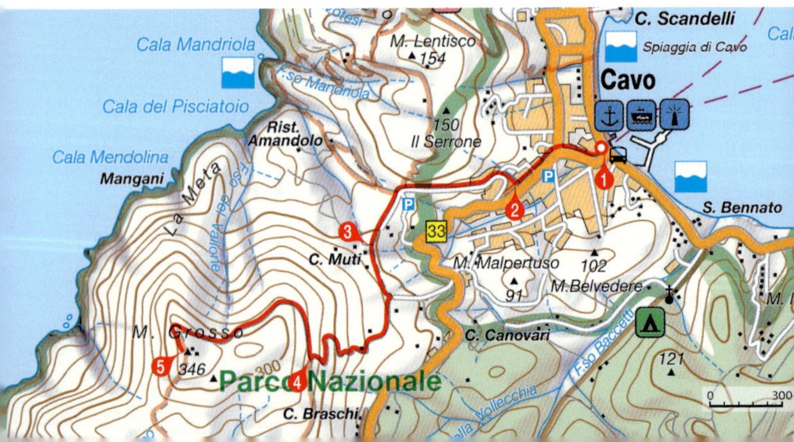

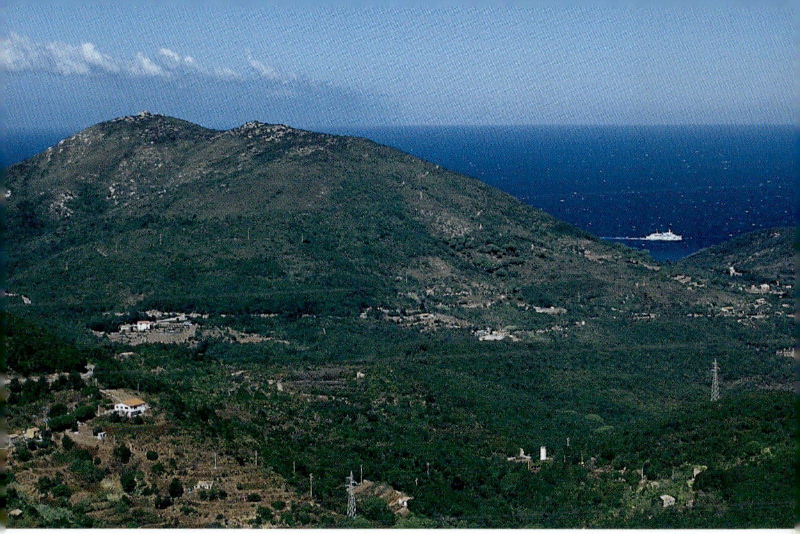

Rechts unter dem Monte Grosso liegt die Cala del Pisciatoio.

Wer mit dem Bus nach **Cavo** ❶ fährt, geht neben dem Hafen ins Ortszentrum und schwenkt vor dem Hotel Pierolli links auf die Via A. de Gasperi ein. Gleich darauf gehen wir rechts die Via Giuseppe Pietri zu einer Kreuzung hinauf. Die einmündende Via San Giuseppe überqueren und links auf der Hauptstraße (Via C. Marchesi) Richtung Porto Azzurro und Rio nell'Elba aufwärts. (Wer mit dem Auto kommt, startet hier am Parkplatz.)
Wir gehen auf der Hauptstraße ca. 300 m aufwärts und rechts eine Treppe, die **Via Solana bassa** ❷, hinauf. Kurz auf einer Querstraße nach links, dann rechts wieder auf Stufen zur Via Solana alta, auf der wir weiter ansteigen. Bei der Einmündung einer Straße wandern wir rechts in den nahen Sattel, 80 m. Dort auf der Schotterstraße links (GTE; ganz links geht es asphaltiert zur Hauptstraße hinunter), dann geradeaus an der Abzweigung zum Restaurant Amandolo vorbei und zur **Casa Muti** ❸, 109 m. Vor dem Haus geht es nach links und in den Buschwald. Nach ca. 700 m zweigen wir rechts ab und steigen in Serpentinen aufwärts und an einem alten Magazin vorbei. Weiter oben quert ein breiterer **Weg** ❹, auf den wir scharf rechts abbiegen. Auf der stellenweise noch gepflasterten Trasse erreichen wir nach einem verfallenen Gebäude den Semaforo auf dem Gipfel des **Monte Grosso** ❺, 346 m.
Abstieg auf derselben Route.

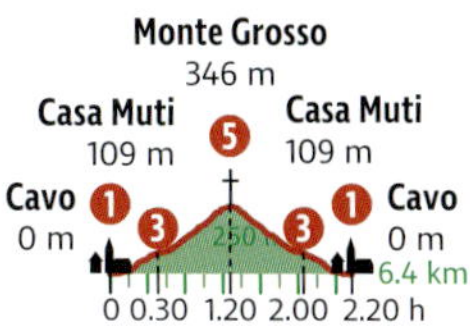

↗ 450 m | ↘ 450 m | 7 km

14 Am Percorso Pietre Rosse zur Cala dell'Inferno 2.50 h

Die »höllische« Bucht ist nur zu Fuß erreichbar

Der Osten Elbas ist einsam, vor allem die Portoferraio zugewandte Seite. Wenige Buchten sind hier über den Landweg anfahrbar. Viele Abschnitte sind nur über das Wasser zu erreichen, einige nur durch Fußmärsche, die nichts für einen schnellen Strandausflug sind. Die Eichenwälder bieten viel Schatten, aber man wird auf dieser Tour zu jeder Saison schwitzen, erfolgt doch der Rückweg auf der GTE rund 300 m über dem Meer.

Ausgangspunkt: Cala del Nisportino, ausgewiesener Parkplatz.
Busverbindung: Keine. Man kann jedoch mit der Linie 117 bis Rio nell'Elba fahren, zu Fuß im Dorf hinauf und hinter den letzten Häusern rechts bis zu einer Straßenkehre, dort links hoch in den Sattel. Hier alternativer Einstieg in diese Tour.
Anfahrt: Zufahrt über den Sattel nördlich von Rio nell'Elba.
Anforderungen: Einfache Höhenwanderung mit einer Strandpause nach dem ersten Drittel, einige steile ausgewaschene Abstiege, langer steiler Abstieg am Ende. Viel Schatten abseits der Küstenbereiche. Durchgehend rot markiert.
Einkehr: In Nisportino (Strandbar nur im Sommer).
Varianten: Der Einstieg kann auch am Sattel nach Nisportino und in der Kehre an der Straße nach Cavo erfolgen.

Vom Parkplatz ist man schnell am Strand der **Cala del Nisportino** ❶. Dort weist am Nordende ein Schild auf den Percorso Pietre Rosse hin (Weg 265). Es geht sofort steil durch lichte Macchia bergauf und man entfernt sich etwas von der Küstenlinie. Bei einer Verzweigung halten wir uns links. Bald wird es gemächlicher und bei einer alten **Eisenstange** ❷ entschädigt der Ausblick auf die Bucht von Portoferraio für die ersten Mühen. Weiter leicht bergab und es folgen erste krumme Eichen, die Schatten spenden. Hangquerend geht es auf einen **Riegel** ❸, 110 m, dem man nach links folgt. Hier sieht man gut bergab in die Felswand der Küste, und es wird klar, warum es keine einfachen Abstiege zum Wasser gibt. Vor dem Ende des Riegels zieht der Weg nach rechts teilweise steil aus dem Wald hinaus und in eine Mulde hinab. So landet man in der **Cala dell'Inferno** ❹, die gar nichts Höllisches aufweist. Hier verlassen wir das Wasser wieder steil in Richtung Nordwesten, viele Steinmännchen und Markierungen weisen den Weg; Wildschweinfähr-

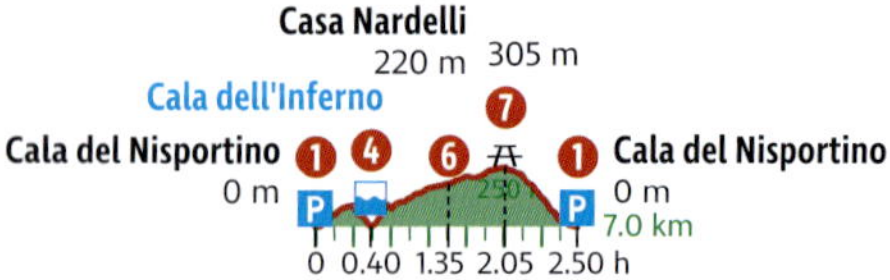

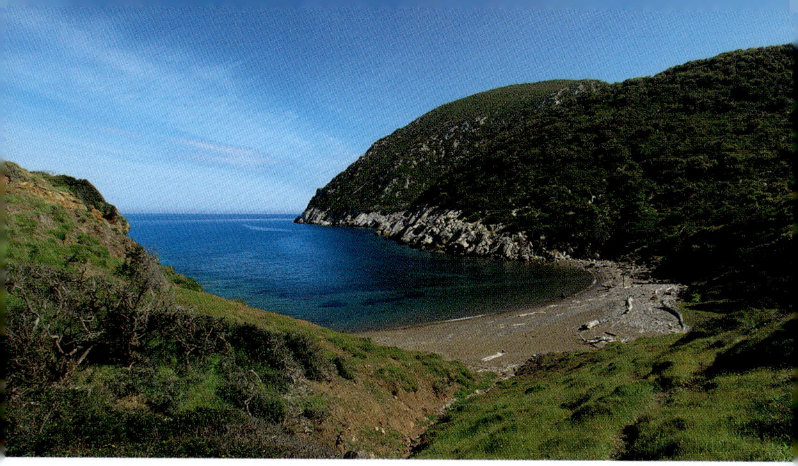

Die einsame Cala dell'Inferno – zu Unrecht so benannt.

ten können jedoch kurzfristig ins Gestrüpp führen. Knapp über 100 m Seehöhe häufen sich alte Steinmauern, setzt der Eichenwald wieder ein und es wird flacher. Trotzdem steigt man weiter an und erreicht bald die Straße nach **Cavo** ❺, 130 m. Geht man den Weg umgekehrt, ist hier nur die Punta dei Mangani angeschrieben. Dieses Kap begrenzt die Cala dell'Inferno. Die Asphaltstraße muss man gar nicht beschreiten; es geht nun rechts auf der GTE, zuerst entlang einer Stromleitungsschneise bis zum zweiten Masten, wo wir links wieder auf einen alten Pfad einschwenken. Nach 20 Minuten geht man weiter in Richtung Süden auf einer Forststraße an der **Casa Nardelli** ❻, 220 m, vorbei. Der Wald wird lockerer (Gesteinsänderung) und der Fahrweg zu einem breiten alten Verbindungsweg. Es geht so weiter bis zum **Straßensattel** ❼ an der Straße nach Nisportino, 305 m, mit sonnigem, aber oft windigem Picknickplatz. Wir verlassen die GTE und halten uns rechts, ohne auf die Asphaltstraße vorzugehen. Der breite alte Fahrweg (Nr. 201) liegt wieder im dichten schattigen Wald, allerdings ist er durchgehend sehr steil! Nach einigen Kehren folgen eine Quellfassung und Asphaltbelag. Durch die Feriensiedlung kommt man wieder zum Parkplatz und zur **Cala del Nisportino** ❶.

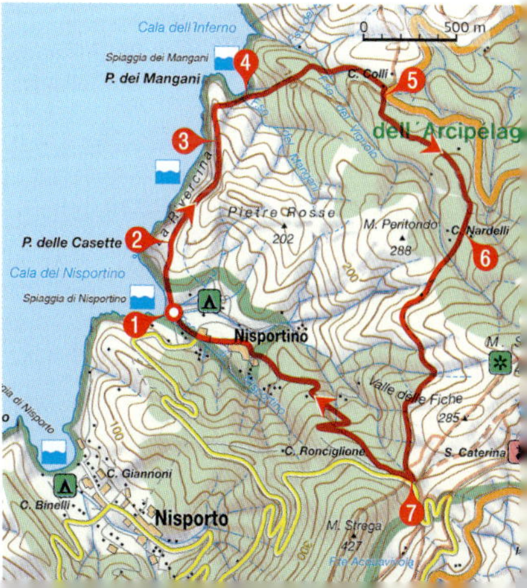

↗ 170 m | ↘ 170 m | 7.6 km

15 Durch die Wälder um Cavo

2.30 h

Verschlungene Wege an Elbas Nordspitze

Die flachen, seltsam ausschweifenden Waldwege oberhalb von Cavo ließen sich durchaus abkürzen – doch da bliebe manche berührende Landschaftsszenerie zwischen dem Capo Vita, dem »Nordkap« der Insel, und dem Monte Grosso unentdeckt.

Ausgangspunkt: Cavo an der Nordspitze Elbas.
Anfahrt: Von Portoferraio über Rio nell' Elba; Parkplatz vor dem Ortszentrum oder an der Via S. Giuseppe.
Busverbindung: Von Portoferraio mit der Linie 117 zur Haltestelle Cavo am Ausgangspunkt der Tour.
Anforderungen: Einfache, streckenweise schattige Wanderung auf breiten Wegen und einem stellenweise steilen Pfad.
Einkehr: In Cavo.
Variante: Abkürzung ab dem Picknickplatz, gerade und über Kehren nach Cavo. Wenn man auf eine Asphaltstraße trifft, diese kurz rechts und den Fußweg bis zum Strand nehmen, hier wieder rechts bis zum Startpunkt; 30 Min. kürzer.

Per Mountainbike zum Mausoleum.

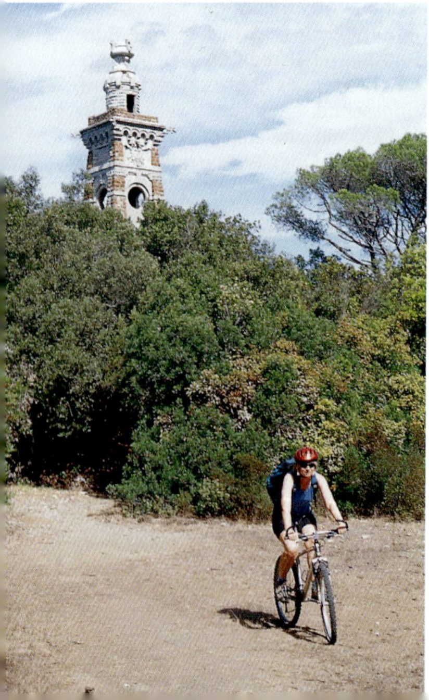

Vom Hafen von **Cavo** ❶ spaziert man auf der Strandpromenade (Lungomare Kennedy) nach Norden, auf die Halbinsel Capo Castello zu. Bei einer Abzweigung geradeaus Richtung »Spiaggia Frugoso, Cala delle Alghe« auf der Via Procchi weiter. Kurz vor dem Nordstrand dann links die **Via Frugoso** ❷ aufwärts, bei der Dreiteilung links (Markierung 260, Sackgassenschild) und auf der flachen Schotterstraße über dem Meer Richtung **Capo Vita** ❸ gehen. Bei der Abzweigung einer Hauszufahrt bleiben wir links und gelangen über eine Linkskurve zur nächsten Wegteilung: Rechts hinauf, wieder auf das Kap zu und im Auf und Ab durch die teils bewaldete Westseite (Martella). Über eine weitere flache Kehre erreichen wir einen **Picknickplatz** ❹ und gelangen links in einem kurzen Abstecher zum **Mausoleum Tonietti** ❺, 112 m. Zurück zum Picknickplatz und nun geradeaus

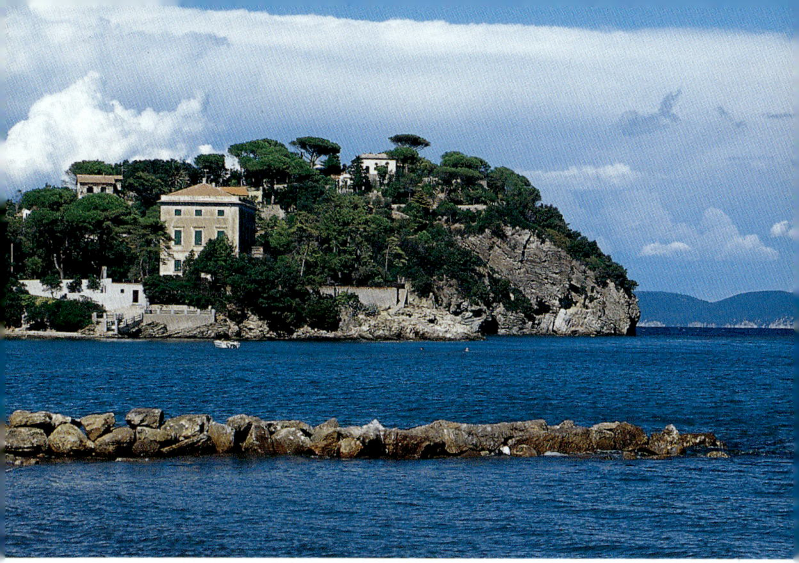

Noble Villen und Nahblick zum toskanischen Festland: Cavo.

weiter auf einem schmalen, aber beschilderten Pfad in den Wald, neben Mauern hinauf und dann sanft abwärts. Bevor es steiler bergab geht, müssen wir links **abzweigen** 6 und zwei Meter steil hinauf (gut markiert), dann auf einem ebenen Pfad in den Buschwald um den Monte Lentisco, 154 m, und über steile Felsstufen zu einer grob asphaltierten Straße hinab. Links über eine Anhöhe zu einem Gatter (Durchgang), über die Kuppe **Il Serrone** 7, 150 m, und in steilen Serpentinen auf dem Fahrweg in einen weiten **Sattel** 8 hinab. Wir zweigen links ab, gleich darauf nochmals links und gehen die Via Solana alta abwärts. Bei den ersten Häusern rechts die Treppe hinunter, auf einer Querstraße kurz nach links und dann rechts zur Hauptstraße **Via Marchesi** 9. Auf dieser nach links ins Ortszentrum und zum Hafen von **Cavo** 1.

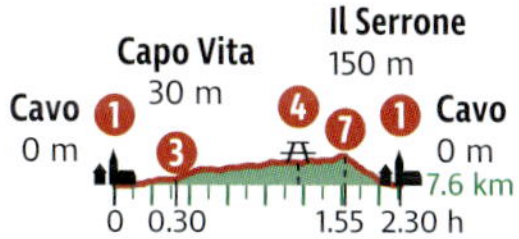

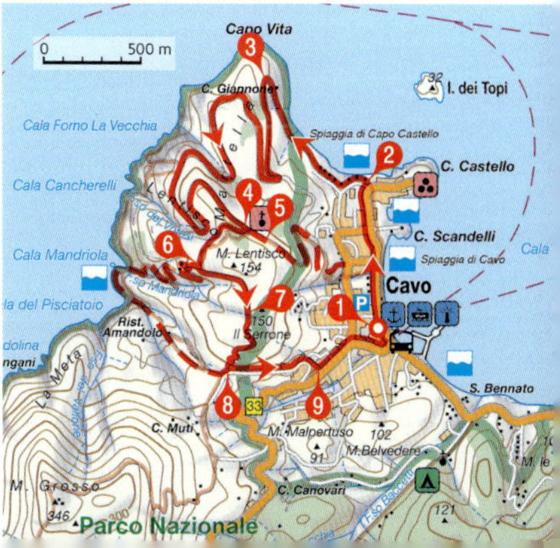

↗ 240 m | ↘ 240 m | 5 km

16 Cala del Pisciatoio und Cala Mandriola

2.30 h

Buchten und alte Wege am Capo Cavo

Es gibt auf Elba nicht mehr allzu viele Buchten, die man ausschließlich zu Fuß erreichen kann. Hier an der Westküste des Capo Cavo ist das nun wieder einfacher möglich, seit rund um das Slow-Food-Gasthaus l'Amandolo Wege neu markiert und hergerichtet wurden. Sie sind grün markiert und schließen an das existierende, rot markierte Wegenetz an. So gelangt man zu einigen weniger bekannten Stationen, wie einem natürlichen Felstor an der Küste, und kommt auch immer wieder zum Wasser hinunter.

Ausgangspunkt: Sattel, 85 m, westlich von Cavo.
Anfahrt: Von Portoferraio über Rio nell'Elba nach Cavo, vor dem Ort in einer starken Rechtskurve links hoch in einen Sattel (Wegweiser u. a. zur Cala Mandriola). Parkplatz am Sattel.
Busverbindung: Keine. Man kann jedoch von Portoferraio nach Cavo mit der Linie 117 fahren und zum Ausgangspunkt hochgehen: Neben dem Hafen ins Ortszentrum und vor dem Hotel Pierolli links auf die Via A. de Gasperi. Gleich darauf rechts die Via Giuseppe Pietri zu einer Kreuzung hinauf. Die einmündende Via San Giuseppe überqueren und links auf der Via C. Marchesi Richtung Porto Azzurro aufwärts und nach ca. 300 m rechts eine Treppe hoch. Kurz auf einer Querstraße nach links, dann rechts wieder auf Stufen zur Via Solana alta, auf der wir weiter ansteigen. Bei der Einmündung einer Straße wandern wir rechts in den nahen Sattel.
Anforderungen: Einfache Küstenwanderung, jedoch teilweise auf schmalen Pfaden direkt am ruppigen Fels, Trittsicherheit erforderlich.
Einkehr: In Cavo. Das Slow-Food-Restaurant l'Amandolo hat nur abends und auf Vorbestellung geöffnet.
Variante: Abkürzung direkt von der Cala Mandriola hinauf über eine alte Straße (Fahrverbot), rund 1 Std. kürzer, keine wesentliche Höhenmeter-Ersparnis.

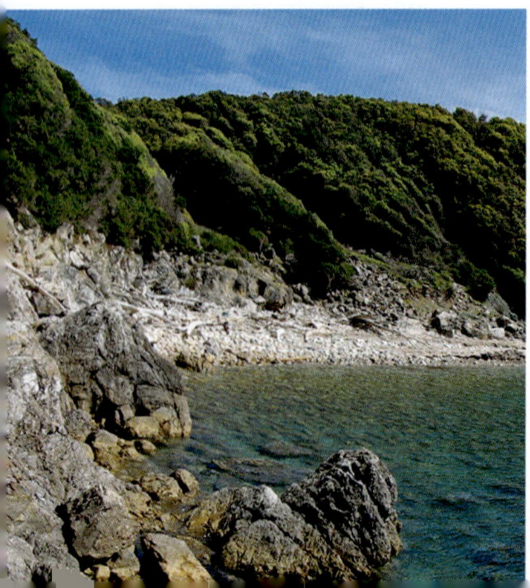

Am **Sattel** ❶ befinden sich der Parkplatz des Restaurants Amandolo und eine Übersichtskarte der Wege in diesem Bereich. Dieses Kärtchen ist im Verlauf der Tour mehrmals aufgestellt. Wir gehen den Fahrweg zum Restaurant bergab, links um das **rosa Haus** ❷, herum (es scheint, als ginge man durch den Garten) und dahinter bis zum Waldrand. Alte Wasserski weisen den Weg hinunter zum Meer. Ab jetzt geht es im Wald weiter, hellgrün markiert,

Die Cala del Pisciatoio.

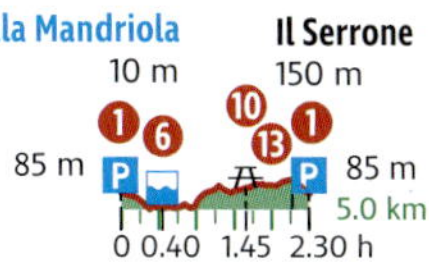

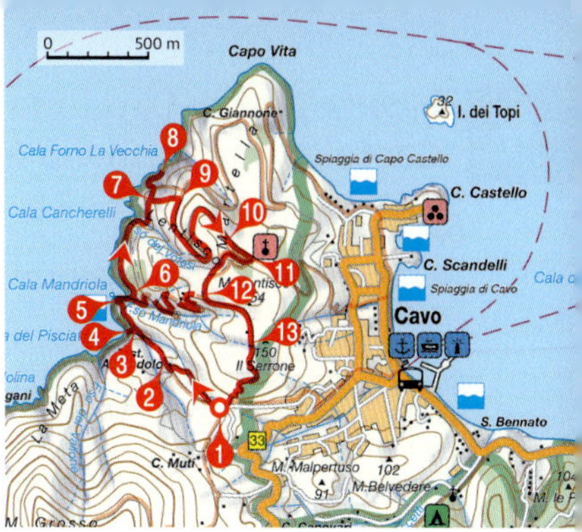

bergab zu einer **Verzweigung 3**, und rechts zur Cala Mandriola. Wir halten uns aber links und erreichen so schnell die **Cala del Pisciatoio 4**. Der Strand besteht aus großen runden Steinen und lädt im Sommer zum Baden ein (die weiteren Badestellen sind weniger günstig). Nun entweder zurück hinauf zur **Abzweigung 3** und hier nach links oder gleich nach rechts kurz kletternd am Meer entlang (Schwierigkeitsgrad I, jedoch fester Fels und sehr griffig). Beide Varianten treffen sich schnell bei einer alten Betontreppe am namenlosen **Kap 5** zwischen den Buchten, hier findet man kuriose Felserosionen im Konglomeratgestein. Weiter zur **Cala Mandriola 6**, einer Felsbucht mit einer alten Zisterne.

Von hier aus lässt sich die Tour über den rot markierten Weg, bald danach auf einer alten Straße mit mühsamen Serpentinen, abkürzen. Wir gehen kurz in das Tal hinein, folgen aber dann wieder den grünen Markierungen nach links zu einer Schirmföhrengruppe. Später verläuft der Weg an der Vegetationsgrenze über dem Meer entlang. Zustiege zum Wasser sind hier noch möglich. Die Küste wird jedoch schroffer, wir überschreiten eine Felsbucht und gehen weiter nordwärts bis zu einer **Verzweigung 7**. An dieser Stelle links hinunter zum »Arco di Roccia«. Der Weg ist hier weniger gut und es besteht die Gefahr, abzurutschen! Bei einer Ruine gehen wir weiter hangquerend (nicht zum Meer), aber absteigend, bis wir in einen schattigeren Wald kommen und die grünen Markierungen wieder besser sichtbar werden. Nach einer flachen Stelle sind wir auch schon da (Markierung in Kreuzform) und sehen links unten den **Felsbogen 8** über der Brandung. Weiter absteigen ist hier nicht empfehlenswert. Wir gehen zurück zur **Verzweigung 7** und weiter links; der Weg zieht jedoch bald steil hinauf zum **breiten Weg 9**, 85 m, am Capo Vita. Hier rechts bis zum **Picknickplatz 10**, 115 m, mit dem **Mausoleum Tonietti 11** unweit davon.

Zurück zum Picknickplatz und nun geradeaus weiter auf einem schmalen, aber beschilderten Pfad in den Wald, neben Mauern entlang. Bevor es steiler bergab geht, müssen wir links **abzweigen 12** und zwei Meter steil hinauf (gut markiert), auf einem ebenen Pfad in den Buschwald um den Monte Lentisco, 154 m, und über steile Felsstufen zu einer grob asphaltierten Straße hinab. Links über eine Anhöhe zu einem Gatter (Durchgang), über die Kuppe **Il Serrone 13** und zurück zum Parkplatz am **Sattel 1**.

↗ 420 m | ↘ 420 m | 5 km

17 Monte Mar di Capanna, Monte Castello, Madonna di Monserrato

3.00 h

Das Kreuz auf dem Felsen

Ein riesiges Gipfelkreuz, ein noch besserer Aussichtsberg dahinter, ein untypischer Zustieg zur Wallfahrtskirche; das sind die Ziele einer Tour, die auf allesamt alpinen und nicht einfachen Wegen erreicht werden wollen. Die Route führt hoch über der Wallfahrtskirche Madonna di Monserrato über deutlich gebankte, stellenweise steil aufgefaltete Kalkschichten, die man eher in den Alpen oder in den Abruzzen erwarten würde. Typisch für den erzhaltigen Osten der Insel sind dagegen die satten Rot- und Orangetöne des Gesteins.

Ausgangspunkt: Parkplatz bei der riesigen Schirmpinie an der Straße zur Wallfahrtskirche Madonna di Monserrato.
Anfahrt: Von Portoferraio nach Porto Azzuro und etwas mehr als 1 km Richtung Rio nell'Elba, bei der Beschilderung »Madonna di Monserrato« links abzweigen.
Busverbindung: Linie 117 von Porto Azzurro bis zur Haltestelle Bivio Barbarossa, von dort zu Fuß ca. 1 km zusätzlich.

Anforderungen: Kurze, aber intensive Bergwanderung auf ausgesetzten Wegen, nicht überall markiert, stellenweise steil und weglos; kurze gesicherte Kletterpassagen erfordern Trittsicherheit und Schwindelfreiheit.
Einkehr: In Porto Azzurro und an den Stränden.
Variante: Abkürzung über den Weg 205 vom Wiesensattel abwärts zur Wallfahrtskirche; 45 Min. kürzer.

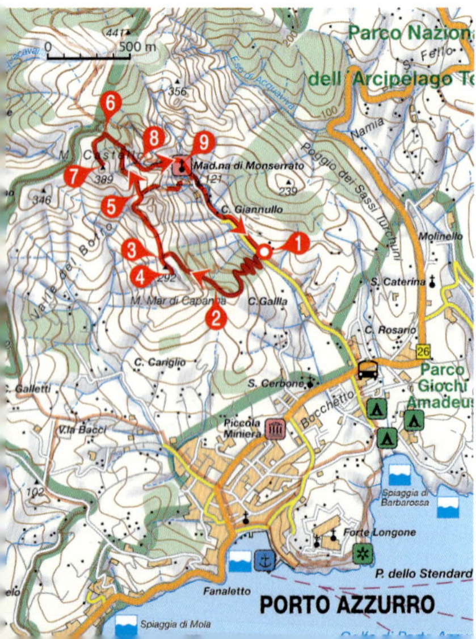

Der direkte Zustieg von Porto Azzurro ist wegen neuer Villenbauten und Wegabsperrungen nicht mehr möglich, aber ein guter Weg führt nun aus dem Tal von Madonna di Monserrato direkter hoch zum Kreuz. Gleich nach dem **Parkplatz** ❶ unter der Schirmpinie geht es über das Bachbett (Weg 225) und leicht links, anschließend folgen mehrere lang gezogene Kehren im regelmäßig gepflanzten Föhrenwald. Bei einer Verzweigung zur »Fonte di Vera« bleiben wir auf unseren Serpentinen und halten uns links, immer aufwärts, bis wir in einen ersten **Sattel** ❷, 155 m, kommen. Rote Mar-

Dieses Kreuz thront über Porto Azzurro.

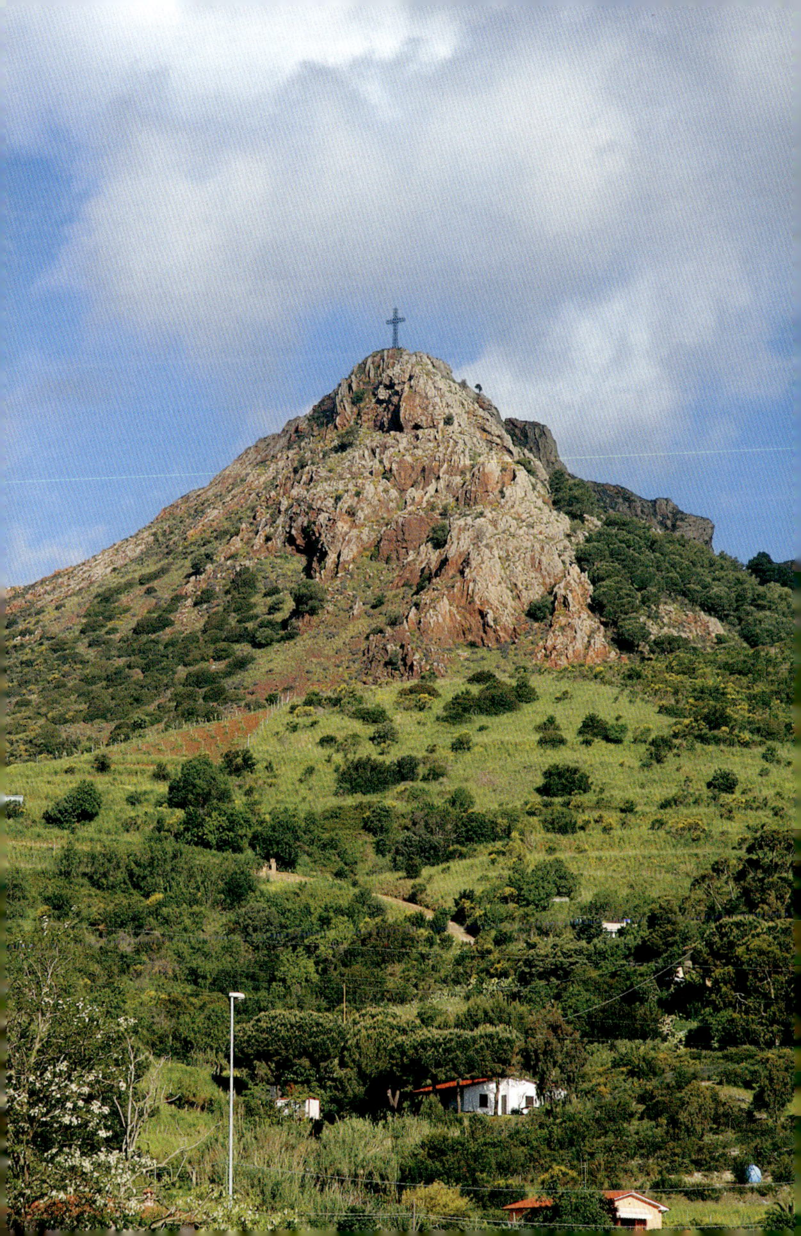

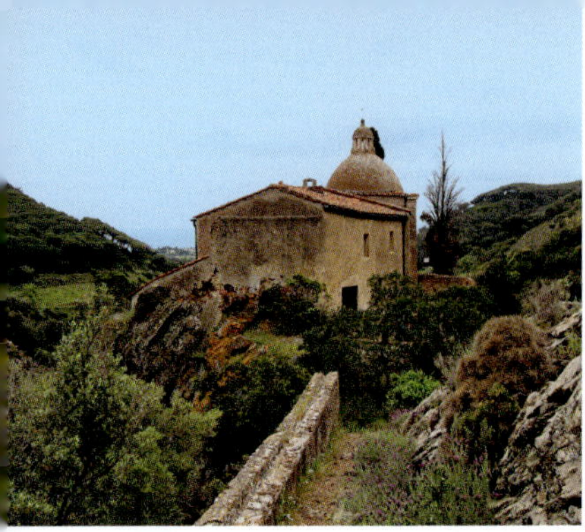

Santuario della Madonna.

kierungen führen uns weiter in die Ostflanke des **Monte Mar di Capanna**. Immer noch unter den Felsen bleibend, geht es wieder in den regelmäßig gepflanzten Föhrenwald hinein. Wenn wir aus dem Wald herauskommen, merken wir, dass wir schon am Kreuz vorbeigegangen sind, kommen in einem weiteren Sattel mit Wegkreuzung und **Wegweiser** ❸, 255 m. Dem Weg zum Kreuz folgend streifen wir nun ganz knapp unter den Felsen entlang, bis Markierungen einen Pfad durch die Felsen knapp unter dem Kreuz weisen. Hier müssen wir ein paar Mal Hand anlegen, die Stelle ist allerdings nicht ausgesetzt und der Fels griffig. Unmittelbar danach stehen wir beim großen und rostigen **Kreuz** ❹, 292 m.
Zurück zum Sattel mit dem **Wegweiser** ❸, der Pfad ist gut erkennbar. Der nächste Felsgipfel im Kamm zwischen Monte Mar die Capanna und Monte Castello wird westlich, also links davon, umrundet. An einer Stelle muss eine Felsrippe erklettert werden, es sind Trittstufen vorhanden, der Übergang im Fels ist etwas bröselig, aber mit einem Drahtseil gesichert. Kurz darauf stehen wir auf einem weiteren **Wiesensattel** ❺, wo der Weg 205 von rechts hochzieht. Hier könnte man die Tour abkürzen und ins Tal absteigen, ansonsten gehen wir weiter geradeaus. Der nächste Felszacken ist der schroffe Südgipfel des Monte Castello, und wir umgehen ihn diesmal östlich, also rechts. Der Weg führt zuerst über eine Felsrippe, anschließend in einen Talkessel. Hier sind die Hänge steil, der Weg in schlechtem Zustand und wir müssen mühsam Schutt queren. Gefährliche Stellen sind mit Ketten gesichert. Im Kessel nach links hinauf. Bald gelangen wir auf den mit Pinien bewaldeten **Piane della Madonna** ❻, 325 m.
Sobald wir die Ebene betreten, zieht links ein nicht näher bezeichneter breiter Weg nach Süden hoch. Dies ist unser Weg, um den Monte Castello »von hinten« zu erklimmen, dabei haben wir auch schon Ausblick über den Kamm nach Westen. Zuerst über einen flachen Sattel und anschließend den Steinmännchen bis auf den höchsten Punkt der Kuppe folgen. Der **Monte Castello** ❼, 389 m, bietet von oben einen Ausblick zurück über den gesamten Anstiegsweg und auch zur Wallfahrtskirche, die wir im Abstieg noch passieren werden. Zuerst jedoch zurück in den großen Sattel, den **Piane della Madonna** ❻. Anfangs noch am Hinweg zurück in den Talkessel. Wenn dieser Weg nach der letzten Piniengruppe nach rechts wegzieht, sehen wir weiter unten eine allein stehende Zypresse und mehrere alte **Eisenzaunpflöcke** ❽, 285 m, jedoch keinen Zaun mehr. Es scheint kein

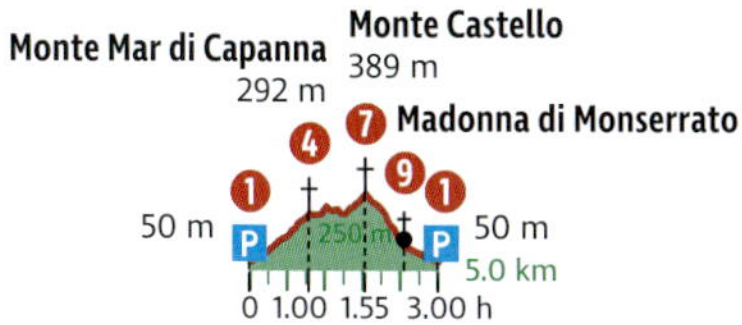

Weg dorthin zu führen, man muss sich ganz links an der Felswand halten oder einfach querfeldein die Zypresse anpeilen. Hier sehen wir wieder Markierungen und ein Schild warnt vor dem schlechten Zustand des Wegs. Der Pfad ist in der Tat steil und besteht aus einem großen, durch Wildschweine aufgewühlten Schutthaufen, ist aber mit guten Bergschuhen genauso zu bewältigen wie ein Schuttfeld in den nördlichen Kalkalpen. Zudem spendet uns der hohe Eichenwald Schatten.
Der Weg folgt weiter einem kleinen Bach steil bergab, nach einer zweiten Querung steigt er einige Meter steil an, dann wieder ab (Seil), und schon befinden wir uns neben einer Mauer, die direkt zur Plattform bei der **Madonna di Monserrato** 9, 121 m, führt. (Geht man den Weg umgekehrt, so peilt man nach dem Warnschild den Berg mit den senkrechten Streifen an.) Der weitere Rückweg folgt Kehren entlang des Kreuzwegs und weiter bergab, später flacher der Straße aus dem Tal hinaus und zurück zum **Parkplatz** 1.

Der Aufstieg auf den Monte Mar di Capanna raubt den Atem, das Panorama auch – Tiefblick auf Porto Azzurro.

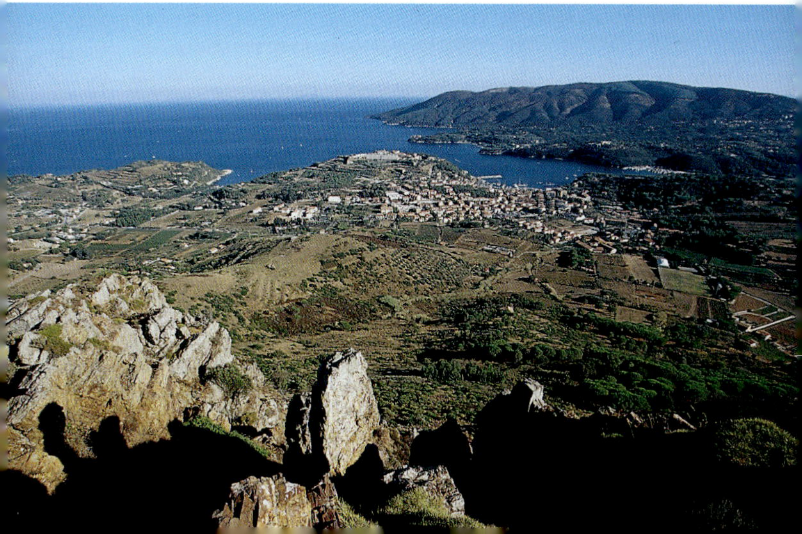

↗ 70 m | ↘ 70 m | 2.8 km

18 Um die Festung San Giacomo (Forte Longone)

1.00 h

Küstenwanderung ab dem Ortszentrum von Porto Azzurro

Porto Azzurro wird von der Festung San Giacomo di Longone beherrscht. Die sternförmige Anlage geht auf die Zeit des spanischen Königs Philipp III. zurück und sicherte den Golf von Mola. Sie wurde 1605 fertiggestellt, heute stehen nur mehr die massiven Außenmauern, im Inneren befindet sich ein Gefängnis. Die Festung kann nicht besichtigt werden. Im Nordwesten von Porto Azzurro baut sich zudem eine alpin anmutende Bergkulisse auf: Unübersehbar erhebt sich dort der Monte Mar di Capanna mit seinem riesigen Kreuz. Wer landschaftliche Abwechslung liebt, verbindet den Rundweg mit einem Abstecher zur Wallfahrtskirche Madonna di Monserrato, die sich am Fuß dieser rauen Gebirgslandschaft verbirgt, oder geht noch weiter über den Monte Castello.

Die Festung San Giacomo di Longone.

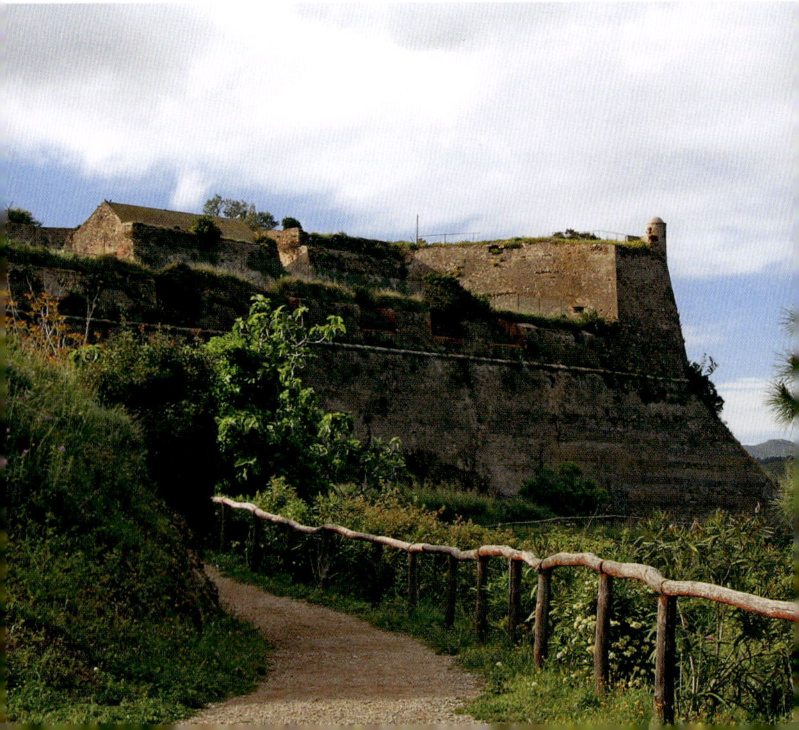

Ausgangspunkt: Porto Azzurro.
Anfahrt: Von Portoferraio über die SP26; Parkplätze hinter dem Ortszentrum links an der Viale Italia.
Busverbindung: Linie 117 von Portoferraio, Capoliveri, Rio Marina oder Cavo nach Porto Azzurro bis zur Haltestelle Largo Andreani an der Hafenpromenade.
Anforderungen: Einfache Wanderung auf angelegtem Küstenpfad und auf der Straße. Abends beleuchtet.
Einkehr: In Porto Azzurro und an der Spiaggia di Barbarossa.
Variante: Von der Barbarossabucht über die Straße bis zur Wallfahrtskirche Madonna di Monserrato, 121 m, und retour; zusätzlich 2 Std. Gehzeit und 120 Höhenmeter.

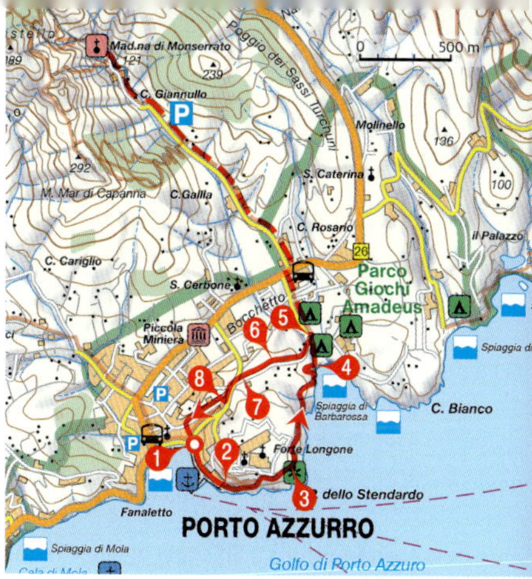

Am Hafen von **Porto Azzurro** ❶ entlang (Lungomare di Gasperi) gehen wir nach Osten direkt auf die Festung San Giacomo di Longone zu und an Appartmenthäusern vorbei, bis uns an einem Felsen das Schild **»Lungomare Gen. Luciano Carmignai«** ❷ auf den Weg aufmerksam macht. Über einen gut mit Treppen angelegten und abends dezent beleuchteten Weg geht es leicht ansteigend bis zu einem Felsvorsprung. Dem Weg folgend wandern wir steil hinauf durch Agaven. Auf dem breiteren Weg oben umrunden wir die Festung weiter gegen den Uhrzeigersinn. An zwei **Panoramaplätzen** ❸ vorbei führt er unverfehlbar nach Norden und über Kehren bis ans Meer in die **Spiaggia di Barbarossa** ❹. Hier kann man entweder am Strand eine Pause einlegen oder gleich den Rückweg antreten. Auf der Asphaltstraße links des **Campings da Mario** ❺ geht es bis zu dessen Eingang vor. Hier müssen wir uns entscheiden: Wer die Variante zur Wallfahrtskirche Madonna di Monserrato wählt, wandert hier und auch an der nachfolgenden Kreuzung auf der Hauptstraße geradeaus weiter. Wer direkt nach Porto Azzurro zurückkehren möchte, nimmt die steile Straße unmittelbar links nach der Steigung auf **Schotterbelag** ❻. Wir umrunden so die Festung San Giacomo, sehen sie aber nicht mehr. In einem langen Rechtsbogen gelangen wir nach rund 600 m auf eine **Kuppe** ❼ mit Parkplatz und Handymasten und gehen die abfallende Asphaltstraße (Via Solferino) links hinunter. An einer Verzweigung wandern wir geradeaus weiter bergab. Die Straße wird steiler, und, da sie teilweise viel befahren ist, zweigen wir scharf rechts in die **Via S. Anna** ❽ ab. So kommen wir auf die Piazza del Mercato und ins Zentrum von **Porto Azzurro** ❶ zurück.

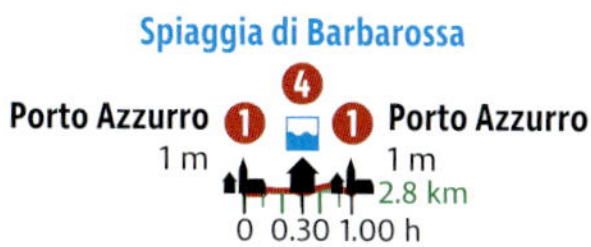

TOP

19 Monte Arco, 278 m

↗ 280 m | ↘ 280 m | 6.8 km

2.15 h

Glitzernder Sand, grasgrünes Wasser

Terranera, eine kleine Bucht nordwestlich von Porto Azzurro, zeigt sich als eine höchst merkwürdige Landschaftskomposition: Die Wellen brechen sich auf schwarzem Eisensand, in dem winzige Kristalle aus Hämatit und Pyrit glitzern, und darüber baut sich Gestein in allen Rot- und Gelbtönen auf. Die Steine umfassen einen giftgrünen Süßwassersee, der nur durch einen schmalen Landstreifen vom Meer getrennt ist. Das schwefelhaltige Wasser füllt eine alte Erzgrube, an deren Nutzung auch verfallene Aufbereitungsanlagen erinnern. Hoch über diesem Naturwunder wölbt sich der unscheinbare Monte Arco, der eine überraschend weite Aussicht bietet.

Ausgangspunkt: Spiaggia di Reale nordöstlich von Porto Azzurro.
Anfahrt: Von Portoferraio über die SP26 nach Porto Azzurro. Von dort 1,5 km Richtung Rio nell'Elba, dann rechts abzweigen (Beschilderung »Camping Spiaggia di Reale«) und auf schmaler Straße zum Strand (wenige Parkplätze).

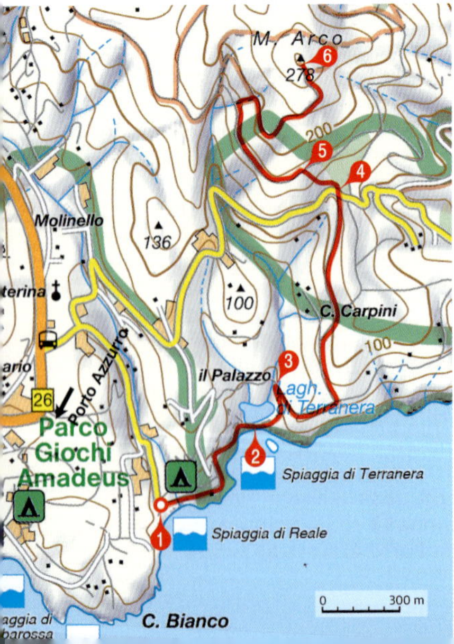

Busverbindung: Linie 117 von Portoferraio, Capoliveri, Rio Marina oder Cavo in Richtung Porto Azzurro und weiter bis zur Haltestelle Reale, Santa Caterina. An der Straße hinab zur Spiaggia di Reale, rund 1 km zusätzlich.
Anforderungen: Unschwierige Wanderung im Strandbereich und auf breiten, aber nicht markierten Wegen; zwei kurze Passagen sind schmal und steil. Kaum Schatten!
Einkehr: An der Spiaggia di Reale.
Hinweis: Man kann auch direkt vom Hafen in Porto Azzurro starten, am Meer unterhalb der Festung entlang und weiter auf dem Weg 223 bis zur Spiaggia di Reale, rund 40 Min. zusätzlich.

Vom Ende der Asphaltzufahrt zur **Spiaggia di Reale ❶** gehen wir links zu einem Parkplatz hinauf. An einer alten Bergwerksgrube (eingezäunt) und links an einem Haus vorbei zu einer verrosteten Verladeeinrichtung (Treppen), dann rechts zum schwarzen Sandstrand und über niedrige Felsklippen zur nächsten Bucht. Die vielen Schilder warnen nur vor den alten Anlagen, der Zugang zum Strand ist erlaubt! Über den schmalen Kiesstreifen zwischen

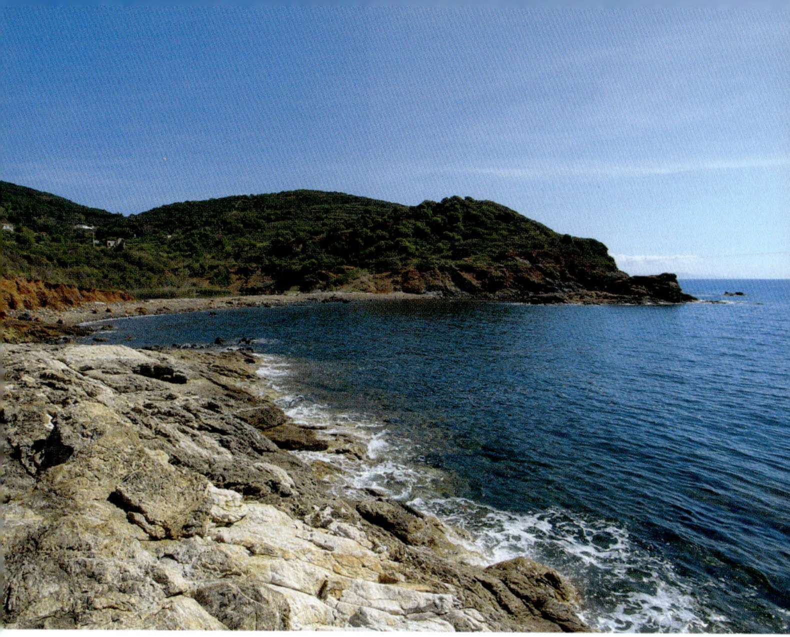

Hinterer Strand Spiaggia di Terranera, oben links der Monte Arco.

dem grünen **Laghetto di Terranera** ❷ und dem Meer gehen wir zu einer klotzigen Mauerruine hinauf, wenden uns nach links und kommen auf flachem Weg über dem See bis zu einem **Olivenfeld** ❸.
Hier an der Kreuzung scharf rechts auf der Schotterstraße weiter aufwärts. Kurz vor einer Kuppe zweigen wir links ab und gelangen sanft ansteigend – unter einer Stromleitung durch – zu einer Verzweigung. Hier am Forstweg rechts haltend aufwärts zu einer **Asphaltstraße** ❹, rechts davon befindet sich das Tor einer Feriensiedlung. Wir überqueren geradewegs die Straße und steigen in der Brandschneise gegenüber steil an. Oben, auf einer weiteren **Schotterstraße** ❺, nach links, bis nach etwa 450 m rechts eine weitere Forststraße abzweigt. Auf dieser bis zum flachen Gipfelfelsen des **Monte Arco** ❻, 278 m. Abstieg auf derselben Route.

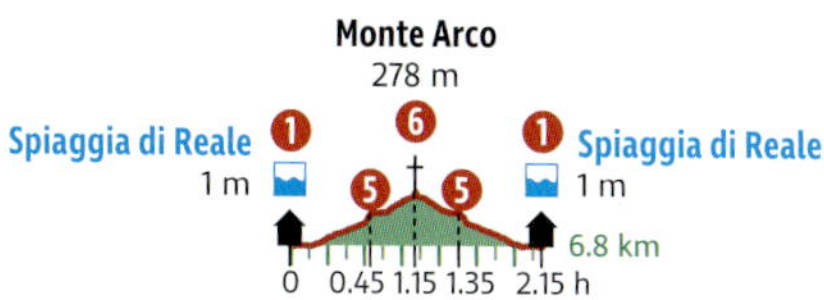

TOP

20

Madonna delle Grazie

↗ 160 m | ↘ 160 m | 3.5 km

1.20 h

Der Weg der Fischer

Stundenlang könnte man in den verwinkelten Gassen von Capoliveri herumstreifen. Als ideale Ergänzung dazu empfiehlt sich der Abstieg zum Meer, am besten auf dem historischen Weg der Fischer und der Pilger, die zur Wallfahrtskirche Madonna delle Grazie und zum gleichnamigen Strand zogen.

Ausgangspunkt: Capoliveri, 165 m, vor dem Polizeigebäude am Kreisverkehr im Süden des Orts.
Anfahrt: Von Portoferraio; Parkplätze an der Ortszufahrt.
Busverbindung: Linie 117 von Portoferraio, Rio Marina oder Cavo in Richtung Capoliveri bis zur Haltestelle Capolinea am Ausgangspunkt der Tour.
Anforderungen: Kurze Wanderung auf breiten Wegen und einem verwachsenen Pfad, der gutes Schuhwerk erfordert; wenig Schatten.
Einkehr: In Capoliveri und an der Spiaggia della Madonna; hier Bademöglichkeit.

Vom Kreisverkehr an der südlichen Ortseinfahrt von **Capoliveri** ❶ spazieren wir ohne Höhenverlust in nordwestlicher Richtung in die Stadt (Via Calamita, Fußgängerzone) und gemütlich weiter zur zentralen **Piazzetta Matteotti** ❷. Rechts neben der breiten Treppe zur Aussichtsplattform gehen wir über Stufen die Via delle Grazie steil hinunter zur südlichen **Umfahrungsstraße** ❸. Auf dieser kurz rechts und nach einem Anwohnerparkplatz (diesen jedoch nicht queren) gleich auf der steilen und schmalen Betonstraße links hinunter. Immer bergab folgen wir der Straße bis zur renovierungsbedürftigen Kapelle **San Michele** ❹, 60 m. Von dort führt ein steil abfallender und holpriger Pflasterweg zur Wallfahrtskirche **Madonna delle Grazie** ❺, 28 m. Dahinter geradeaus auf der Asphaltstraße und später auf einem Weg zum Meer an die **Spiaggia della Madonna** ❻.
Zurück wandern wir wieder hinauf Richtung Kirche. Davor geht es links auf einem Betonweg und einer schmalen **Brücke** ❼ über den verwachsenen

Die Altstadt von Capoliveri.

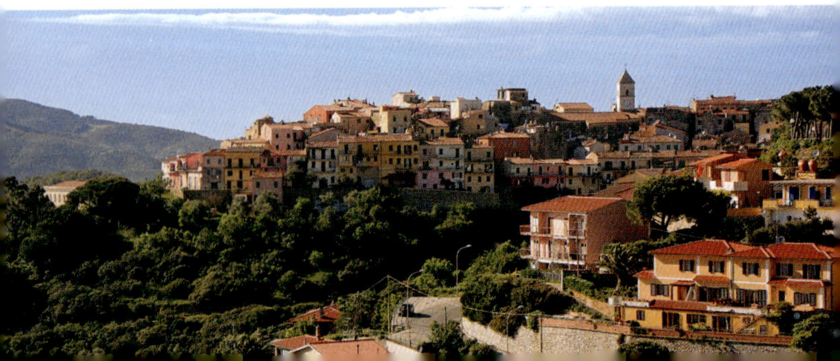

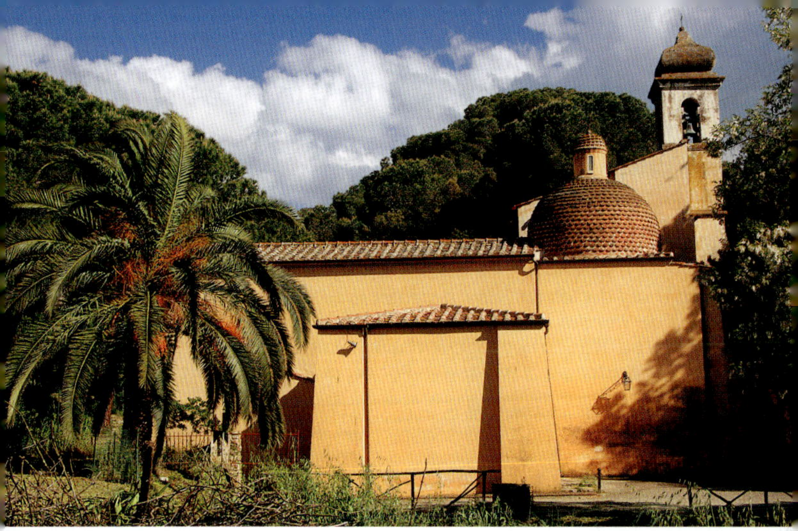

Madonna delle Grazie.

Graben und zwischen Zäunen zu einer schmalen und geradeaus verlaufenden Asphaltstraße. Auf dieser steil zwischen Ferienhäusern hinauf. Bei einem flacheren Rechtsknick der Straße mit vielen Hauszufahrten gehen wir rechts auf einem alten schmalen Pfad bergan. Achtung: Der **Einstieg** 8, 60 m, befindet sich zwischen einer hellen Steinmauer (links) und einer Hecke (rechts). Der teilweise stark verwachsene Pfad läuft parallel zu Wasserleitungen zwischen Zäunen hindurch. Wir steigen so recht direkt und im Schatten auf einem Rücken Richtung Ortszentrum bergauf. Zwischen zwei Einfahrten, bei der »Località Molino 1«, erreichen wir wieder eine **Asphaltstraße** 9. Auf dieser weiter bergauf, gelangen wir nach einer Kuppe zur Kapelle **San Rocco** 10. Noch vor der Kapelle nehmen wir die erste Straße rechts und an der Schule vorbei kommen wir zum historischen Zentrum. Über Treppen zur **Via Roma** 11 und auf dieser links zur **Piazzetta Matteotti** 2 mit ihren netten Terrassenlokalen und weiter zur Ortseinfahrt von **Capoliveri** 1 zurück.

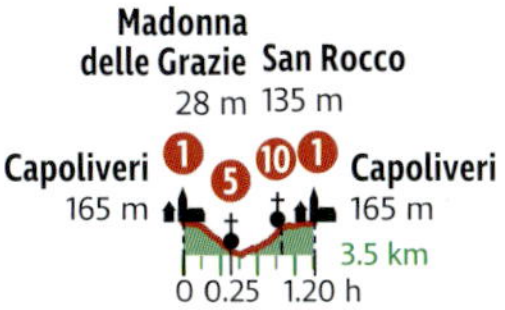

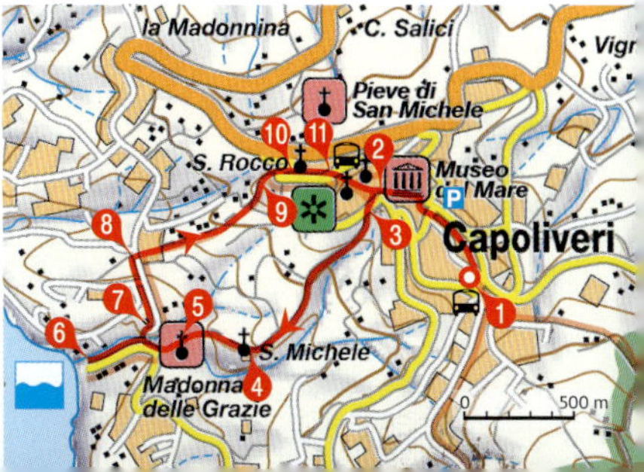

↗ 310 m | ↘ 310 m | 10.7 km

21 Überschreitung des Monte Calamita

2.45 h

Über den Magnetberg

Südwestlich von Capoliveri erhebt sich der »Magnetberg« über seiner Halbinsel. Vor allem die Punta della Calamita besteht aus Magnetit, dem eisenhaltigsten aller Mineralien, das jede Kompassnadel verrücktspielen lässt. Tatsächlich sind hier schon viele Schiffe in Not geraten – betont man »Calamità« auf der letzten Silbe, bedeutet es so viel wie Unheil. Gar kein Unheil ist auf der Rundtour über den Gipfelrücken zu erwarten, im Gegenteil: Diese gemütliche Wanderung offeriert allerhöchsten Schaugenuss vom Blau-Grün der Küsten bis zum nackten Rot der aufgelassenen Bergwerksstufen.

Ausgangspunkt: Capoliveri, 165 m, vor dem Polizeigebäude am Kreisverkehr im Süden des Orts.
Anfahrt: Von Portoferraio; Parkplätze an der Ortszufahrt.
Busverbindung: Linie 117 von Portoferraio, Rio Marina oder Cavo in Richtung Capoliveri bis zur Haltestelle Capolinea am Ausgangspunkt der Tour.
Anforderungen: Einfache Wanderung auf Straßen und breiten Wegen, Schatten nur im Gipfelbereich.
Einkehr: In Capoliveri.
Variante: Von der Kreuzung vor dem Gipfel auf der linken Straße zum Sattel vor dem Poggio Fino; 45 Min.
Man kann auch von der Fattoria Ripalte im Südosten (Schotterstraße von Capoliveri, ca. 7 km) über den Poggio Fino hinaufwandern. Die gesamte Strecke und viele weitere Forststraßen eigenen sich auch gut zum Mountainbiken.

Ein weiter Weg, aber erstaunliche Eindrücke: Mine am Monte Calamita.

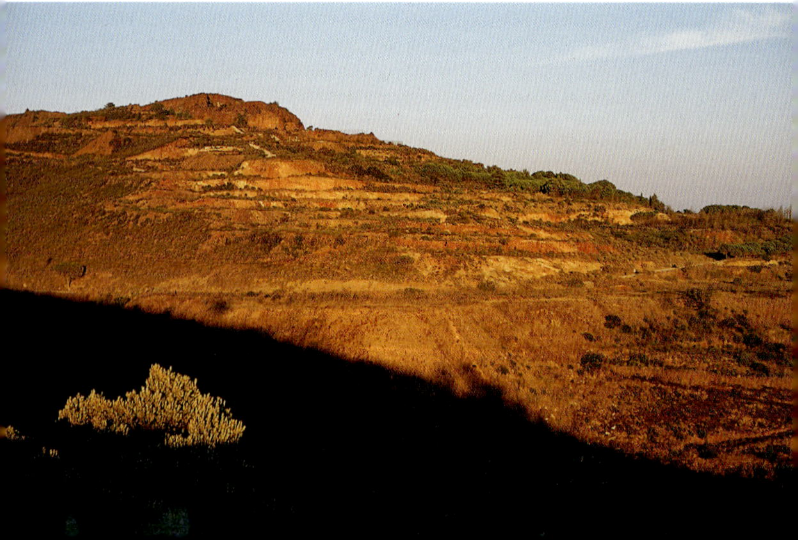

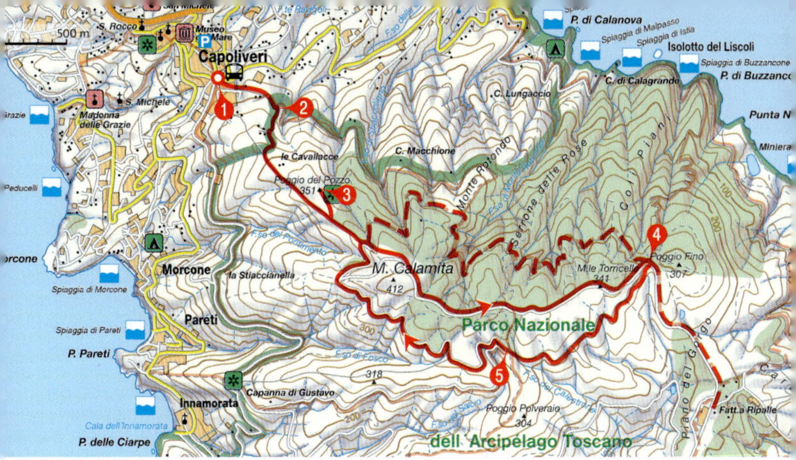

Vom Kreisverkehr an der südöstlichen Ortszufahrt von **Capoliveri** ❶ nehmen wir gegenüber dem Municipio die einzige von hier ansteigende Straße nach Süden (Via A. De Gasperi). Oberhalb der Carabinieri geht es links bergauf, die Straße schlängelt sich in der Folge in Kurven bergan und geht später in eine Schotterpiste über (Weg 230). 600 m nach dem Ausgangspunkt, bei zwei **Strommasten** ❷, 200 m, rechts aufwärts auf den Weg 231 einbiegen. Auf der weiterhin sehr steilen und stellenweise betonierten Straße in Kehren unterhalb des **Poggio del Pozzo** entlang. Bei der folgenden Kreuzung links kurz zum **Gipfel** ❸, 351 m, hoch. Zum Hauptweg zurück und flacher an einer Infotafel vorbei und zur Kreuzung unter dem **Monte Calamita**: Auf der geradeaus ansteigenden Straße kommen wir an einem Sender und am abgezäunten Militärgelände vorbei, gehen bei den folgenden Wegteilungen stets geradeaus und etwa 2 km über den flachen Waldrücken. Anschließend geht es rechts hinunter zum **Sattel** ❹ vor dem Poggio Fino, 307 m. Hier (wieder auf Weg 231) scharf nach rechts und auf einem steinigen Fahrweg etwas aufwärts bis vor den Graben des **Fosso del Calestrone** ❺. Dort leicht rechts (Einbahnschild) weiter leicht aufwärts und unter Pinien auf der Höhenstraße weiter bis zur bekannten Kreuzung zwischen Poggio del Pozzo und Monte Calamita. Hier links am Aufstiegsweg zurück nach **Capoliveri** ❶.

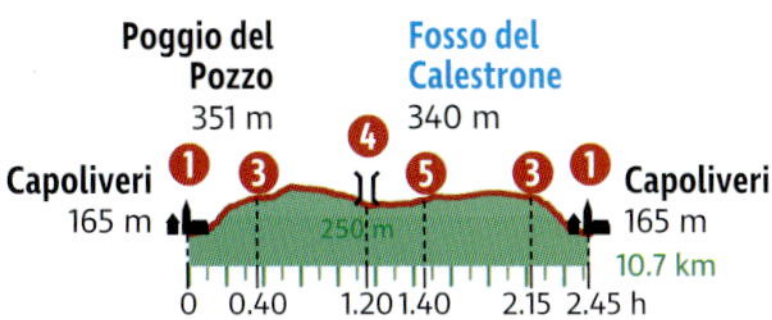

TOP

22 Costa dei Gabbiani

↗ 280 m | ↘ 280 m | 12.3 km

4.00 h

Zu den Traumstränden unter dem Monte Calamita

Seit der Auflassung der Bergwerke gehört die »Möwenküste« im Osten von Capoliveri wieder ihren Namensgebern allein. Ab dem Ende der Asphaltstraße, die den Ort mit dem beliebten Sandstrand von Straccoligno verbindet, begegnet man immer weniger Badegästen – und schließlich scheint man ins Nirgendwo hineinzuwandern. Eine einzige Fattoria – spezialisiert auf Aktivurlaub – liegt wie ein einsamer Vorposten der Zivilisation im Buschwald, der die Hänge über der traumhaft schönen Felsküste bedeckt.

Ausgangspunkt: Ende der Asphaltstraße von Capoliveri zur Spiaggia di Straccoligno.
Anfahrt: Von Portoferraio bis zur Kehre im Osten und links Richtung Meer abzweigen und den Hinweisen »Capo Perla« und »Cala Nova« folgen. An der Zufahrt zum Strand Ferrato rechts vorbei bis zum Ende des Asphaltbelags; Parkmöglichkeit neben der Straße.
Busverbindung: Linie 117 von Portoferraio, Rio Marina oder Cavo in Richtung Porto Azzurro, an der Haltestelle Villaggio Cala di Mola aussteigen. Zum Strand in der flachen Bucht hinab, links und über den Steg den Zufluss queren. Gegenüber weiter jeweils auf der dem Wasser am nächsten gelegenen Straße bis zum Forte Focardo und weiter bis zur Spiaggia di Straccoligno; 1 Std. zusätzlich.
Anforderungen: Einfache Wanderung auf einer autofreien Schotterstraße; der Abstieg zur Punta Bianca erfolgt allerdings auf einem sehr steilen, stellenweise felsigen und ausgesetzten Pfad. Kaum Schatten!
Einkehr: Straccoligno und Cala Nova.
Variante: Abstieg von der Fattoria Ripalte, 220 m (Zufahrt auf einer 7 km langen Schotterstraße von Capoliveri): Links um die Hotelanlage herum, 70 m weiter und hier rechts, an den Weingärten vorbei und zum beschriebenen Weg ab Wegpunkt ❹; hin und retour 1.15 Std.
Es gibt zudem immer wieder Zustiege zum Meer, bis zur Punta Buzzancone sind sie kurz und einfach, darüber hinaus aufwendiger und steiler.
Interessant sind auch die Abstecher von Ripalte zum verlassenen Erzbergwerk von Ginepro oder zum Strand von Remaiolo; jeweils 1.15 Std. hin und retour.

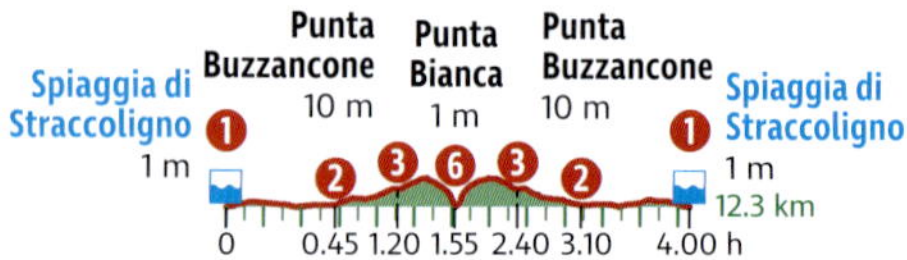

Von der **Spiaggia di Straccoligno** ❶ wandern wir auf der Schotterstraße zunächst oberhalb des Malpasso-Strandes vorbei (Weg 230). Nach 1,2 km Abzweigung: Links kurzer Abstecher zur Cala Nova; geradeaus geht man an einer Schranke vorbei und weiter oberhalb der Küste dahin (links Zugänge zur Cala Istia) und zum Strand an der **Punta Buzzancone** ❷.

Nach den Abzweigungen Richtung Monte Calamita und zum Strand an der Punta Nera steigt die Straße an und führt oberhalb der Miniera dei Sassi Neri (Teich, kleine Strände) vorbei. Nach der Villa Cap Calvo zweigt **links** ❸, 90 m, ein Weg zu den Buchten von Capo Calvo und Stagnone ab – die Schotterstraße steigt geradeaus weiter an und führt über eine Brücke. Nach insgesamt 5 km links auf die nicht markierte **Schotterstraße** ❹, 145 m, einschwenken, dann bei der nächsten Wegteilung links und sanft abfallend zu einer weiteren Abzweigung: Links geht es auf dem schmalen Pfad durch den Hang (Carbonaia) hinunter und an einer frei stehenden Pinie und einem Gebäude vorbei, zuletzt sehr **steil** ❺ über ausgesetzte Felsstufen neben einer kleinen Schlucht auf die **Punta Bianca** ❻, die weiße Felsspitze im Meer. Rechts zum Kiesstrand; an seinem vorderen Ende gelangen wir über Felsen zu einer kleineren Bucht unter einer großen Halbhöhle. Zurück gehen wir auf derselben Route.

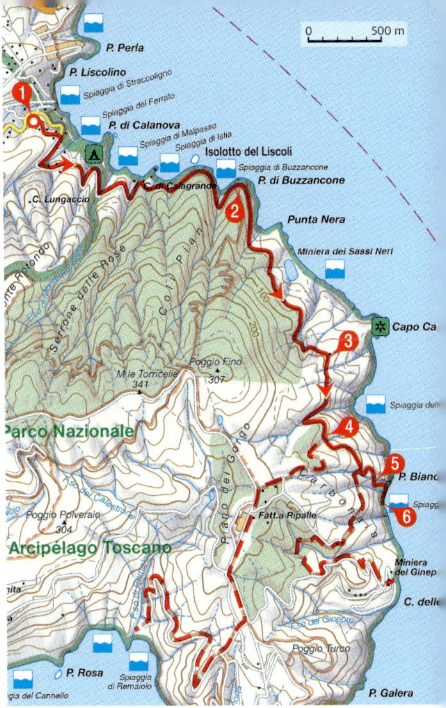

Der Traumstrand an der (ganz rechts erkennbaren) Punta Bianca.

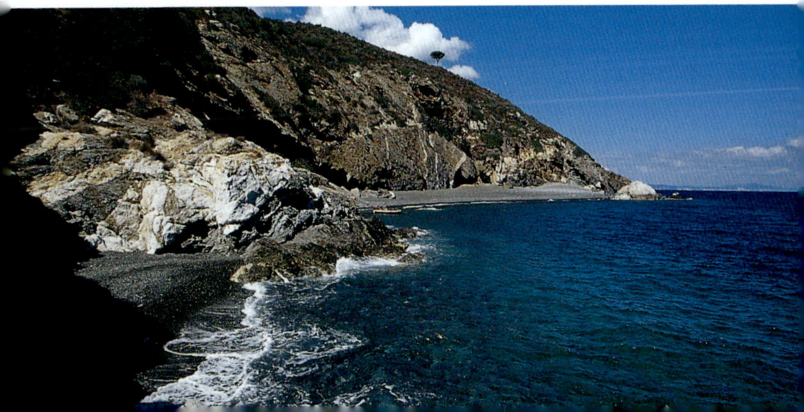

↗ 210 m | ↘ 210 m | 7.8 km

23 Monte Capo Stella, 155 m

2.30 h

Ein Laufsteg ins Meer

Zwischen dem Golfo della Lacona und dem Golfo Stella ragt eine schmale Halbinsel fast drei Kilometer südwärts ins Meer hinein. Sie befindet sich in Privatbesitz, auf zwei markierten Routen lässt sie sich aber in all ihrer Schönheit kennenlernen.

Ausgangspunkt: Feriensiedlung Lacona, 5 m, vor der gleichnamigen Halbinsel.
Anfahrt: Von Portoferraio Richtung Porto Azzurro, in San Giovanni rechts Richtung Lacona und über den Colle Reciso, bis man zur Straße von Porto Azzurro nach Marina di Campo kommt. In Lacona macht die Straße einen rechtwinkligen Knick, hier bei einem Trafoturm und Campingplätzen in die Zufahrt zum Hotel Capo di Stella abzweigen. Meist kostenpflichtige Parkmöglichkeit an der Seitenstraße zur Spiaggia Margidore.
Busverbindung: Linie 118 von Portoferraio bis zur Haltestelle Camping Lancona. Der Ausgangspunkt liegt in der rechtwinkligen Kurve der Straße.
Anforderungen: Einfache Wanderung auf breiten Wegen und schmalen, kurz auch steilen Pfaden. Abschnittsweise Schatten.
Einkehr: In Lacona.

Blick über den Golfo Stella zur Cima del Monte.

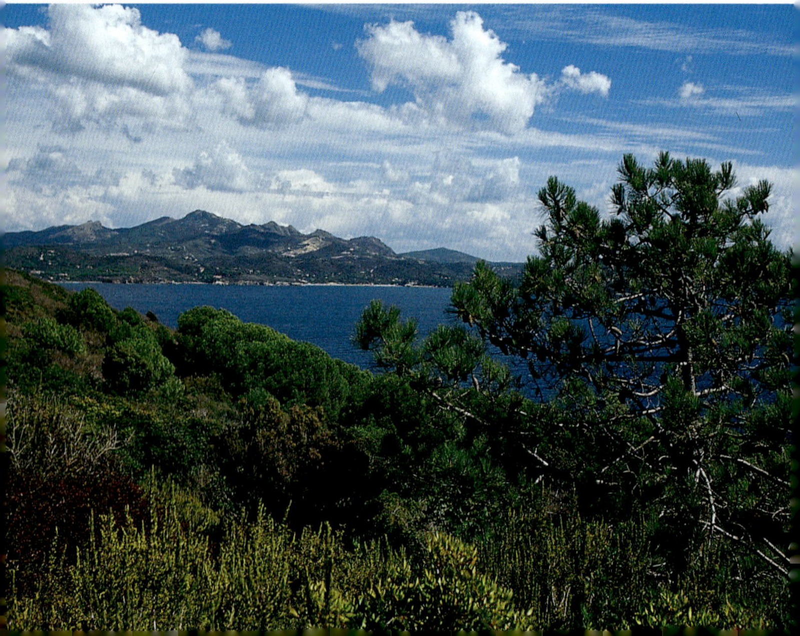

Von der Feriensiedlung **Lacona** 1 folgen wir der Via Capo di Stella und wandern auf der Schotterstraße in Kehren aufwärts. An der Abzweigung zum Hotel Capo di Stella und an einer massiven weißen **Schrankenanlage** 2 vorbei. Bei der Abzweigung der rot bezeichneten Route geradeaus auf der Straße weiter (Schild »Sentiero Capo di Stella«); bei den nächsten Wegteilungen folgen wir stets der blauen Markierung. Knapp 1 km nach der Schranke links abzweigen, an der **Casa Mazzari** 3, 80 m, vorbei und etwas abwärts. In der **Kehre** 4 geradeaus, der Weg wird nun schmaler und führt nach einem Wäldchen zu einer **Abzweigung** 5 vor einer Wegkehre. Links geht es über eine steile Treppe zu einer einsamen **Felsbucht** 6 hinunter. Danach wieder hinauf zur **Abzweigung** 5 und weiter leicht ansteigend vor zum **Kap** 7, 100 m. Danach auf der Westseite abwärts zu einer Forststraßenkehre. An der folgenden Kreuzung scharf links in eine Rechtskehre und danach am breiteren Weg links halten. Wir kommen so an einem allein stehenden Haus vorbei und zur **Cala Chiara** 8, 20 m. Am unteren und nun schmaleren Weg an dieser vorbei und weiter nach Norden. Durch Macchia geht es weiter, ab nun kommt man nicht mehr zum Meer hinab. Vor dem Camping Stella Mare ist eine breite **gerodete Fläche** 9, 55 m, hier gehen wir rechts und ein letztes Mal steil in den Kamm hoch, oben links und hinab bis zum Aufstiegsweg, und an der **Schrankenanlage** 2 vorbei und zurück zur Feriensiedlung **Lacona** 1.

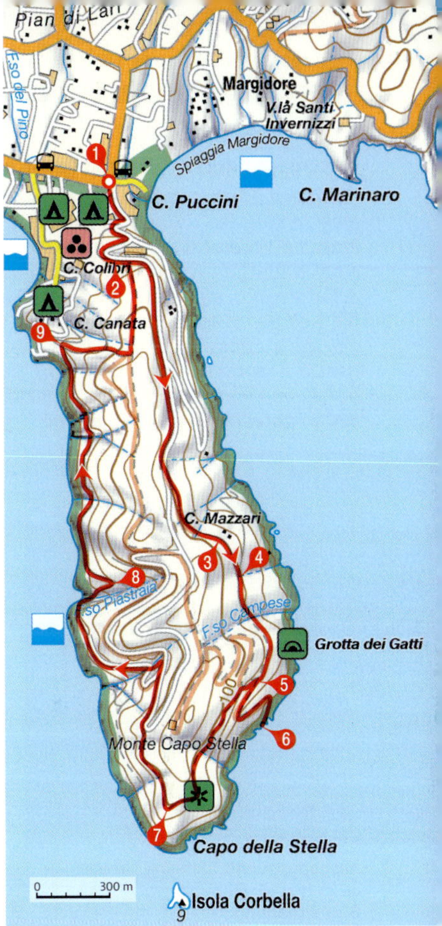

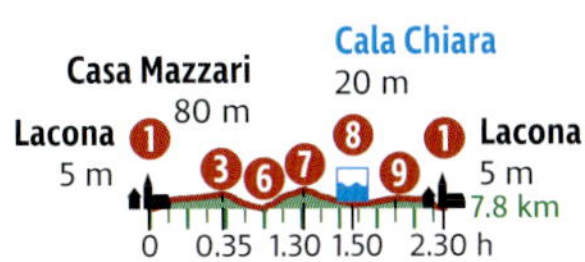

↗ 390 m | ↘ 390 m | 8.4 km

24 Capo und Monte Fonza, 298 m

3.30 h

Macchia-Wildnis in all ihren Facetten

Im Süden Elbas erstrecken sich mehrere naturbelassene Landzungen ins Meer hinaus. Das Capo di Fonza bietet einen Rundweg durch die Vielfalt der Macchia-Vegetation. Die Tour ist grundsätzlich einfach, sie ist trotzdem als »rot« eingestuft, weil knapp 500 Höhenmeter zu überwinden sind, es kaum Schatten gibt, die Wege teilweise tief ausgewaschen sind und die Macchia, die sich den Weg wieder anzueignen versucht, letztendlich erkämpft werden muss. Lange Hosen und Trekkingstöcke zum Wegdrücken widerspenstiger Dornenbüsche sind angebracht. Der Weg zum Kap endet auf 170 m Seehöhe, man kommt also nicht zum Meer hinab. Der höchste Punkt liegt bei 320 m unter dem Monte Tambone.

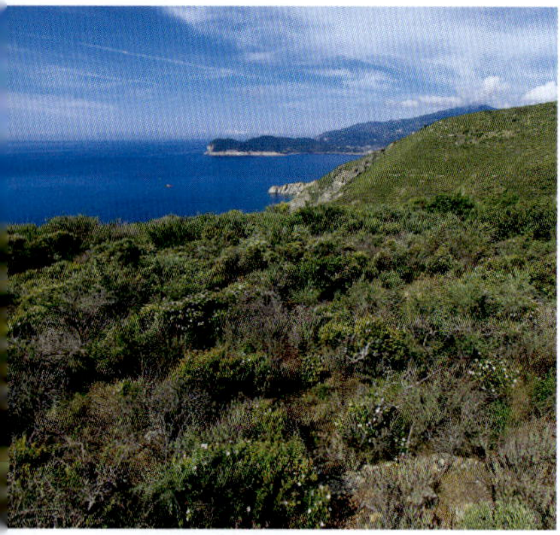

Ausblick nach Westen (Capo di Poro).

Ausgangspunkt: Camping Laconella, 25 m.
Busverbindung: Linie 118 von Portoferraio bis zur Haltestelle Bivio Caubbio. Hinab zum Meer über die Via del Mare, am Strand rechts und hinter dem Beach Club il Cantone hoch auf die Straße und zum Camping Lanconella, dem Ausgangspunkt. Im Winter fährt der Bus nur bis Lancona, dann 1 km zu Fuß am Strand entlang nach Westen zum Ausgangspunkt.
Anfahrt: Erste Abzweigung rechts, wenn man von Marina di Campo nach Lacona fährt. Wenige Parkmöglichkeiten!
Busverbindung: Linie 118 von Portoferraio bis zur Haltestelle Camping Lacona und zusätzlich je nach Saison bis zu 1 km am Strand entlang zum Ausgangspunkt.
Anforderungen: Einfache Höhenwanderung, einige steile ausgewaschene An- und Abstiege. Einstiege durch Schilder gekennzeichnet, Kammlinie rot markiert. Abstieg ohne Markierung.
Einkehr: In Lacona.

Auf der Straße zum Campingplatz **Laconella** ❶ gehen wir am Weg 250 flach an vielen privaten Hauszufahrten weiter, bis rechts eine zwar breite, aber wesentlich ruppigere alte **Forststraße** ❷, hochzieht (Fahrverbotsschild): Das ist unser erster schweißtreibender Anstieg. In der ersten **Kehre** ❸, 95 m, gehen wir geradeaus (Schild »Giunca«) und folgen nun diesem schmalen Pfad, der auf und ab, durch offenere und dichtere Macchia führt. Nach etwa 20 Minuten sehen wir rechts unten im Hang Mauerreste eines

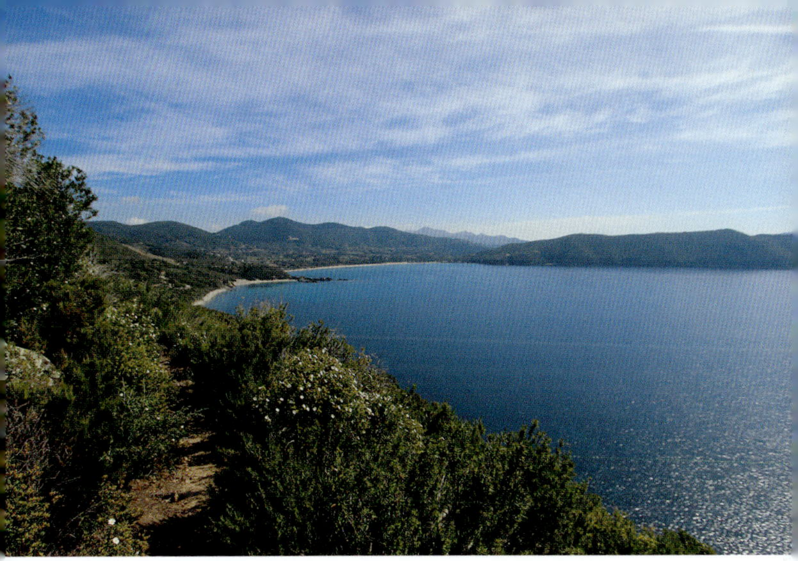

Rückblick nach Lacona.

Hauses; unser Weg verläuft dann bald in einem Knick aufwärts. Es geht in einem Satz schweißtreibende 60 Höhenmeter hoch zu einer Wegkreuzung in einem flachen **Sattel** ❹, 165 m (sämtliche Karten vermerken den Weg fälschlicherweise kontinuierlich ansteigend). Hier oben geht es links, rot markiert, auf das Kap vor. Befanden wir uns bis jetzt auf einem alten Pfad, so gehen wir nun auf einem alten verlassenen Fahrweg, den die Vegetation anscheinend einfacher zurückerobert als den älteren Pfad, weshalb wir mit mehr Ästen kämpfen müssen. Die erste Kuppe wird rechts umgangen, weiter führt der Weg knapp neben der schwer erkennbaren Kammlinie. So kommen wir auf eine große freie, aber steinige Fläche, den **Capo di Fonza** ❺, 150 m. Man ist verleitet, hinter dem Gebüsch einen weiterführenden Weg zu suchen. Aber Achtung, denn hier geht es nach ein paar Metern sofort senkrecht abwärts! Viel Schotter und eine ungünstige Gesteinsschichtung machen weitere Schritte oder auch Abklettern unmöglich! Auf dem Kap bietet sich ein Ausblick auf alle Landzungen im Süden Elbas, Inseln des südlichen Toskanischen Archipels und die Berge Korsikas. Nun zurück zur Abzweigung im flachen **Sattel** ❹. Wir sehen hier schon, dass der höhere Monte Fonza noch vor uns liegt. Auf dem Rückweg zum Sattel, auf dem wir schon die stacheligen

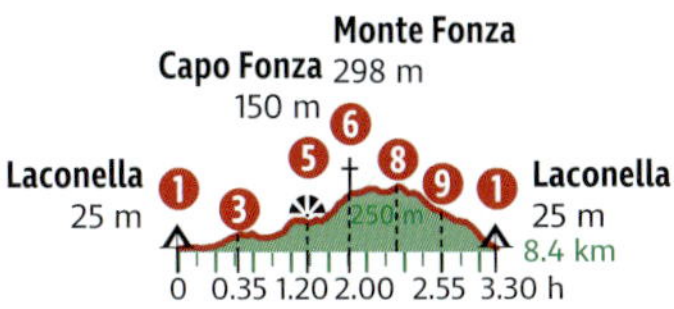

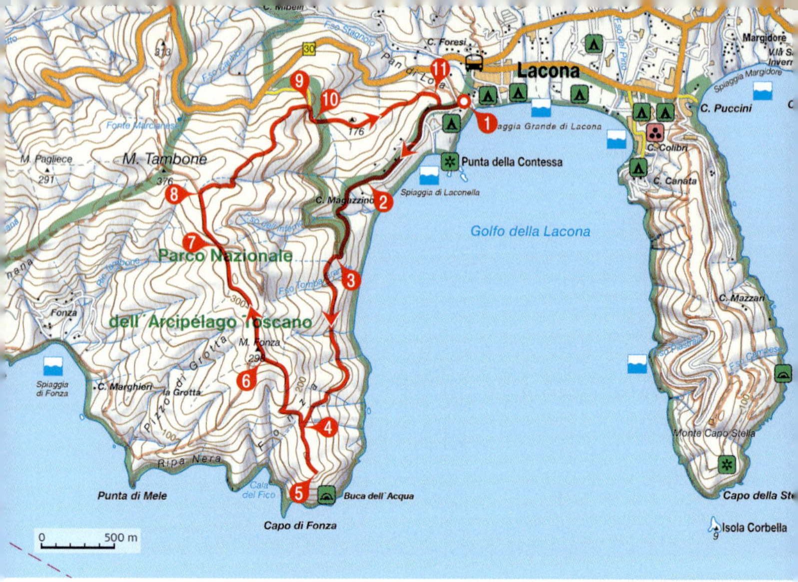

Dornenbüsche vom Hinweg kennen, können wir zwei alte Steinringe sehen, die wohl Viehpferche waren (links kurz vor der Abzweigung und rechts kurz danach). Der Weg (248A) steigt nun an, macht einen Knick nach links und verwandelt sich in eine breite, alte Forststraße. Die Macchia kratzt einen vielleicht nicht mehr wund, aber der Weg ist arg ausgewaschen, es geht steil bergauf und Schatten suchen wir vergebens. Wenn das Gelände et-

Unser Kap vom Strand von Lacona aus gesehen.

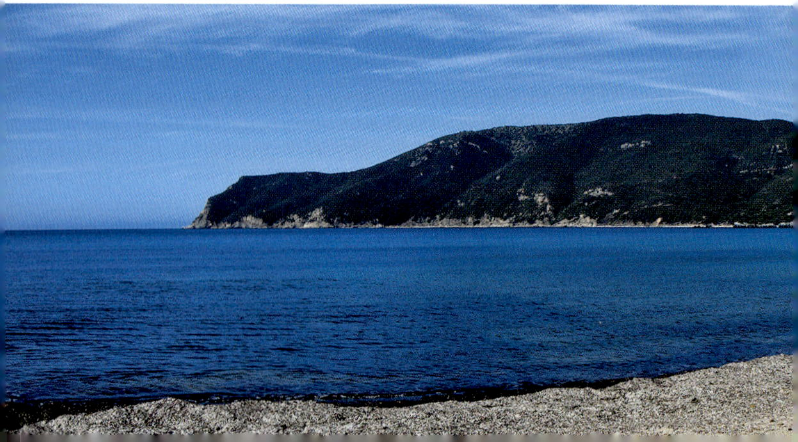

was lieblicher wird, befinden wir uns schon am **Monte Fonza** 6, 298 m, mit Caprile. Ab hier nun auf dem Weg 248 weiter nach Norden, bei einem verfallenen Caprile mündet der Pfad in eine etwas stärker ausgefahrene Forststraße (in den meisten Karten nur als Weg vermerkt) und kurz darauf zu einer großen Forststraßenkreuzung. Selten genug, um erwähnt zu werden, gibt es hier auch eine **Holzbank** 7, 305 m. Rechts würde die holprige Straße, die wir im Zustieg benutzt haben, in langen Kehren nach Lanconella hinunterführen, links ginge es nach Marina di Campo. Es gibt aber einen schöneren Weg: geradeaus weiter in Richtung Norden (Monte Tombone) und nach nicht einmal 10 Minuten, knapp nach einer großen auffälligen Wasserableitungsrinne quer in der Forststraße, biegt unser nicht markierter **Pfad** 8, 335 m, im rechten Winkel nach rechts ab. Hier befindet sich auch ein Betonring als Wasserstelle für Tiere im Boden. Der Pfad bildet die erste Hälfte unseres Abstiegs, die eine wesentlich höher wachsende Macchia aufweist – hier finden sich auch Erdbeerbäume. Trotz phasenweiser Steilheit ist dieser Abschnitt auffällig leicht zu begehen. Dies liegt daran, dass hier wegen einer weiter unten gelegenen **Motocross-Strecke** 9, 200 m, zu der uns der Hohlweg schließlich bringt, manchmal Motorräder fahren.
Wir schwenken nach rechts und gelangen in einer der Kehren auf die holprige Straße. Dieser folgen wir nur eine Links- und eine Rechtskurve, dann geht es am Schild **»Pian di Lota«** 10, 185 m, links ab auf einen schattigen Weg. Einen nach rechts abzweigenden Pfad passieren wir und gehen gerade weiter, zuerst meist leicht bergab, später steiler und in Schlingen abwärts. Wenn man schon Laconella sieht, kommt man in ein kahles Areal, das eine neue Siedlungsfläche werden könnte. Der Weg wurde links herum umgeleitet und ist stellenweise sehr steil. Unten in der **Fläche** 11, 55 m, halten wir uns rechts und gehen so auf die Straße hinaus. Gleich links befindet sich die Zufahrt zum Campingplatz **Laconella** 1.

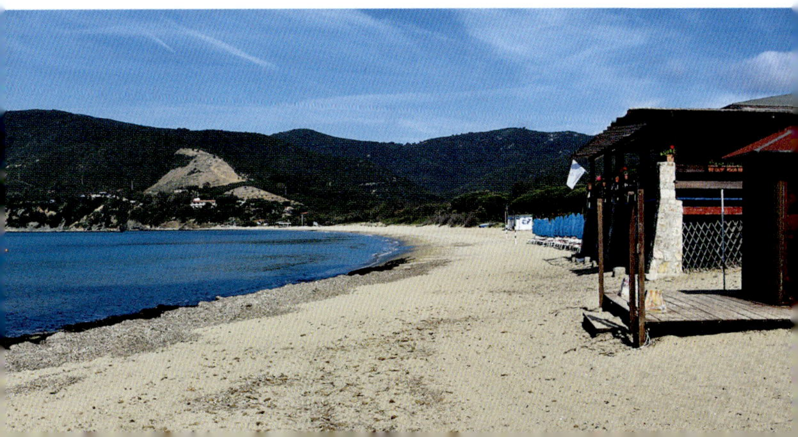

TOP

↗ 230 m | ↘ 230 m | 5.8 km

25 Monte Poro, 152 m

2.00 h

Zum Leuchtturm über dem Capo di Poro

Von Turm zu Turm: Diese wunderschöne Wanderung beginnt unterhalb des wehrhaften Torre della Marina, führt auf einen dicht bewaldeten Sandsteinrücken und endet beim Leuchtturm über dem schroffen Capo di Poro.

Ausgangspunkt: Marina di Campo, 1 m, Strandpromenade.
Anfahrt: Von Portoferraio über Procchio; Parkplätze hinter dem Ortszentrum.
Busverbindung: Linie 116 von Portoferraio bis zur Haltestelle Caserma dei Carabinieri in Marina di Campo. Von der Haltestelle geradewegs zum Strand, dort rechts und zum Ausgangspunkt der Tour.
Anforderungen: Einfache Wanderung auf breiten Wegen und einem schmalen, stellenweise steilen Waldpfad. Im oberen Bereich Schatten.
Einkehr: In Marina di Campo.
Variante: Für die Rundtour gilt es abzuwägen, ob das Meer ruhig ist und bleibt, denn im weiteren Verlauf werden wir sehr nahe am Wasser gehen müssen. Wasserschuhe sind sinnvoll. Teilweise ist nur wenig Platz zwischen den Wellen und der Mauer, die Privatbesitz abgrenzt. Will man sicher trockenen Fußes zurückkehren, geht man besser den Aufstiegsweg zurück und gegebenenfalls dabei von der Abzweigung zum Galenzana-Strand. Unsere Variante führt weiter vom Leuchtturm nach Norden zur Punta Bardella. Links hinter dem Kap kommen wir auf Meeresniveau und zu einem kleinen Hafen. Ab hier immer am Wasser entlang bis zum netten Galenzana-Strand (teilweise sehr wenig Platz zwischen einer Mauer und dem Wasser, bei unruhigem Meer wird man hier nass). Zurück gehen wir am nördlichen Ende des Strands den einzigen zulässigen Weg aufwärts zu einer kleinen Kapelle und weiter zur Abzweigung. Von hier geht es wieder nach Marina di Campo.

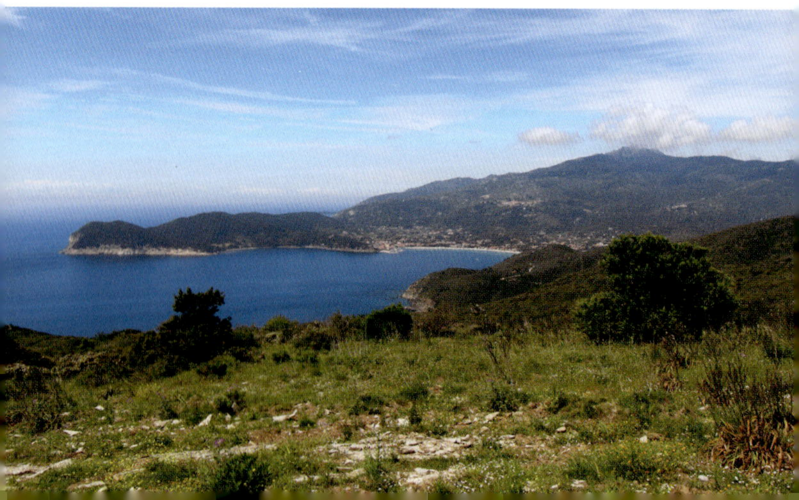

Wir spazieren zunächst auf der Strandpromenade von **Marina di Campo** ❶, Lungomare Generale Fabio Mibelli, entlang Richtung Mole, jedoch nur bis zur **Piazza Giovanni di Verrazzano** ❷ (große Schirmföhre am Platz). Links die Treppe der Via Bellavista hinauf. Oben dem Schild »Galenzana« nach rechts und dem Pfad am Zaun entlang bis zu einer **Asphaltstraße** ❸, 30 m, folgen. Hier nach links bergauf und nach der ersten Kurve vor dem Sackgassenschild nach links in die Schotterstraße einbiegen. Gleich nach 50 m folgt eine **Abzweigung** ❹: Links ist der Weg zur Spiaggia Galenzana ausgewiesen, wir folgen aber zunächst dem rechten Weg 138 zu unserem ersten Ziel, dem »Faro«. Er führt über den Rücken aufwärts und unter einem Haus in einen Sattel mit Wegkreuzung zu einem **Stromleitungsmast** ❺ mit der Markierung »Faro«, davor links und auf dem schmalen Pfad 138/139 einige Schritte durch Gebüsch abwärts. Wieder ansteigend erreichen wir die nächste **Wegteilung** ❻, 80 m: links (Weg 139) in den Buschwald, über einen kleinen Graben und im sanften Auf und Ab durch Steineichenwald. Wir kommen an einer verfallenen Quellfassung vorbei in den **Sattel** ❼ zwischen Monte Cenno und Monte Poro, 80 m. Dort wenden wir uns nach links, gehen steil über dem Meer aufwärts, passieren alte Militärstellungen und erreichen den höchsten Punkt des **Monte Poro** ❽, 152 m. Kurz weiter zu einem verfallenen Haus und zum Leuchtturm über dem Capo di Poro; schöner Tiefblick von den unterhalb gelegenen Geschützplattformen.

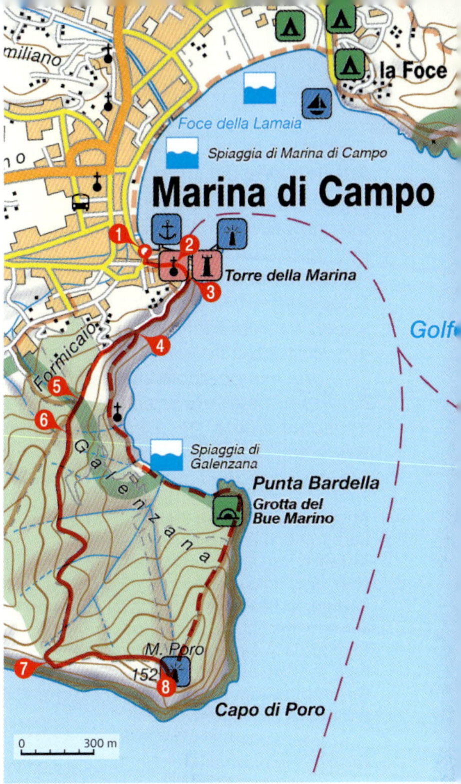

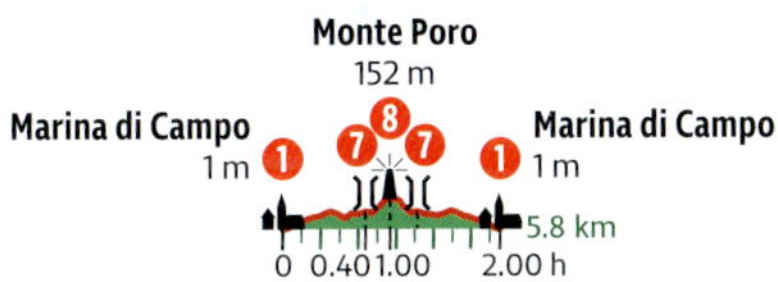

Monte Poro und Marina di Campo von Osten.

↗ 360 m | ↘ 360 m | 10.1 km

26 Pietra Murata, 548 m

3.30 h

Auf den »Vie del Granito«

Dies ist zu Recht eine der »Standardtouren« der Insel – eine landschaftlich sehr abwechslungsreiche Wanderung, anfangs durch märchenhafte Wälder, dann durch die steppenartige Südseite des Monte-Capanne-Massivs. Auf Schritt und Tritt fasziniert dabei der Granit, der das Gebirge im Westen Elbas aufbaut. Er erscheint in Form bizarr verwitterter Tafonifelsen ebenso wie als Baumaterial für die romanische Kirchenruine San Giovanni oder die alte Wassermühle von Moncione – Baumaterial, das heute noch aus den Steinbrüchen oberhalb von San Piero geholt wird. Selbst der höchste Punkt der Route besteht aus einem riesigen Granitmonolith, an den ein Caprile angebaut wurde. Der Weg ist abschnittsweise als »Vie del Granito« angeschrieben, dabei handelt es sich um mehrere unterschiedliche Wegvarianten zwischen San Piero und Seccheto (Infomationstafeln im Ort).

Ausgangspunkt: San Piero, 220 m, in Campo hoch über Marina di Campo.
Anfahrt: Von Portoferraio nach Procchio, dort links Richtung Marina di Campo; in La Pila rechts abzweigen und auf kurviger Straße über Sant'Ilario in Campo nach San Piero; Parkplatz unterhalb des Ortszentrums.
Busverbindung: Linie 116 von Portoferraio bis zur Haltestelle San Piero am Ausgangspunkt.
Anforderungen: Einfache Wanderung auf breiten Wegen und stellenweise steinigen Pfaden. Schatten nur zu Beginn.
Einkehr: In San Piero.
Variante: Die Kirchenruine San Giovanni im Norden auslassen und am Weg 107 direkt zur Pietra Murata aufsteigen; 1 Std. kürzer.

Torre di San Giovanni vor dem Golfo di Campo.

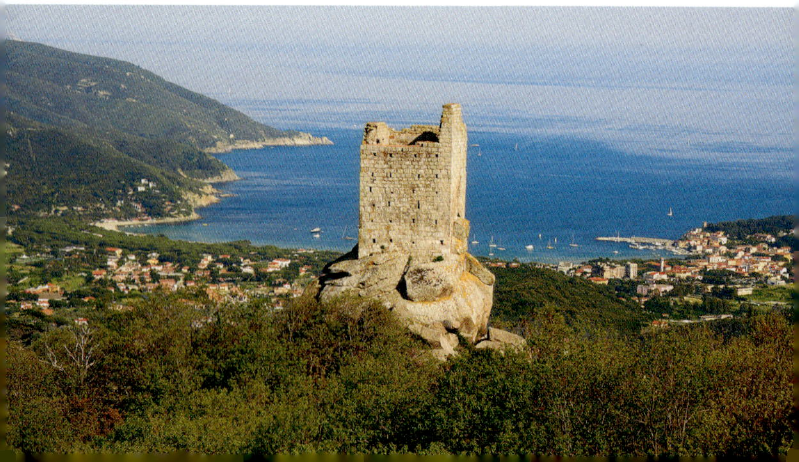

Vom Parkplatz unterhalb von **San Piero in Campo** ❶, 220 m, gehen wir kurz zur **Piazza Garibaldi** ❷, dem Dorfplatz, hinauf. Links durch das Tor zur Piazza Umberto I oberhalb der Kirche, rechts in die Via Brunello und gleich darauf wieder rechts durch ein weiteres Tor. Geradeaus den gepflasterten **Treppenweg** ❸ hinauf, durch ein drittes Tor und dahinter nach links. So erreichen wir die **Via Al. Badaracchi** ❹, eine Asphaltstraße, der wir nach links bergauf folgen.

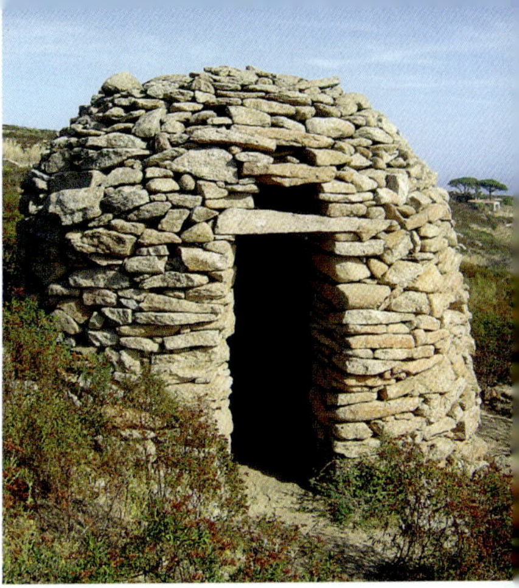

Caprile bei San Piero.

Wir gelangen zum **Sportplatz** ❺ oberhalb des Orts. Geradeaus weiter, nach 50 m halten wir uns rechts und folgen dem Weg 107. Auf dem stellenweise gepflasterten Weg geht es unter einer Stromleitung durch, an einzelnen Pinien vorbei und neben einer Quellfassung über abgerundete Felsstufen aufwärts.

Bei einer **Piniengruppe** ❻ zweigen wir rechts ab (Weg 124) und steigen in den dichten Kastanienwald hinauf. Dort wandern wir auf schmalem Pfad zwischen bemoosten Granitblöcken und über einige Bachläufe zum netten und schattigen Rastplatz bei der Kirchenruine **San Giovanni** ❼, 420 m. Nun geht es links auf der Asphaltstraße über zwei Kehren und 100 m weiter auf der Straße zu einer **Abzweigung** ❽. Hier scharf links abzweigen (Wegweiser »Pietra Murata«) und auf der breiten Sandstraße (Weg 111) durch den

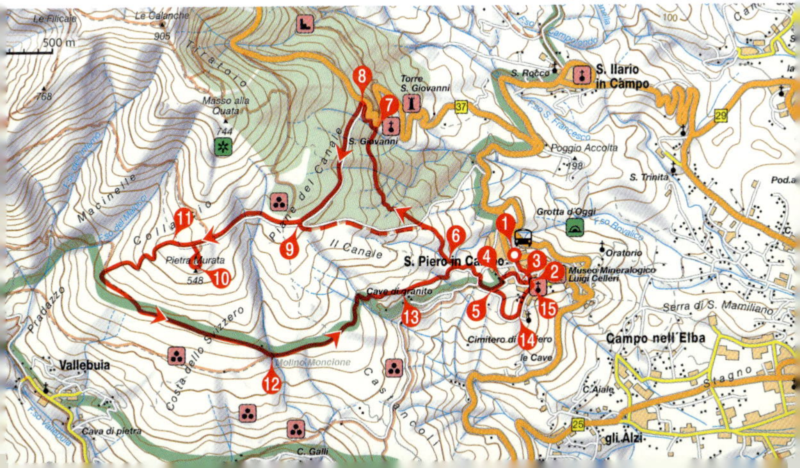

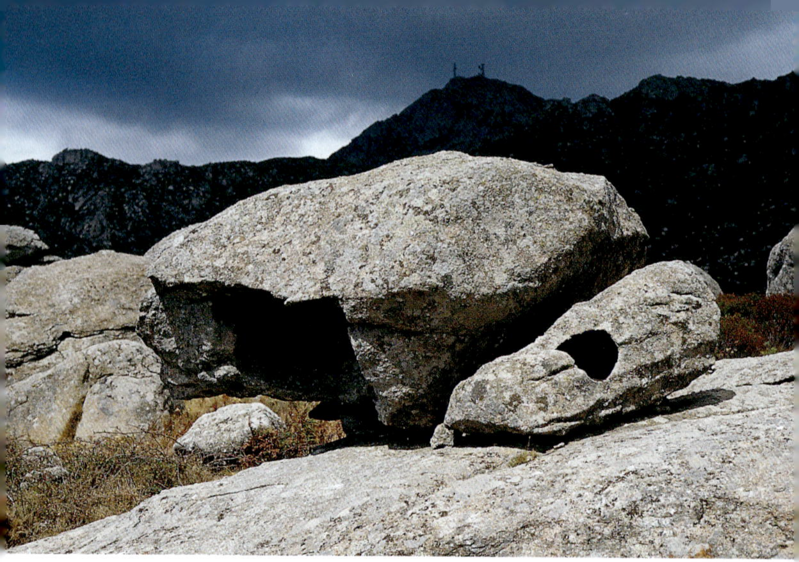

Bizarre Granitgebilde krönen die Anhöhen südlich des Monte Capanne.

Pinienwald. Im sanften Aufstieg erreichen wir die Kreuzung auf der Lichtung **Piane del Canale** ❾, 510 m: Geradeaus Richtung »Le Macinelle, Pietra Murata« dem Waldrand entlang, an einer Abzweigung vorbei und ins freie Gelände. Wir sind nun am Weg 130.
An einem eingezäunten Wasserbecken vorbei, kurz etwas abwärts und dem Hautpweg vorerst geradeaus folgen. Wir kommen zu einer Verzweigung, wo der Weg 130 zur »Colle della Grottaccia« nach rechts oben abzweigt. Hier linker Hand weiter und nach ca. 150 m kommen wir zu einem verfallenen Caprile: Links gelangen wir in wenigen Minuten zwischen bizarren Tafonifelsen zur **Pietra Murata** ❿, 548 m.
Zurück zum Weg, dem wir nun nach links hinabfolgen. Bald links **abzweigen** ⓫ und auf dem felsigen, ausgewaschenen Weg steiler abwärts. Auf 420 m Seehöhe erreichen wir den schmalen Pfad 135, dem wir nach links folgen. Bei einem Felsblock geradeaus und erst flach, dann sanft abfallend durch die Hänge der Costa dello Svizzero zur alten Wassermühle von **Moncione** ⓬, 366 m. Achtung: Hier geradeaus, vor einem Tor links über den Wasserlauf und kurz bergauf. Nun gilt es, auf die Markierung zu achten: Bei der folgenden Abzweigung nach rechts, kurz danach geradeaus an Tafonifelsen vorbei und dann links ein kleines Plateau passieren. Hinter einer Anhöhe (Blick auf San Piero) gehen wir auf einem stellenweise gepflasterten Weg zwischen einigen **Granitsteinbrüchen** ⓭, 320 m, abwärts. Nach einer Quelle zweigen wir links auf einen schmaleren Weg ab,

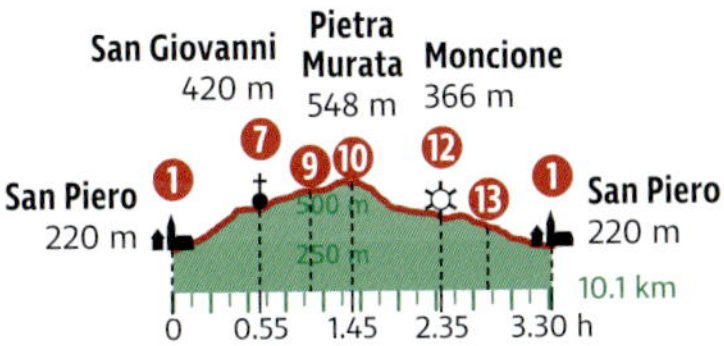

wandern zwischen Mauern und großen Steinblöcken dahin und unter der Stromleitung durch, dann geht es über ausgewaschene Felsstufen abwärts auf den **Sportplatz** 5 zu.
Für den Abstieg lohnt ein Umweg über die granitgepflasterte Via San Rocco: Am Ende des Sportplatzes rechts herum und neben Gehegen hinunter zum **Friedhof** 14, dort links in die schattige Zypressenallee der Via San Rocco. Durch die **Via del Palazzo** 15 geht es links zur **Piazza Garibaldi** 2 oder rechts an dieser vorbei schließlich nach **San Piero** 1 zurück.

Auf dem Weg zu den Steinbrüchen: geheimnisvolle Granitsäulen.

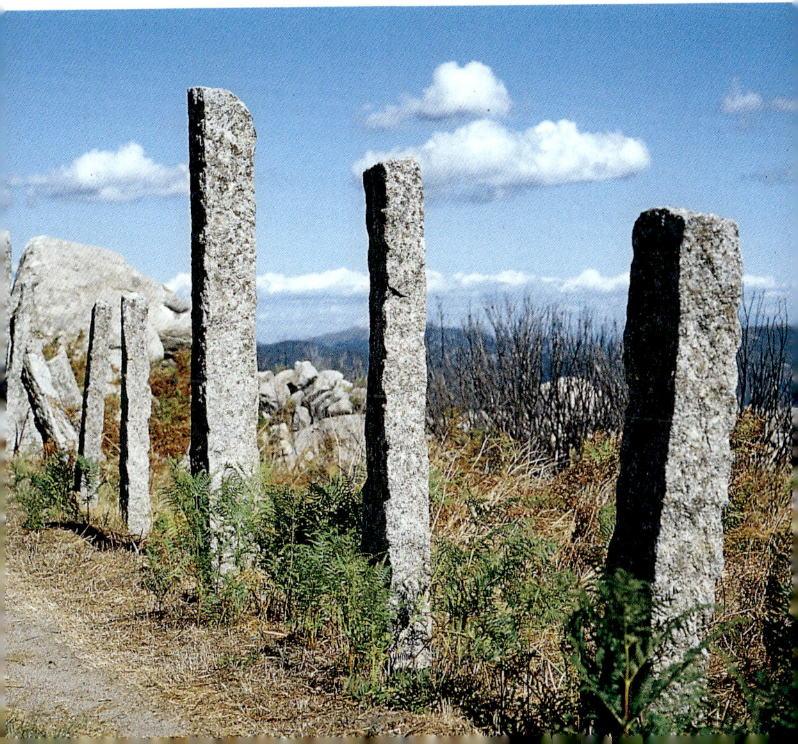

↗ 330 m | ↘ 330 m | 6.1 km

27 Monte Maolo, 749 m

2.30 h

Das »Schneehaus« unter den Granitburgen

Schnee auf Elba? Fotos in der Talstation der Monte-Capanne-Seilbahn zeigen den »angezuckerten« Gipfel – im Januar 1985 waren sogar die Hänge über der Küste weiß. Früher sammelte man den Schnee für die Konservierung von Lebensmitteln und lagerte ihn, zu Eis verfestigt, in einer ausgemauerten Grube im Valle della Nivera (ähnliche Bauwerke bestehen z. B. auch auf Mallorca). In der Waldwildnis des Talgrundes findet man noch viele Eiben, während oben auf dem Monte Maolo nicht nur die Ausblicke, sondern auch die riesigen Granitblöcke faszinieren.

Ausgangspunkt: Picknickplatz, 610 m, an der Höhenstraße über den Monte Perone.
Anfahrt: Von Portoferraio nach Procchio und links Richtung Marina di Campo, in La Pila zweimal rechts abzweigen und auf kurviger Straße über Sant'Ilario in Campo Richtung San Piero, dann rechts auf den Monte Perone; Parkplatz im Sattel.
Busverbindung: Keine.
Anforderungen: Einfache Bergwanderung auf der Straße und schmalen Pfaden, im Valle della Nivera etwas unübersichtlich und steil. Viel Schatten.
Einkehr: Keine.
Varianten: 1) Start in Sant'Ilario in Campo, 193 m, am Parkplatz hinter dem Ort vorbei, kurz danach links die Betonstraße hinauf und auf einer Forststraße zum Parkplatz am Monte Perone; 1.30 Std.
2) Sehr eindrucksvoll ist auch die Route vom Monte Perone auf den Monte Capanne: Über den Monte Maolo, auf der GTE und durch den rechten Hang zur Abzweigung unterhalb Le Filicaie, dort rechts durch felsiges Gelände zur Abzweigung des Gipfelwegs, der links zur Seilbahnstation und auf den Gipfel führt, 1017 m; gut 2 Std.

Vom Sattel beim Picknickplatz am **Monte Perone** ❶ müssen wir zunächst auf der Asphaltstraße durch den Nordhang – Richtung Poggio – hinabmarschieren. Vorbei am alten Vivaio Forestale erreichen wir nach etwa 2 km die Abzweigung unseres **Pfades** ❷, 460 m: links hinauf, über eine Blockhalde und einen kleinen Graben queren, dann durch den dichten Wald in den Talgrund des Valle della Nivera. Bei einer Abzweigung geradeaus (weiße Pfeile). An einer Abzweigung bei Mauerresten (Schneehaus) links zu einem alten Köhlerplatz hinauf, nach einer kurzen, flachen Querung durch einen wahren Urwald (moosige Steinblöcke, Bachlauf) und in vielen **Kehren** ❸ über Steinstufen geht es den steilen Hang hinauf. Auf 740 m Seehöhe erreichen wir den gut markierten Weg der **GTE** ❹. Hier wandern wir links durch den Waldhang hinab, über eine Blockhalde und dann wie-

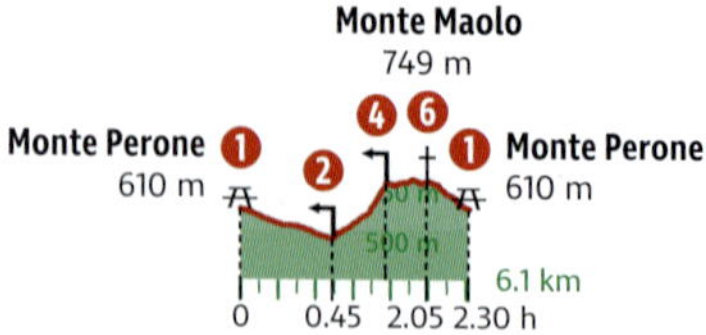

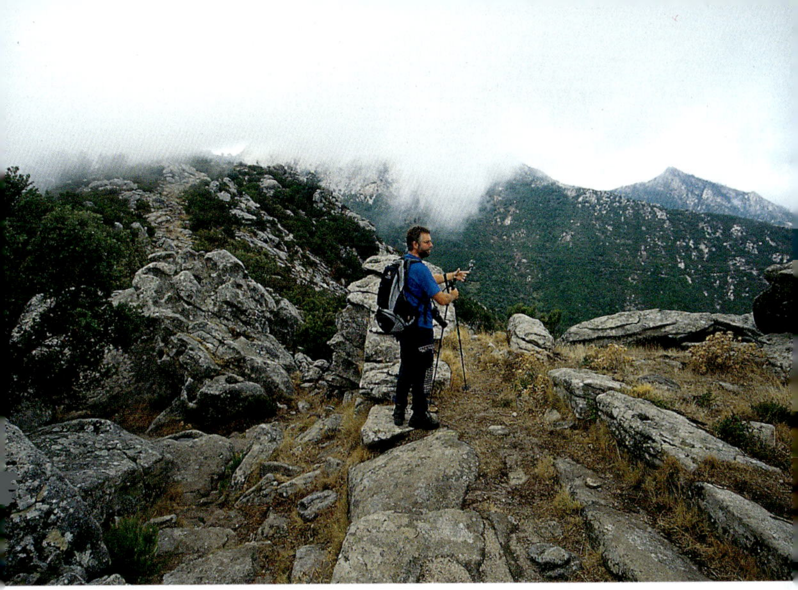

Lohn für den Aufstieg: Wolkenspiele und ein Blick zum Monte Giove.

der über Steinstufen zur Abzweigung auf den felsigen **Rücken** 5 zwischen Monte Maolo und Le Calanche, 763 m. Links geht es abwärts, durch eine Senke und zwischen großen Granitgebilden zum **Monte Maolo** 6, 749 m. An einem umzäunten Feuerwachturm und einer Betonplattform vorbei, steiler über den Waldrücken hinunter und geradeaus über eine kleine Ebene. Bald erreichen wir wieder den Picknickplatz am **Monte Perone** 1 mit vielen Informationstafeln an der Höhenstraße.

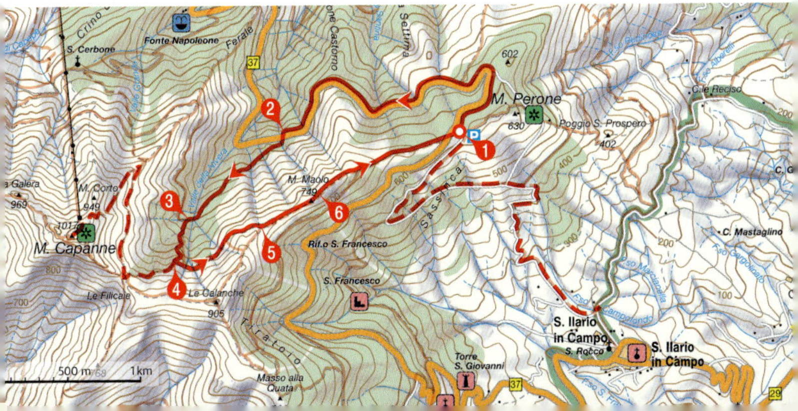

TOP

28 Le Calanche, 905 m

↗ 380 m | ↘ 380 m | 6.4 km

3.30 h

Der Berg der bizarren Felsen

Wild und unnahbar steigen die Granitfelsen des Calanche-Massivs aus den Wäldern oberhalb von San Piero. Der zerrissene Nachbar des Monte Capanne erinnert an die gleichnamigen Steinskulpturen im Osten Korsikas, er würde aber selbst in den Alpen eine gute Figur machen. Am leichtesten lässt er sich von Westen her, vom Sattel Le Filicaie, erklimmen; der schönste Zustieg zieht jedoch von Süden herauf. Die erste Überraschung: der zauberhafte Waldweg unter dem Monte Maolo. Dann folgt eine verwunschene Welt aus Wackelsteinen und bizarr ausgehöhlten Tafonifelsen, bis sich unter zwei monumentalen Steintürmen die Grotta le Pecore öffnet. Noch ein paar Klimmzüge, und gleich zwei Gipfelkreuze sind erreicht.

Ausgangspunkt: Picknickplatz am Monte Perone, 610 m.
Anfahrt: Von Portoferraio nach Procchio und links Richtung Marina di Campo, in La Pila zweimal rechts abzweigen und auf kurviger Straße über Sant'Ilario in Campo Richtung San Piero, dann rechts auf den Monte Perone; Parkplatz im Sattel.
Busverbindung: Keine.

Anforderungen: Anspruchsvolle Bergtour auf schmalen Pfaden mit leichten, gesicherten Kletterpassagen (I), Trittsicherheit und Schwindelfreiheit unbedingt notwendig, bei Nässe gefährlich. Die Stahlseilsicherungen werden progressiv erweitert und verbessert. Teilweise Schatten.
Einkehr: Keine.

Vom Picknickplatz am **Monte Perone** ❶ wandern wir am breiten Weg der GTE zum »M. Capanne« an einer Schranke vorbei, dem Zaun entlang aufwärts und durch Wald auf eine Ebene. Geradeaus und steiler hinauf, bis links der schmale **Pfad 107** ❷ abzweigt, 690 m. Auf diesem fast eben durch den steilen, dicht bewaldeten Hang unter dem Monte Maolo. Nach der Einmündung eines Pfades von unten geht es im sanften Auf und Ab weiter, dann über Steinstufen und Blockhalden zwischen großen Felsen hoch über dem Tal. Schließlich kommen wir in einen Kiefernwald, gehen nach rechts und steiler über Holzstufen und Steinplatten in freies Gelände hinauf. Oberhalb der Feuerwachstelle **Masso alla Quata** ❸, 744 m, erreichen wir den Weg 123, auf dem wir rechts zwischen riesigen Gra-

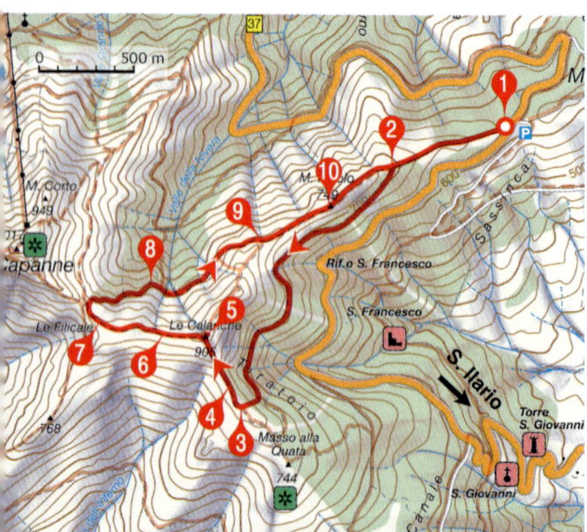

nitgebilden und unter einem Wackelstein ansteigen. Links an einer bizarren **Felsgruppe** 4 vorbei in eine Senke, dann klettern wir auf der linken Seite des Kammes über Blöcke, auf steil abwärts geschichteten Platten und neben Holzpflöcken in eine kleine Scharte. Nun rechts auf eine kleine, bewachsene Verebnung, durch die linke Flanke aufwärts und rechts wieder auf den Grat. Wir halten uns links und gehen entlang einer aufgeschichteten Steinmauer aufwärts, übersteigen dann die Mauer und steigen zwischen zwei gewaltigen Felstürmen an (rechts die Grotta le Pecore). Geradeaus weiter, etwas nach rechts und über Felsstufen auf den Gipfel **Le Calanche** 5, 905 m, und den Gratweg 100. Wir folgen dem Kamm nach Westen auf dem Gratweg: Ab dem Metallkreuz gehen wir rechts an Gebüsch vorbei und über steile **Felsstufen** 6 zwei Meter hinunter, dann links über eine Rampe, zwischen zwei Steingebilden durch und rechts unter der nächsten Felsformation vorbei. Links neben einem »schiefen Turm« wandern wir aufwärts und gelangen zwischen Blöcken zu einer kleinen Ebene, dann geht es etwas hinab und rechts unter einem mächtigen Felsaufbau (mit Stahlseil, unten klafft ein Loch) vorbei. Problemlos über den Rücken weiter. Die letzte Kuppe, 870 m, wird rechts umgangen, dann folgt der kurze Abstieg zum unmittelbar vor dem Monte Capanne eingeschnittenen Pass **Le Filicaie** 7, 830 m. Hier nach rechts und kurz zum Waldrand abwärts. Dort quert die von Ost nach West verlaufende GTE, auf der wir rechts absteigen.

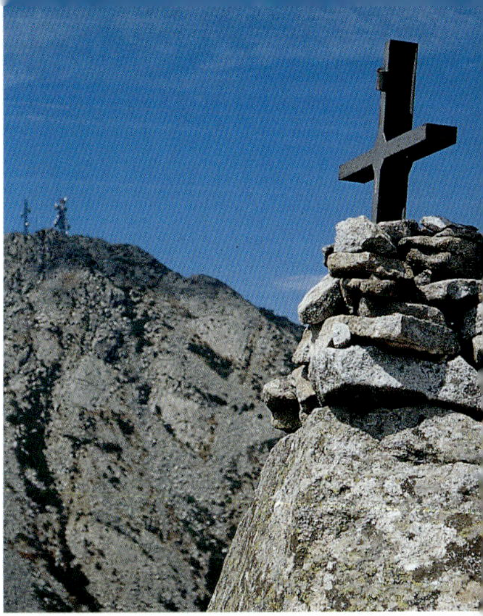

Das Kreuz auf dem Calanche und der Sender am Monte Capanne.

An der **Wegkreuzung** 8 geradeaus und hangquerend weiter über eine Blockhalde unterhalb der Calanche und dann wieder über Steinstufen auf einen felsigen **Rücken** 9, 730 m. Links in eine Senke und an zwei großen Felsformationen vorbei zum Gipfel des **Monte Maolo** 10, 749 m. An einem umzäunten Feuerwachturm und einer Betonplattform vorbei, steiler über den Waldrücken hinunter und geradeaus über eine kleine Ebene. Bald erreichen wir den Picknickplatz am **Monte Perone** 1.

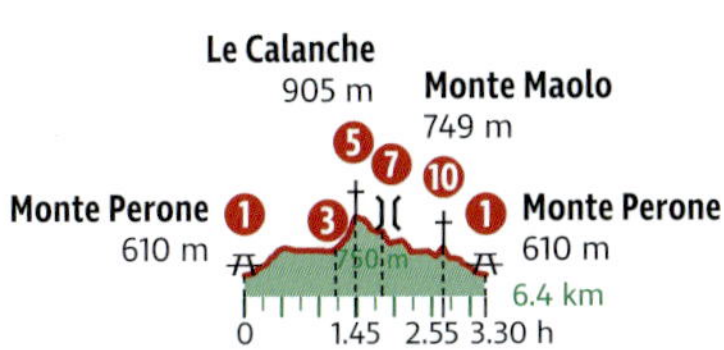

TOP

29 **Colle della Grottaccia, 647 m**

↗ 720 m | ↘ 720 m | 11.1 km

4.30 h

Dschungeltal und Steppenberg

Die Kulisse des Monte Capanne über dem Tal von Pomonte zählt zu den schönsten Landschaften Elbas. Dieser Eindruck steigert sich ins schier Unglaubliche, wenn Sie mitten in dieses Panorama hineingehen: Mühevoll gepflegte Weingärten verlieren sich bald im aufgegebenen Kulturland, das seinerseits einem dschungelartigen Wald Platz macht – und all diese Vielfalt entfaltet sich über einem Bach, der das ganze Jahr über glatt geschliffene Platten plätschert. Dort, wo er entspringt, steigt man hinauf zu einem bizarr verwitterten Kamm, auf dem vielleicht schon zweitausend Jahre vor Christi Geburt Menschen gelebt haben: Grobe, oft mehr als einen Meter dicke Mauerreste deuten auf eine subapenninische Befestigung hin. Der weite Überblick war durch die Jahrhunderte lebenswichtig – ein Vorzug, der sich selbst im Namen des Monte Cenno (»Signalberg«) widerspiegelt. Viele in der Antike aufgeschichtete Steine fanden noch vor 100 Jahren beim Bau der Caprili Verwendung: Nirgends gibt es so viele dieser archaisch anmutenden Hirtenunterstände wie hier.

Pomonte von Süden gesehen.

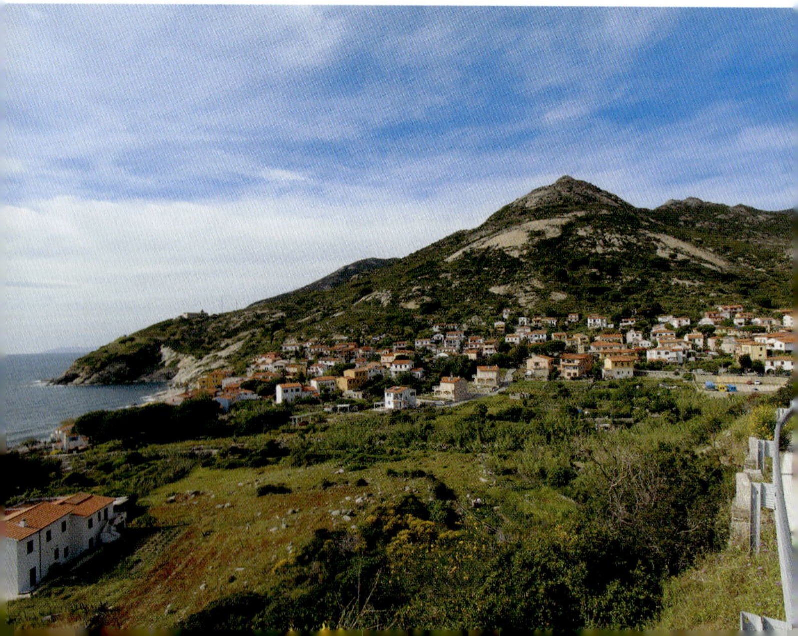

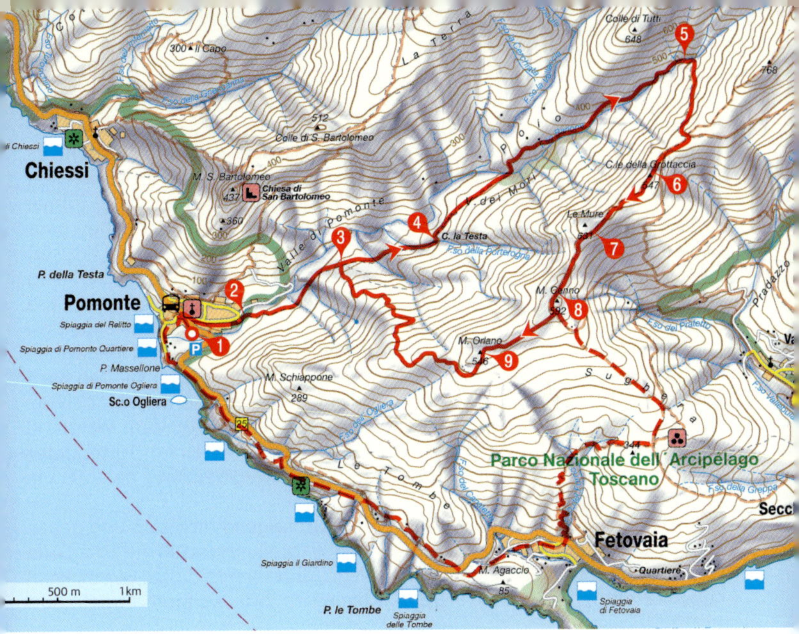

Ausgangspunkt: Pomonte, 20 m.
Anfahrt: Von Portoferraio über Procchio, dann entweder über Marciana oder über Marina di Campo; Parkplätze an der Via del Passatoio.
Busverbindung: Linie 116 von Portoferraio bis Pomonte, die Haltestelle liegt direkt am Ausgangspunkt.
Anforderungen: Anspruchsvolle Bergwanderung, großteils auf schmalen, stellenweise steilen und unübersichtlichen Pfaden; im Valle di Pomonte schlecht markiert. Schatten nur abschnittsweise im Tal. In den heißen Sommermonaten empfiehlt es sich, die Tour in der anderen Richtung zu begehen, man hat zwar den steilen Aufstieg zuerst, aber dafür am Nachmittag mehr Schatten im Tal.
Einkehr: In Pomonte.
Variante: Beim Caprile nach dem Monte Cenno Abstieg links (Nr. 135) über Sughera, auf 347 m Seehöhe rechts abzweigen und nach Fetovaia hinunter. Dort über den Fußgängerüberweg und die Straße gegenüber hinab. Bei der nächsten Verzweigung rechts halten und die Via del Canaletto leicht hoch, bei den letzten Häusern geradeaus auf die Schotterstraße und wenn man wieder das Meer sieht, links zur Straße. Hier queren und der angeschriebenen Radroute nach Chiesi oberhalb der Hauptstraße folgen (Weg 126). Der Fahrweg trifft später wieder auf die Straße, der entlang wir nun 600 m gehen müssen. In einem Rechts-links-Schwenk zweigt links unser Weg 126 ab, von nun an geht man unterhalb der Straße. Kurz vor Chiesi wieder an der Straße entlang (aber auf dem Gehweg), nach der Rechtskurve mit Blick auf den Ort geht es links bergab zum Strand.
Diesen Weg gehen wir entlang bis unterhalb der Ortschaft und anschließend die Via degli Oleandri hoch zum Ausgangspunkt; 2 Std. Gehzeit.

Von der Kirche von **Pomonte** ❶ folgen wir der Beschilderung »Centro polifunzionale« über die Via del Passatoio (unterer Teil der Ringstraße) ins Valle di Pomonte hinein. Vor einer scharfen Linkskurve geht es rechts auf der unteren Straße weiter und auf der Betonbrücke über den **Fosso Barione** ❷, 35 m. Gemäß dem Wegweiser »Mte Capanne, Colle della Grottaccia« geht es auf dem stellenweise gepflasterten Weg zwischen Weingärten immer aufwärts. Durch Macchia zu einer **Abzweigung** ❸, 125 m: Wir gehen geradeaus auf dem schmalen Weg 109 durch die verwilderten Gärten am südlichen Talhang weiter, an einem alten Magazin vorbei und über den Fosso della Porterogna. Über Felsstufen steigen wir hinauf zur verfallenen **Casa la Testa** ❹, 192 m, dann führt der Weg flacher zum Fosso Barione, den wir überqueren. Den Bach entlang, links neben alten Terrassen und Magazinen aufwärts und durch eine fast dschungelartige Wildnis, in der wir den Bach noch dreimal überqueren, in den **Talgrund** ❺, 505 m. Hier wendet sich der Pfad nach rechts, um steil und steinig unter Steineichen zum Waldrand hinaufzuführen. Flacher durch den Macchiahang, an einem Hirtenunterstand vorbei und in einen weiten Sattel, 628 m (Wegkreuzung, dahinter ein Caprile mit Mauerpferch).
Hier zweigen wir dem Wegweiser »Pomonte« folgend rechts ab und gehen auf dem GTE abwärts. Bei der folgenden Wegteilung rechts auf den **Colle della Grottaccia** ❻ – der rechts des Weges aufragende Gipfel, 647 m, kann über Felsstufen erklettert werden. Abstieg zu zwei weiteren Caprili, dort

Einst Siedlungs-, heute Steppengebiet: Caprili am Colle della Grottaccia.

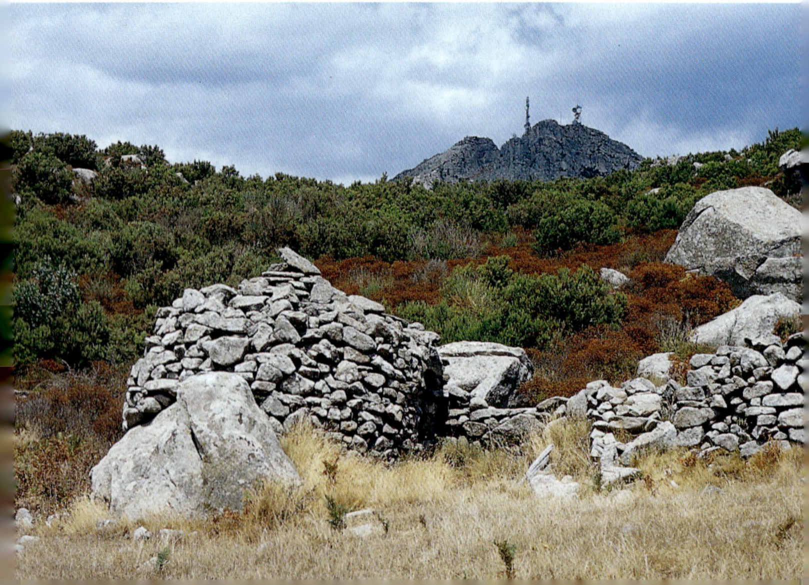

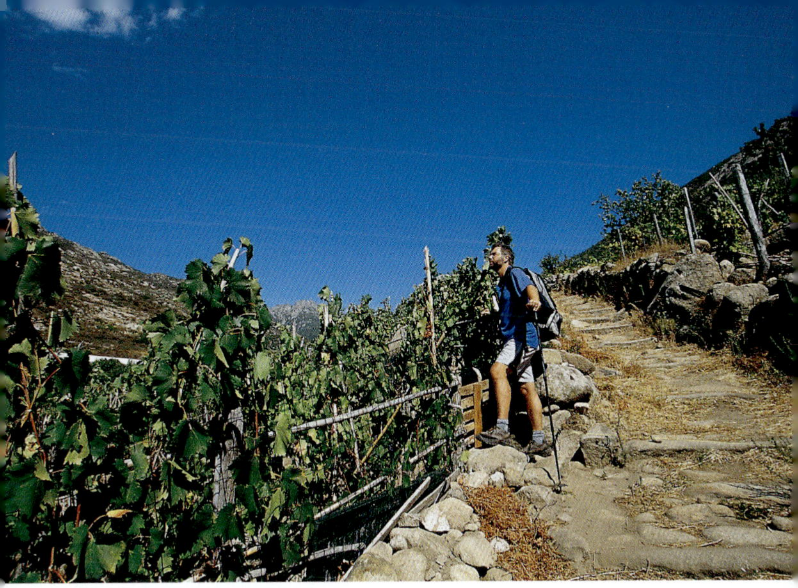

Rund um Pomonte liegt ein traditionsreiches Weinbaugebiet.

geradeaus weiter. Im Auf und Ab unterhalb der Anhöhe **Le Mure** 7, 631 m, und dann am **Monte Cenno** 8, 592 m, vorbei. Bei der nächsten Abzweigung gehen wir geradeaus zu einem Caprile, dort rechts (Wegweiser »Pomonte«) und zwischen wilden Felsen ins ehemalige Waldbrandgebiet am **Monte Orlano** 9, 546 m. Im Abstieg zwischen Felsen und alten Mauern, durch Macchia und eine steinige Rinne müssen wir genau auf die Markierung achten. Auf einem quer verlaufenden Weg nach links, über felsiges Gelände hinunter und nochmals an einem Caprile vorbei. In steilen Kehren durch Buschwald und dann auf Stufen zwischen alten Terrassen abwärts, kurz eben nach rechts und wieder in Kehren – stellenweise noch auf der alten Pflasterung – zur **Abzweigung** 3 im Valle di Pomonte hinunter. Links zur Kirche von **Pomonte** 1 zurück.

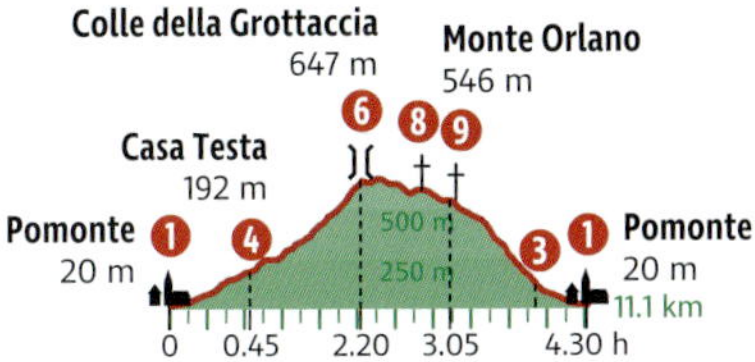

↗ 520 m | ↘ 520 m | 7.2 km

30 Monte San Bartolomeo, 437 m

4.00 h

Elbas erster Klettersteig-Gipfel

Eigentlich ist die Wanderung über den Monte San Bartolomeo keine »schwarze« Tour. Das wird sie erst, wenn man die beiden markanten Felsgipfel hoch über den Küstenorten Chiessi und Pomonte erklimmt: den einen mithilfe von Stahlseilen, die Bergführer aus dem Dolomitenort Cortina d'Ampezzo durch den senkrechten Gipfelabbruch gespannt haben, den anderen ohne künstliche Hilfe über steile Platten. In beiden Fällen sind ungewöhnliche Tief- und Ausblicke der Lohn – und das Bewusstsein, auf geschichtsträchtigen Fährten zu klettern: Der Sattel zwischen den beiden Spitzen dürfte – so wie der benachbarte Colle della Grottaccia – schon im zweiten vorchristlichen Jahrtausend besiedelt gewesen sein. Aufgeschichtete Steine im Fels erinnern noch an eine etruskische Befestigung; und von der romanischen, vermutlich bei einem Überfall der Sarazenen zerstörten Kirche San Bartolomeo ist nur noch ein frei stehender Mauertorso übrig geblieben.

Ausgangspunkt: Chiessi, 20 m.
Anfahrt: Von Portoferraio über Procchio, Marina di Campo und Pomonte über Marciana; Parkmöglichkeit am Dorfplatz und an der Straße von der Kirche zum Meer.
Busverbindung: Linie 116 von Portoferraio oder Marina di Campo bis Chiessi, die Haltestelle unweit des Kirchplatzes.
Anforderungen: Die markierten Pfade über das Massiv des Monte San Bartolomeo sind nicht allzu schwierig (»rot«). Sein Südwestgipfel ist jedoch nur auf einem kurzen, aber ausgesetzten Klettersteig erreichbar, und auch die Ersteigung des Nordostgipfels erfordert Trittsicherheit und Schwindelfreiheit (Schwierigkeitsgrad I). Kaum Schatten!
Einkehr: In Chiessi und Pomonte.

Vom kleinen Platz vor der Kirche in **Chiessi** ❶ folgen wir dem Schild »S. Bartolomeo, Vie di Rocchia« (Markierung 103) über die Stufen der Via della Salita hinauf. Beim obersten Haus gehen wir links zu einer alten Terrasse und auf steinigem Pfad und über glatte Felsplatten an kleinen Weingärten vorbei. Achtung: Vor einer **Viehkoppel** ❷ rechts abzweigen (nicht geradeaus ins Tal weiter) und rechts um den Zaun herum. Dann schlängelt sich der stellenweise ausgewaschene Pfad über einen steil ansteigenden, mit Macchia bewachsenen Rücken zum Monte San Bartolomeo hinauf. Unterhalb der Felsen zweigen wir beim kleinen Schild »San Bartolomeo« rechts ab und folgt den unmarkierten, aber

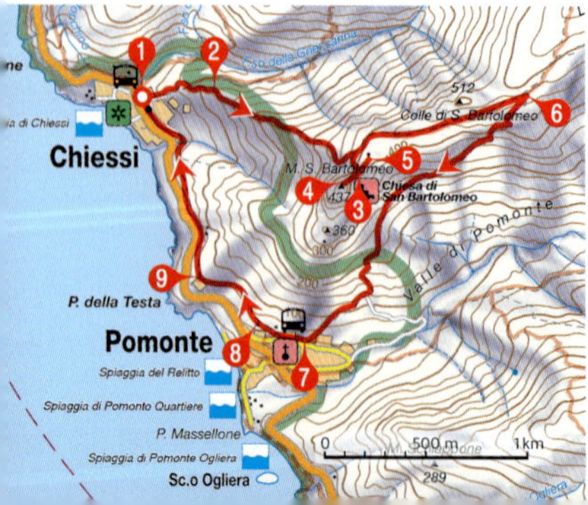

mit einzelnen Steinmännchen gekennzeichneten Pfadspuren in den weiten **Sattel** ❸ zwischen den beiden Felsgipfeln. Rechts gelangen wir zu einer alten Mauer und weiter zum Einstieg des Klettersteigs: Das Stahlseil zieht über eine senkrechte Wand und dann rechts über gestuftes Gestein zum kurzen Grat, der auf den Südwestgipfel des **Monte San Bartolomeo** ❹, 437 m, führt. Wendet man sich im **Sattel** ❸ dagegen nach links, kann man den weniger ausgeprägten **Nordostgipfel** ❺ erklettern: Weglos über schräge Felsen aufwärts, unter dem obersten Felsaufbau nach links und wieder über Felsplatten zum höchsten Punkt, 446 m.

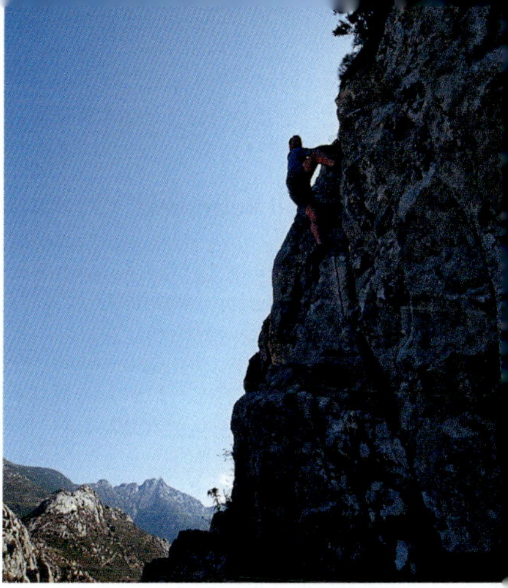

Der Klettersteig ist kurz, aber heftig.

Wieder zurück zum markierten Weg 103, dem wir nun nach rechts folgen. Nach einem flachen Stück und einem steilen Anstieg überqueren wir die breite Senke zwischen dem Nordostgipfel des Monte San Bartolomeo und dem Colle San Bartolomeo. In sanftem Auf- und Abstieg wandern wir durch die Südseite des Colle San Bartolomeo bis zu einer **Abzweigung** ❻, 470 m: Hier scharf nach rechts (Wegweiser »Pomonte«, Weg 104) und auf dem stellenweise noch gepflasterten Weg in Serpentinen hoch über dem Valle di Pomonte abwärts – vorbei an einem alten Magazin und weiter unten auch an glatten Felsflanken.

Nach einer Quellfassung geht es unter Hängen mit Kakteen zu den ersten Gärten und Häusern von **Pomonte** ❼, 40 m, hinunter. Dort erreichen wir eine Asphaltstraße (Via G. Martini), der wir nach rechts folgen. Gleich danach führt links eine Treppe ins Ortszentrum hinunter (Kirche, Bushaltestelle an der Hauptstraße). Gehen wir jedoch geradeaus weiter, erreichen wir die Abzweigung der **Via del Tramonto** ❽. Rechts hinauf, dann auf einem stellenweise gepflasterten Weg zwischen Kakteen, Gärten und oberhalb der Küstenstraße weiter. Wir gehen unter der Stromleitung durch, am **Friedhof** ❾, 60 m, zwischen den beiden Orten Pomonte und Chiessi vorbei und zwischen Terrassen zu einer Wasserleitung. Auf einer Brücke über den Fosso dei Cotoni, und wir kommen zu den ersten Häusern von **Chiessi** ❶ hinab und rechts auf der Asphaltstraße ins Ortszentrum.

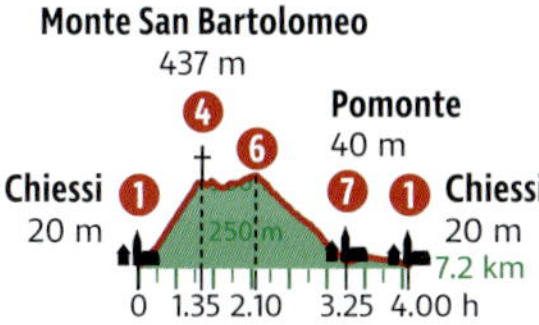

↗ 400 m | ↘ 400 m | 9.4 km

31 Von Procchio nach Marciana Marina

3.45 h

Urland und Kulturland

Viel Abwechslung an einem einzigen Wandertag: zwischen Touristenrummel und weltentlegener Einsamkeit, in der flirrenden Luft über der Macchia und in dämmriger Waldwildnis, von prähistorischen Steinmauern bis zu barocker Marienverehrung. Dazwischen freut man sich über prachtvolle Panoramablicke – zum Campo nell'Elba genauso wie zum Golfo di Procchio, auf den Monte Perone und über die verlassenen Gartenterrassen im Hinterland von Marciana Marina.

Ausgangspunkt: Procchio.
Anfahrt: Von Portoferraio; Parkplätze im Ortsbereich.
Busverbindung: Linie 116 von Portoferraio bis Colle di Procchio, Anstieg in der Kurve links neben einer Hauszufahrt.
Endpunkt: Marciana Marina; Rückfahrt mit Buslinie 116 ab Haltestelle Via le Cerboni.
Anforderungen: Einfache Wanderung auf guten Wegen und Pfaden; eine Passage ist jedoch sehr steil, einige kurze Abschnitte sind unübersichtlich und kaum markiert.
Einkehr: In Procchio u. Marciana Marina.
Variante: Wer ab dem Colle Reciso lieber mehr Schatten, aber auch mehr Höhenmeter absolvieren will, geht hier geradeaus weiter auf der GTE. Nach der zweiten Linkskurve zweigt man scharf rechts ab, und kurz darauf geht es unerwartet 70 Höhenmeter in der Falllinie links hinauf. Bei einer zweiten und größeren Quellfassung zweigt der Weg 117 ab. Man geht kurz nach links und sieht sich direkt neben der Pietra Actua stehen. Wir nehmen aber den Weg 117 rechts, der immer im Schatten der hier sehr hoch wachsenden und gut ausgeschnittenen Macchia lange auf etwa 300 m Seehöhe entlangführt. Im Weiler um die Madonna di Buonconsiglio führt der Weg auf rund 240 m abwärts; 150 Höhenmeter zusätzlich, 30 Min. länger.

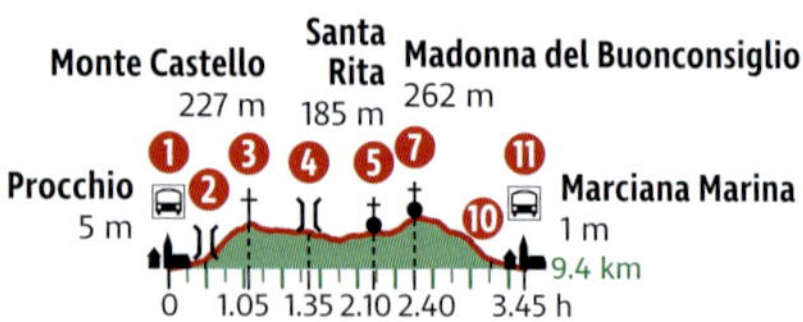

Zunächst müssen Autofahrer leider von **Procchio** ❶ etwa 1 km neben befahrenen Straßen in Richtung Marina di Campo gehen. Wir starten am zentralen Parkplatz in Procchio, an der Abzweigung nach Marina die Campo. Neben der Bushaltestelle führt ein Fußweg zur Via della Piana. Hier gehen wir bis zur Via Fonte al Leccio und dann links, bis wir wieder auf die Hauptstraße nach Marina di Campo stoßen. Dieser noch 300 m in selber Richtung folgen. Am **Colle di Procchio** ❷, 45 m, zweigt rechts neben einem Haus der Wanderweg GTE ab: Auf diesem geht es steil durch den Waldhang hinauf, unter der Strom-

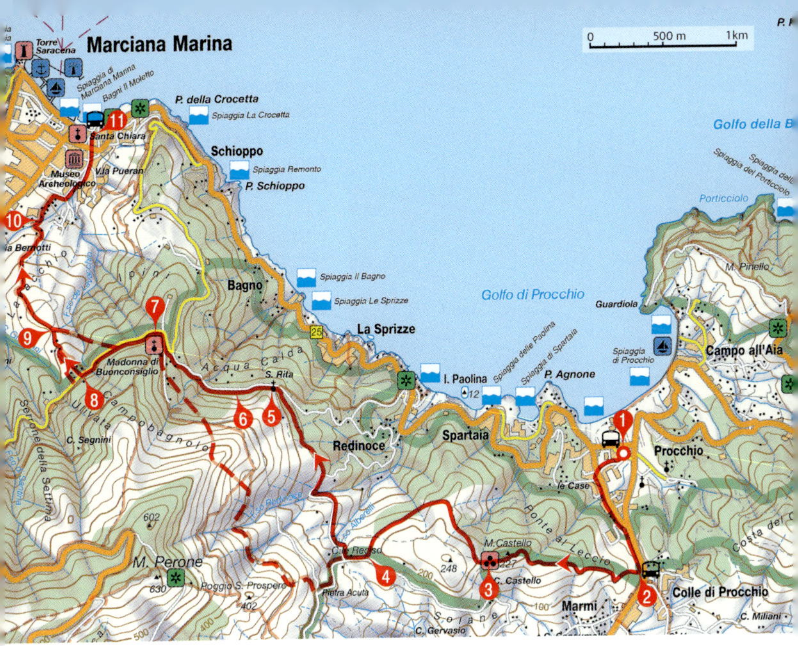

leitung durch und später durch die Macchia aufwärts. Bei einer Abzweigung halten wir uns rechts, wandern auf dem breiteren Weg auf den Höhenrücken und links unter dem verwachsenen **Monte Castello** 3, 227 m, vorbei. In einen Sattel, dort geradeaus auf einem schmalen Pfad in die rechte, nördliche Bergseite. Im Auf und Ab durch dichten Buschwald kommen wir wieder auf den Rücken: Dort gehen wir rechts weiter, schwenken bald darauf links hinab zu einer Sandstraße, der wir kurz nach rechts folgen. An einem Haus vorbei zu einer Abzweigung am **Colle Reciso** 4, 186 m. Hier rechts und hangquerend folgen wir nun bis zur Madonna del Buonconsiglio einer mit Piktogrammen gekennzeichneten Mountainbikestrecke (gleichzeitig Weg 180). Die Fahrstraße hat einige Gegenanstiege und ist stellenweise sandig oder ausgewaschen. Schatten gibt es hier erst am späteren Nachmittag. Nach der Querung des Fosso Redinoce geht die Straße weiter, allerdings in wechselndem Zustand. Wir halten uns immer links und nach einem weiteren Anstieg bei einer Kehre mit einem Weg in der Innenkurve stehen wir schon vor dem Kirchlein **Santa Rita** 5, 185 m. Sitzbänke im Schatten laden zu einer Rast ein. In derselben Richtung, nun wieder etwas ansteigend, an einem weiteren Anwesen vorbei und zweimal unter einer **Stromleitung** 6 durch, welche wir noch ein paar Mal kreuzen werden. So erreichen wir die Asphaltstraße bei der Einsiedelei **Madonna di Buonconsiglio** 7, 262 m. Diese »Durchfahrts-

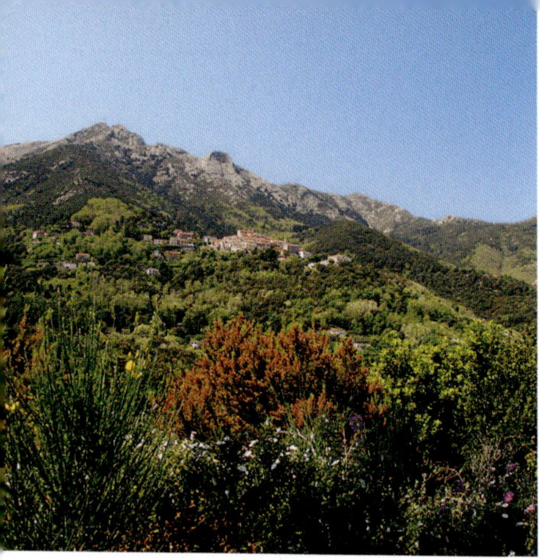

Über dem Weg thronen Poggio und Marciana Alta.

kapelle« liegt im Wald nach einer Linkskurve links neben der Straße (Wegweiser Weg 115 zum Monte Perone).

Nach einem Abstecher zur Kapelle geht es ca. 600 m, nun abwärts, weiter auf der Straße. Noch unter alten Eichen nach dem ersten Haus rechts **abzweigen** 8 (Holzwegweiser »Marciana M.«) und auf dem Weg 181 zwischen Weingärten zu einer Hauszufahrt hinunter (Bezeichnungen fehlen aber vor Ort). Der Weg scheint ins Nichts zu verlaufen – wir gehen hier so weiter, dass wir zu unserer Linken immer einen Zaun haben. Wir gelangen so zu den letzten Häusern der Siedlung. Es geht weiter steil neben Gärten die Schotterstraße hinab. Falls dieser (offizielle) Durchstieg nicht möglich ist, gibt es zwei Alternativen: Auf der Asphaltstraße noch 40 m weiter, dann die erste Straße rechts hinuntergehen. Hier müssen wir allerdings weiter unten eine Einfahrt mit dem Schild »Proprietà privata« passieren und kommen dann zu den oben beschriebenen letzten Häusern. Die andere Variante: 300 m nach der Madonna di Buonconsiglio kreuzen wir eine Schneise mit einer Stromleitung; diese rechts hinab bis zu einer festeren Schotterstraße (»Sentiero dei Perfumi«). Auf dieser staubigen Straße führen alle Wege wieder in einem breiten Sattel zusammen. Wir verlassen die Stromleitungsschneise nach rechts (ganz leicht ansteigend) auf dem Fahrweg und kommen auf eine **flache Kuppe** 9 mit hohen Pinien, 180 m. Links an einer freien Fläche vorbei und in Gehrichtung (Nordwest) weiter auf einem alten, schmalen, schattigen und von Steinmauern eingefassten Hohlweg steil bergab. Dieser führt neben Terrassen hinab und wendet sich neben einer Mauer plötzlich nach rechts. In kleinen Kehren durch den Buschwald (Lavacchio) hinunter und an einem verfallenen Gebäude vorbei. Beim obersten Haus gehen wir nach rechts und die Betonstraße abwärts, bei zwei Zypressen links auf die Schotterstraße, unter der Stromleitung durch und über eine kleine Brücke. Danach schwenken wir rechts auf die Asphaltstraße ein, an einem **Ristorante** 10 vorbei und in die Sackgasse.

Die schmale Via San Giovanni (Betonweg) gehen wir zur Asphaltstraße hinunter, auf dieser rechts und nach einer Linkskurve geradeaus auf dem Fußweg weiter. Schließlich halten wir uns stets geradeaus auf der Via Pavoni und der Via XX. Settembre zur Hauptstraße im Ortszentrum von **Marciana Marina** 11. Links zur Bushaltestelle, geradeaus zur Strandpromenade.

2.15 h

Marciana Marina – Sant'Andrea – Zanca

Die Wunderwelt des Cotoncello

Auf dieser Küstenwanderung geht es gleich dreimal kräftig bergauf, doch schon zur »Halbzeit« empfiehlt sich eine Pause am Meer. Gönnen Sie sich auch eine Erfrischung auf der Terrasse des Hotels Oleandro: Der Tiefblick ist sehenswert. Die Krönung bildet schließlich das finale Bad im Cotoncello oder am gegenüber ins Meer ragenden Capo Sant'Andrea – zwischen glatt gescheuerten Granitplatten, bizarr verwitterten Steinfiguren und scheinbar absturzbereiten Felskugeln.

Ausgangspunkt: Hafen von Marciana Marina.
Anfahrt: Von Portoferraio über Procchio; Parkplätze im Ortszentrum und an der Zufahrtsstraße zum Hafen.
Busverbindung: Linie 116 von Portoferraio bis Marciana Marina Haltestelle Via Le Cerboni, zum Meer und dort links bis zum Ausgangspunkt.
Endpunkt: Zwischen Mitte Juni und Ende August Rückfahrt mit dem Mare-Bus ab Sant'Andrea, in der übrigen Zeit mit Bus 116 von der Haltestelle La Zanca an der Hauptstraße oberhalb des Dorfes.
Anforderungen: Einfache Höhen- und Küstenwanderung auf Straßen und schmalen, teils steilen Pfaden. Abschnittsweise Schatten. Achtung: Bei starkem Wind und Wellengang ist der Weg durch den Cotoncello nicht passierbar (Umgehung auf der Straße nach Sant'Andrea).
Einkehr: In Marciana Marina, im Hotel Oleandro und in Sant'Andrea.
Variante: Steiler ist es über die Ripa Barata. Dazu geht man mit dem Hafenturm im Rücken zuerst links, aber gleich hinter dem ersten Häuserblock rechts in die geradlinige Allee der Viale Aldo Moro. Nach rund 5 Min. folgen links eine Freifläche und eine Querstraße. Genau gegenüber zieht unser Weg in Falllinie den Hang hoch (Wegweiser »Val di Cappone«). Wir queren zweimal eine wenig befahrene Straße und steigen weiter neben kleinen Terrassen in einen Föhrenwald auf. Wo es kurz flacher wird, links halten und zur Wegkreuzung auf der Waldhöhe über der Ripa Barata, 192 m. Der Beschilderung »La Cala« folgend bergab bis über den Verbindungsweg der Hauptroute; 20 Min. länger, 40 Höhenmeter zusätzlich.

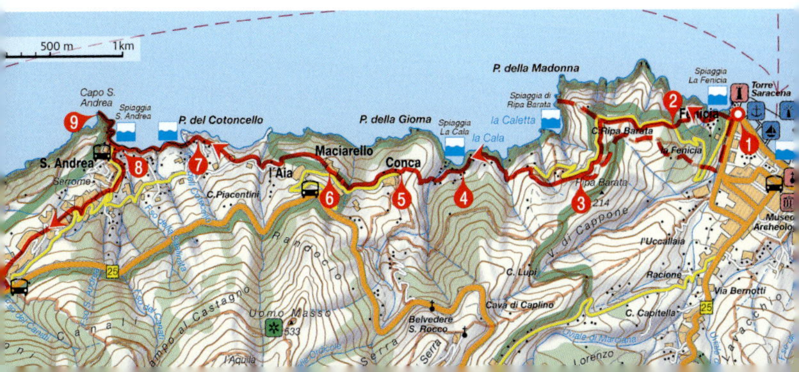

Vom Turm am Hafen von **Marciana Marina** ❶ gehen wir auf den grünen Hügel rechts zu, an einem Haus vorbei, über die Brücke und gleich danach rechts, hinter einem Pool vorbei und noch vor dem Strand links den Weg 150 hoch (diese Wegnummer halten wir bis zum Ende bei). So kommen wir steil aufwärts und auf eine wenig befahrene Asphaltstraße, die **Via Fenica** ❷, 100 m. Hier kurz rechts und gleich wieder rechts den Pfad unterhalb der Straße nehmen. Wenig später kommen wir wieder auf die Straße und gehen weiter nach rechts, an ein paar Hauszufahrten vorbei. Nach ca. 10 Min. käme eine scharfe Rechtskehre abwärts, kurz davor zweigt aber ein **Verbindungsweg** ❸, 105 m, links ab (»La Cala, S. Andrea«). Hier hoch und am eigentlichen Höhenweg rechts weiter nach »La Cala«. So schreiten wir oberhalb der Casa Cardella weiter nach Westen. Später geht es auf dem Pflaster- und Treppenweg zum Hotel Andreina hinunter, kurz danach führt rechts ein kurzer Abstecher zur Kiesbucht **La Cala** ❹. Eben neben drei Häusern vorbei und in einen Graben. Nach der Brücke geht es geradeaus, in Serpentinen durch einen Wald steil aufwärts. Bald erreichen wir die Hangterrasse von **Conca** ❺, 150 m: Links um das erste Haus herum, rechts auf der Asphaltstraße Richtung »S. Andrea« und an einer Kapelle vorbei. Beim Trafomasten in der Ortschaft **Maciarello** ❻, 115 m, rechts den Betonweg (Schild »S. Andrea«) hinunter. Nach 20 m steigen wir links über Stufen abwärts und auf einem Pfad durch den Hang, vorbei an hohem Rohrgras. Bei einem Haus schwenken wir links auf die breitere Via del Cotoncello ein und laufen über eine Steinbrücke. Gleich nach dem Hotel Oleandro geht es rechts über Stufen Richtung »S. Andrea« abwärts, zwischen Ferienhäusern zur Steilküste und dort links zum kleinen Sandstrand des **Cotoncello** ❼. Links wandern wir über Stufen und Betonstege entlang der Felsen weiter zum Sandstrand von **Sant'Andrea** ❽. Versäumen Sie nicht den Abstecher zum **Capo Sant'Andrea** ❾.

Rückblick vom Capo Sant'Andrea.

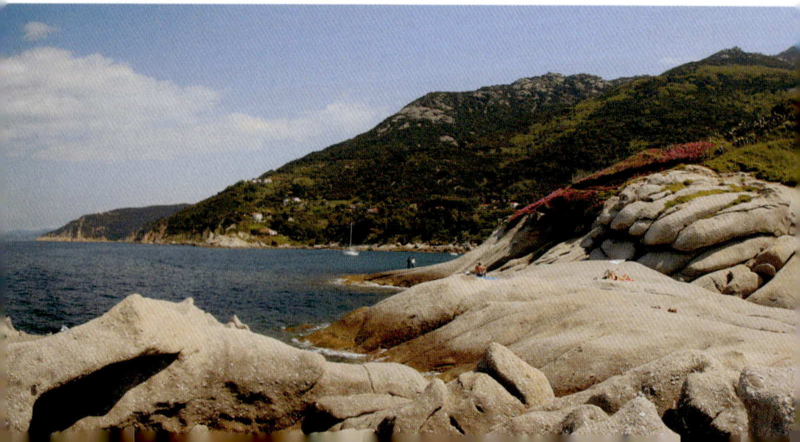

Wenn der Mare-Bus verkehrt, hat man Glück und erspart sich 30 Min. Aufstieg. Normalerweise muss man aber nach Zanca hochgehen. Dies geht scheinbar nur über die Straße, es gibt aber auch einen Treppenweg, auf dem man die Zufahrtsstraße großteils umgehen kann. Er ist leider nur abwärts mit »Mare« ausgeschildert. Man geht am oberen Wendeplatz links zuerst die größte Straße aufwärts, beim ersten Fußgängerüberweg rechts am Fußweg zwischen den Häusern durch. Es folgt wieder ein Straßenabschnitt, doch die erste Kehre lässt sich rechts abschneiden. Wenn wir nochmals die Straße in der darauffolgenden Kehre erreichen, zweigen wir gleich wieder auf den steilen Fußweg ab. Ebenso beim nächsten Erreichen der Straße. Wir kommen jedoch wieder zur Straße, müssen eine Kehre ausgehen, dürfen aber beim folgenden Fußgängerüberweg wieder rechts den Treppenweg nehmen. Es folgen wieder 40 m Straße und diesmal gehen links die Treppen hoch. Anschließend die Straße queren und auf Treppen weiter. Wieder auf der Straße aufwärts und über die Via dell'Agave links weiter hinauf. So kommen wir zur Hauptstraße und zur Bushaltestelle von **Zanca** ⑩, 115 m.

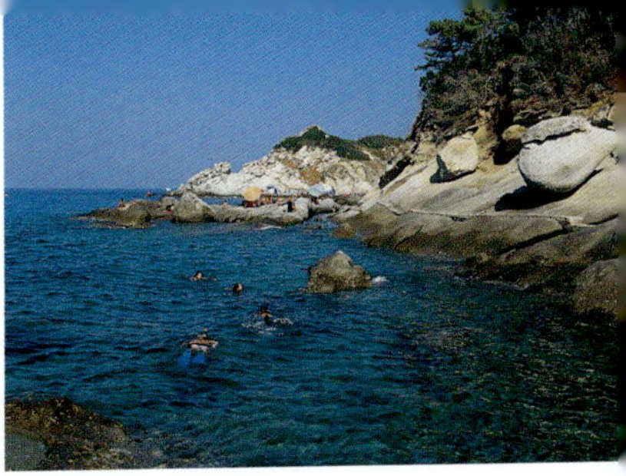

Schwimmen im Steinwunder: der Cotoncello bei Sant'Andrea.

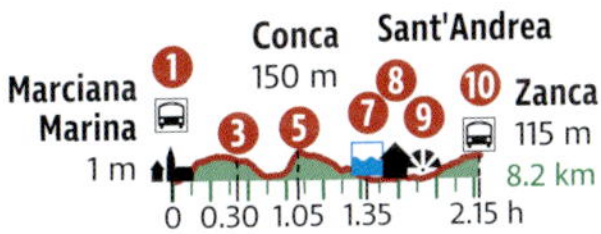

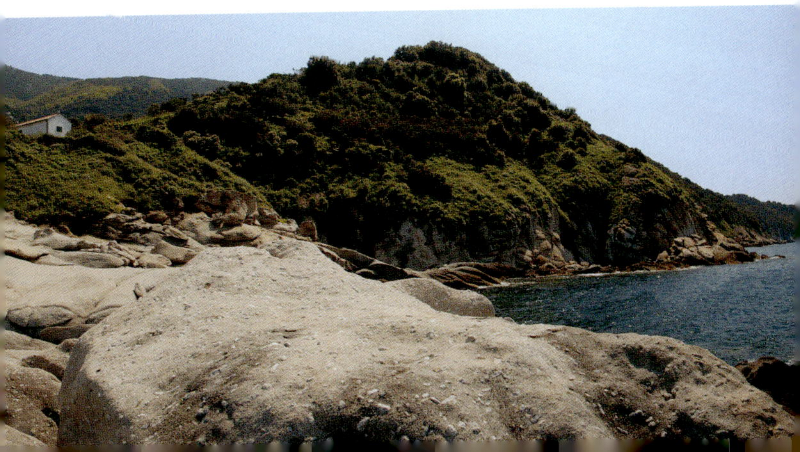

↗ 200 m | ↘ 200 m | 5.1 km

33 Poggio – Marciana Alta

1.45 h

Die stille Klause unter dem Monte Capanne

Einmal ganz bequem dahinflanieren, eintauchen in raunende Kastanienwälder – und eine kontemplative Rast vor der kleinen Kirche des heiligen Cerbone, der im 6. Jahrhundert Bischof von Populonia war: Die Wanderung zwischen den beiden mittelalterlichen Bergdörfern Poggio und Marciana tut Körper und Seele gut. Umso mehr, wenn Sie vorher die Trinkflasche an der Fonte di Napoleone füllen: Das kühle und mineralreiche Nass soll – der Name deutet es an – selbst den berühmten Exil-Korsen erquickt haben; heute steht es als Markenartikel auf den meisten Restauranttischen der Insel.

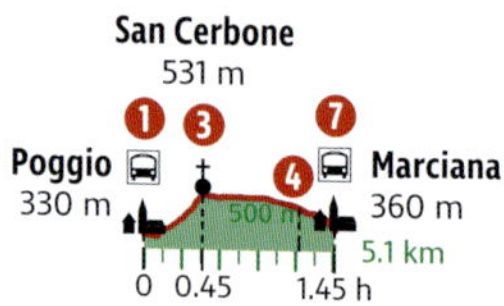

Ausgangspunkt: Poggio, 330 m.
Anfahrt: Von Portoferraio über Procchio und Marciana Marina. Kleiner Parkplatz im Osten oberhalb und in einer Kehre unterhalb des Ortszentrums.
Busverbindung: Linie 116 von Portoferraio bis Poggio, Haltestelle Via Delle Cataste im Westen des Dorfs am Ausgangspunkt der Tour.
Endpunkt: Marciana. Rückfahrt mit dem Bus 116 ab der Haltestelle Piazza Umberto I.
Anforderungen: Einfache Wanderung auf breiten Wegen, bis San Cerbone nicht markiert, aber auf Schotterstraße. Abschnittsweise Schatten.
Einkehr: In Poggio und Marciana.
Variante: Besonders schön ist die Kombination mit Tour 34; insgesamt ca. 3 Std. Gehzeit.

Zunächst gehen wir auf der Hauptstraße oberhalb des Ortszentrums von **Poggio** ❶ Richtung Marciana. Nach 200 m – hinter dem **Friedhof** ❷ – links auf den Fahrweg einschwenken (Wegweiser »Oratorio di San Cerbo-

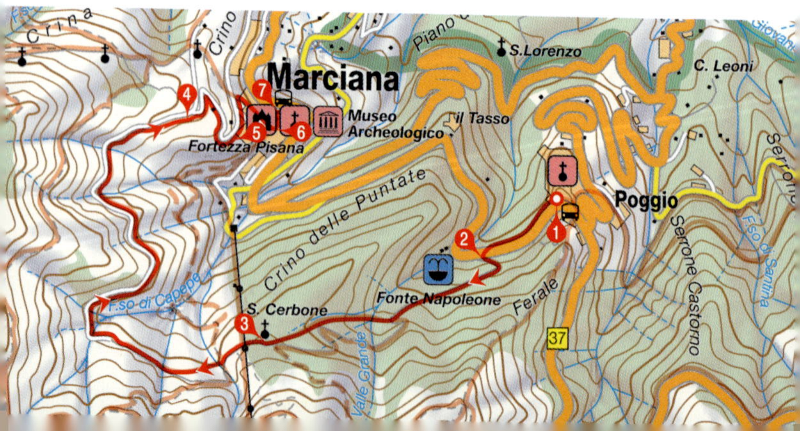

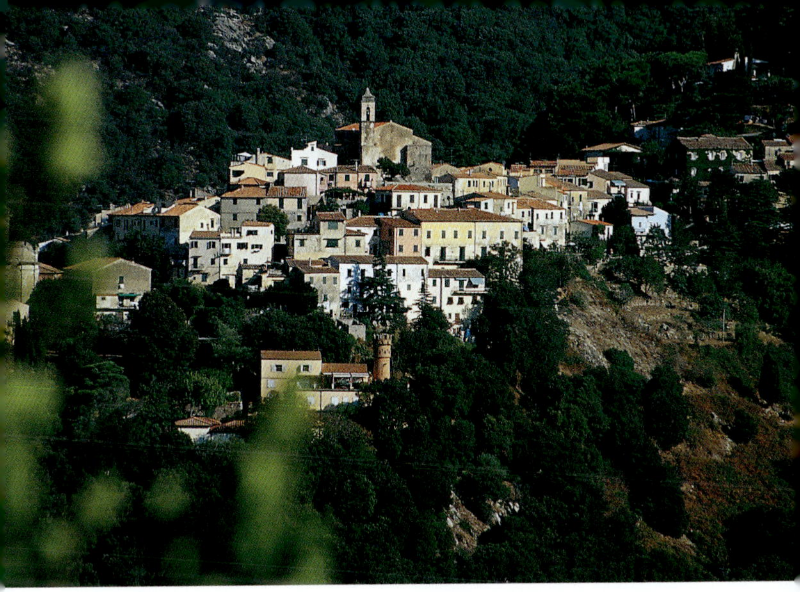

Das kleine Bergdorf Poggio liegt inmitten der Wälder unter dem Monte Capanne.

ne«). Wir gehen am Zugang zum Friedhof vorbei und über zwei Kehren auf einem breiten Weg im Wald hoch. Nach 15 Minuten auf dem Fahrweg (oder auf Abkürzungen rechts des Grabens auf schmalem Pfad) zur Einsiedelei **San Cerbone** ❸, 531 m.
An der kleinen Kirche vorbei und unter der Seilbahn durch. Bei der folgenden Wegteilung links auf dem breiteren Weg aufwärts, über eine Steinbrücke und an der folgenden Abzweigung geradeaus am Weg 101 weiter. Bald verbreitert sich der Weg zur Forststraße, die flach durch die Wälder um den Fosso di Pedalta führt. Schließlich erreichen wir eine **Kreuzung** ❹: rechts abwärts und bald auf Asphalt zur **Fortezza Pisana** ❺ oberhalb von Marciana. Gleich danach scharf rechts abzweigen, zur Aussichtsterrasse und auf der Via del Pretorio ins verwinkelte Ortszentrum hinab, 360 m, und unter dem **Rathaus** ❻ durch. Die Bushaltestelle befindet sich unterhalb der Piazza di For di Porta an der **Hauptstraße** ❼.

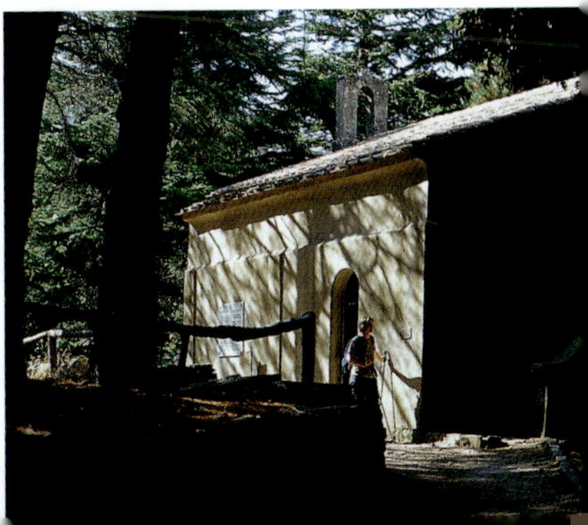

Die Einsiedelei San Cerbone.

↗ 280 m | ↘ 280 m | 3.9 km

34 Madonna del Monte, 630 m

1.45 h

Einkehr in der Stille

Wir sind einmal an einem lauen Sommerabend heraufspaziert: Flackernde Kerzen zauberten im Inneren der Wallfahrtskirche eine mystische Stimmung; wir saßen lange da und lauschten dem Plätschern des Brunnenwassers. Und als die Sonne endlich über den Bergen Korsikas unterging, dinierten wir wie die Fürsten an einer steinernen Tafel inmitten der ausgehöhlten Steinformationen um den »Adler«, die bei ein paar Gläschen Elba Rosso immer gespenstischere Formen annahmen. Ein traumhaftes Erlebnis – aber nur, wenn Sie auch die Taschenlampen für den nächtlichen Rückweg einpacken!

Ausgangspunkt: Marciana, 360 m.
Anfahrt: Von Portoferraio über Procchio und Marciana Marina; Parkmöglichkeit unterhalb des Ortszentrums von Marciana oder oberhalb der an der Via dei Monti gelegenen Fortezza Pisana.
Busverbindung: Linie 116 von Portoferraio oder Marina di Campo bis Marciana, die Haltestelle Piazza Umberto I am Ausgangspunkt der Tour.
Anforderungen: Einfache Wanderung auf breitem Weg; nur abschnittsweise Schatten. Der grob gepflasterte Weg hinauf zur Kirche erfordert gutes Schuhwerk.
Einkehr: In Marciana; hinter der Kirche Madonna del Monte sprudelt frisches Wasser aus einem Brunnen.
Variante: Über den Monte Giove, nicht markiert, zurück gelangt man über Weg 110 zum unteren Ende des Kreuzwegs; insgesamt 3 Std.
Tipp: An mehreren Stellen des Kreuzwegs befinden sich Tafeln, die auf sechs verschiedene »Steinmonster« hinweisen. Eines davon ist »l'Aquila«, ein zweites kann man ebenfalls dort in der Nähe bewundern. Die Zustiege zu den einzelnen Standorten sind angeschrieben, will man alle ansehen, verlängert sich die Gehzeit um 1 Std.

Wallfahrtskirche Madonna del Monte.

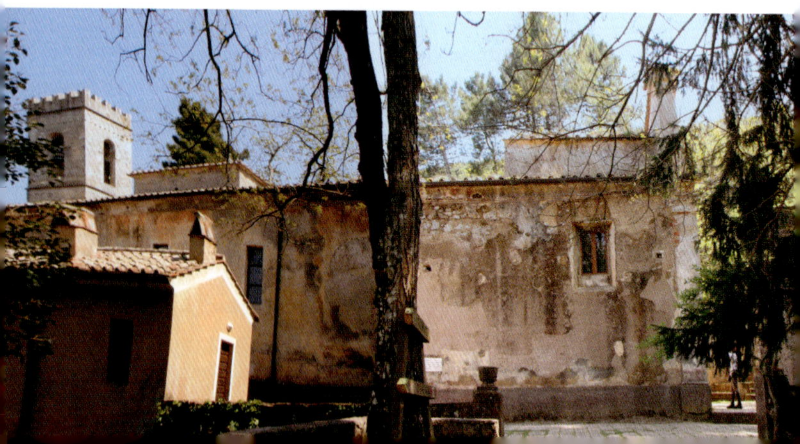

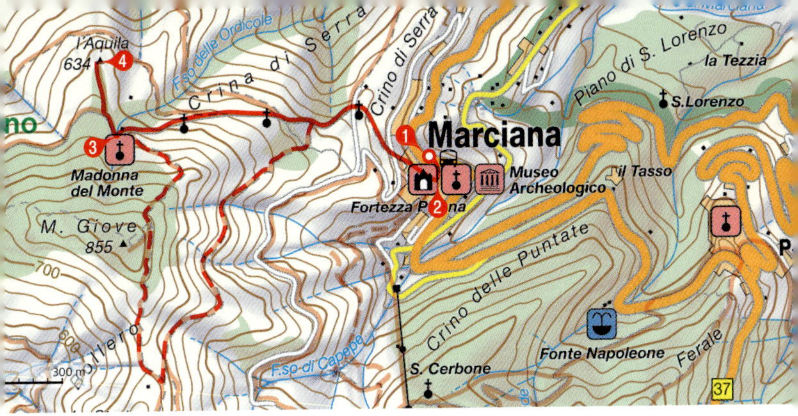

Von der Piazza di For di Porta (Bushaltestelle) in **Marciana** ❶ folgen wir der Beschilderung »Casa del Parco« über die Treppe hinauf. Auf der Via Santa Croce unter dem **Rathaus** ❷ vorbei und rechts die Stufen der Via di Grondola aufwärts. Nach rechts, durch das Tor und links auf die Via del Fosso einschwenken. Gleich darauf gehen wir rechts zur Piazza della Rimembranza, am Soldatendenkmal vorbei und steigen über die gepflasterte Via della Madonna an (Wegweiser »Madonna del Monte«, Markierung 103). Am oberen Ortsrand überqueren wir die Asphaltstraße und gehen nach der Beschilderung »Santuario della Madonna del Monte« durch Kastanienwald zur ersten Kreuzwegkapelle (Metallengel). Nun nach links und stets auf dem gepflasterten Pilgerweg weiter; alle Abzweigungen bleiben unbeachtet. Durch Wald kommt man zum steinernen Eingang der Einsiedelei **Madonna del Monte** ❸, 630 m, mit uralten Kastanienbäumen und Rastbänken. An der Kirche vorbei, rechts Richtung »Pomonte, Chiessi« und unter einigen Kiefern auf eine freie Anhöhe mit bizarren Tafonifelsen. Rechts führt ein schmaler Pfad zum großen Felsgebilde **»l'Aquila«** ❹, das sich auf Stufen erklimmen lässt. Rückweg auf derselben Route.

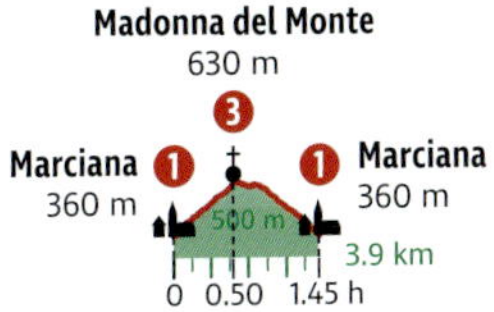

Blick in die Wallfahrtskirche Madonna del Monte.

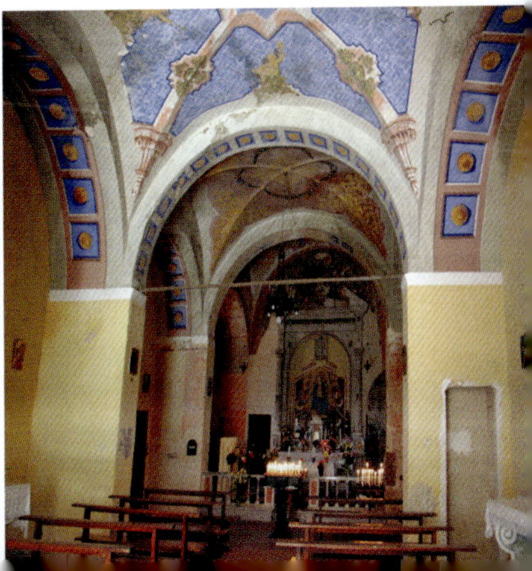

↗ 440 m | ↘ 780 m | 11 km

35 Marciana – Chiessi

4.10 h

Der große Panoramaweg

Diese zu Recht viel gelobte Panoramatour folgt uralten Wegen, die bis 1965 die einzige Verbindung zu den Dörfern im Westen Elbas darstellten. Einen besonders schönen Rundblick genießt man vom verfallenen »Semaforo«: Die Antenne sandte bis zur Einführung des Radars Lichtsignale für die Luftwaffe aus.

Ausgangspunkt: Marciana, 360 m.
Anfahrt: Von Portoferraio über Procchio und Marciana Marina; Parkmöglichkeit unterhalb des Ortszentrums von Marciana oder oberhalb der an der Via dei Monti gelegenen Fortezza Pisana.
Busverbindung: Linie 116 von Portoferraio oder Marina di Campo bis Marciana, die Haltestelle Piazza Umberto I am Ausgangspunkt der Tour.
Endpunkt: Chiessi. Rückfahrt mit Bus 116.

Anforderungen: Einfache, aber lange Bergwanderung auf breiten Wegen, der Abstieg führt über einen schmaleren Pfad mit stellenweise rutschigem Gestein.
Einkehr: In Marciana und Chiessi; hinter der Kirche Madonna del Monte sprudelt frisches Wasser aus einem Brunnen.
Variante: Abstieg von der Anhöhe Serraventosa rechts nach Il Mortaio; ab Madonna del Monte 2 Std.

Von **Marciana** ❶ gehen wir zuerst unterhalb des **Rathauses** ❷ entlang und weiter zur Einsiedelei **Madonna del Monte** ❸, 630 m. Hinter der Kirche orientieren wir uns an der Beschilderung »Pomonte, Chiessi« (Weg 103), gehen – links haltend – an den Felsformationen beim »l'Aquila« vorbei und folgen dann dem breiten, teils sandigen, teils gepflasterten Höhenweg

Unterwegs auf historischen Wegen – in der Tiefe die Bucht von Sant'Andrea.

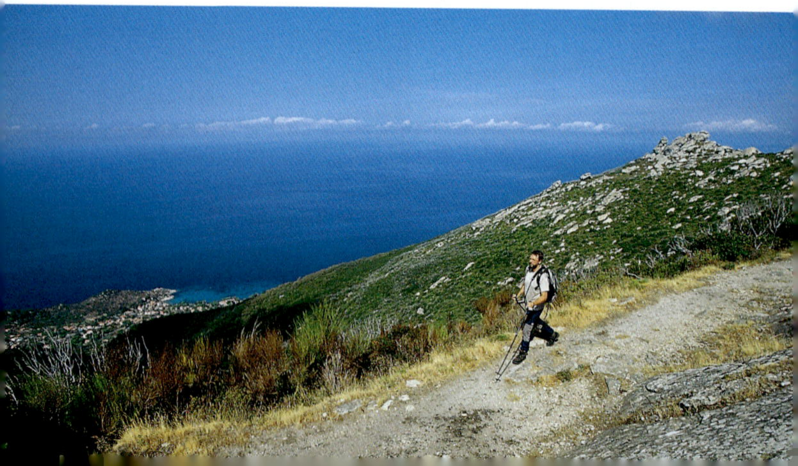

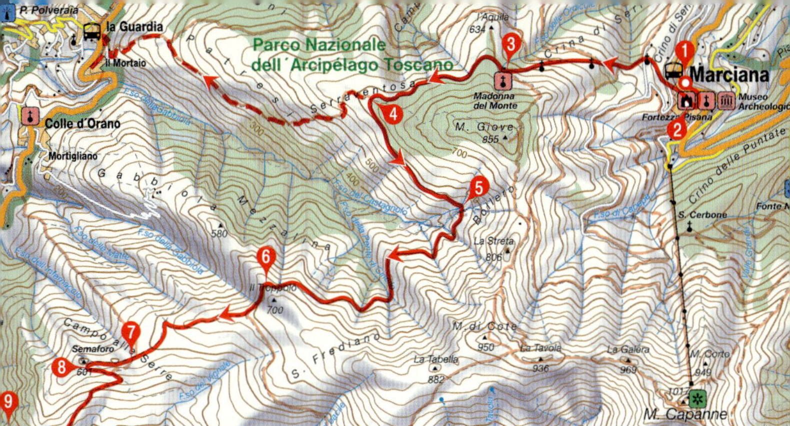
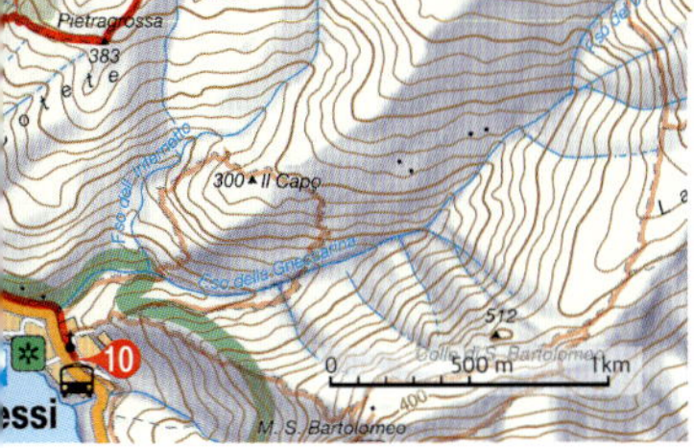

quer durch den Hang zur Anhöhe **Serraventosa** ❹, 620 m (Wegkreuz). Nach links, zwischen Erdbeerbäumen und durch Gebüsch abwärts und durch freies Gelände in den Kastanienwald im Talgrund des Fosso del Castagnola. Wir passieren die Quelle **Sorgente del Bollero** ❺, 560 m (Marienbild), sowie die Abzweigung der GTE-West. Sanft abfallend in den nächsten Graben, dann wieder aufwärts. Unter Blockschutt und Felsen vorbei und durch den Waldhang auf die Anhöhe **Il Troppolo** ❻, 700 m. Kurz danach erreichen wir eine **Abzweigung** ❼: Hier rechts (Wegweiser »Semaforo«) und auf dem ebenfalls gepflasterten Pfad 125 über den Rücken abwärts – direkt auf den Semaforo zu. Bei der Dreiteilung des Weges im Buschwald gehen wir geradeaus auf dem mittleren Pfad weiter und – vorbei an einem verfallenen Haus – zum **Semaforo** ❽, 601 m. Südlich der Ruine abwärts zum Hauptweg 125. Durch den felsigen Hang (Pietragrossa) oberhalb einer Kuppe, 400 m, vorbei. Nach kurzem Anstieg führt der Weg wieder in **Kehren** ❾ hinunter – erst neben, dann auf einem felsigen Rücken (brüchiges Schiefergestein). Unter der Stromleitung nach links, flach zwischen alten Terrassen weiter und neben Kakteen abwärts. Auf Stufen erreichen wir die Hauptstraße, die links über eine Brücke ins nahe Ortszentrum von **Chiessi** ❿ führt.

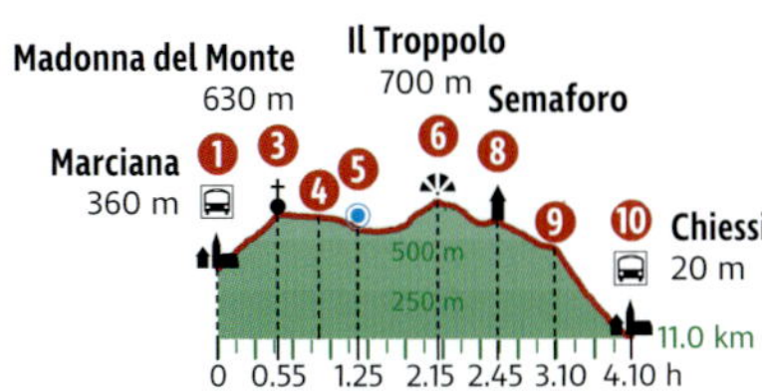

↗ 590 m | ↘ 930 m | 9.4 km

36 Monte di Cote, 950 m

4.20 h

Elbas Gebirge hautnah

Der dritthöchste Gipfel Elbas begrenzt die Aussicht vom Monte Capanne im Westen: Wer die ganze Insel von oben überblicken möchte, muss also auch hier herauf. Bereuen wird es niemand, denn im Gegensatz zum Rummel auf dem Seilbahnberg herrscht hier die Stille der unberührten Natur.

Ausgangspunkt: Marciana, 360 m.
Anfahrt: Von Portoferraio über Procchio und Marciana Marina; Parkmöglichkeiten gibt es einige unterhalb des Ortszentrums von Marciana oder oberhalb der an der Via dei Monti gelegenen Fortezza Pisana.
Busverbindung: Linie 116 von Portoferraio oder Marina di Campo bis Marciana, die Haltestelle Piazza Umberto I befindet sich am Ausgangspunkt der Tour.
Endpunkt: Pomonte. Rückfahrt mit Bus 116.
Anforderungen: Anspruchsvolle Bergwanderung auf schmalen, stellenweise auch steilen und ausgewaschenen Pfaden, der Gipfelanstieg erfordert Trittsicherheit. Kaum Schatten.
Einkehr: In Marciana und Pomonte.
Varianten: Wer nicht mit dem Bus zurückfahren will, kann vom Gipfel natürlich auch nach Marciana absteigen. Eine zweite Überschreitung nach Pomonte lässt sich mit der Monte-Capanne-Seilbahn bewerkstelligen: Von der Bergstation auf dem Hauptweg 101 abwärts, an der Markierung der GTE scharf rechts durch die Ostflanke zum Sattel Le Filicaie, 830 m. Geradeaus weiter auf der GTE und am Kamm zum Monte Orlano, 564 m. Nun steil hinab, an Wegkreuzungen rechts halten und erst im Tal unten links nach Pomonte hinab; 3 Std.

Die vierte Kreuzwegstation am Weg zur Madonna del Monte.

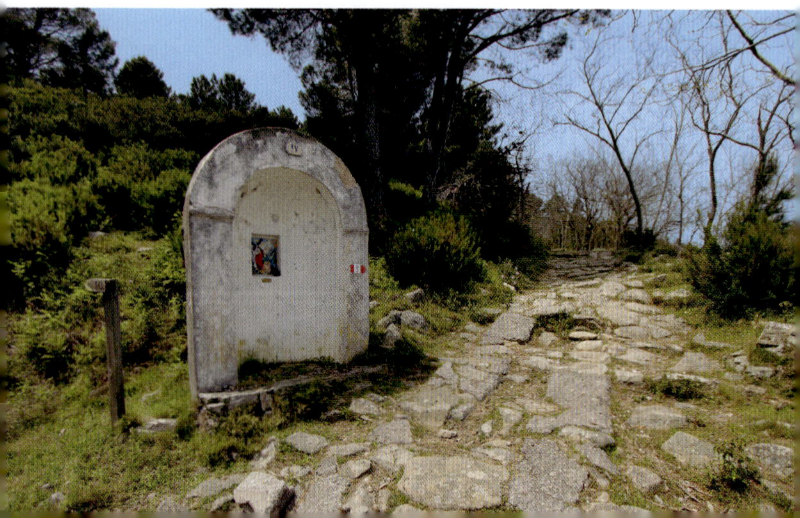

Von **Marciana** ❶ gehen wir zuerst unterhalb des **Rathauses** ❷ entlang und Richtung Madonna del Monte hinauf. Bei der **Kreuzwegstation IV** ❸ links abzweigen und auf dem Weg 110 in den Wald. Vorbei an Tafonifelsen, über steile Gräben und durch Buschwald geht es durch die Hänge des Monte Giove aufwärts. Wir stoßen auf die GTE und steigen hier geradeaus weiter an, zu den obersten Bäumen und in Serpentinen unter die Kuppe **La Streta** ❹ im Kamm, 780 m. Dort nach links, auf dem mit Platten angelegten Weg durch den Geröllhang unter dem Monte di Cote und in weiten Kehren in den Sattel nahe der Anhöhe **La Tavola** ❺, 936 m. Hier lohnt sich der kurze Abstecher nach Westen auf den felsigen Gipfel des **Monte di Cote** ❻, 950 m. Vom Sattel geht es geradeaus steil abwärts, quer durch den Südhang des Monte di Cote und unterhalb des Vorgipfels La Tabella (Wackelstein), 882 m, zu

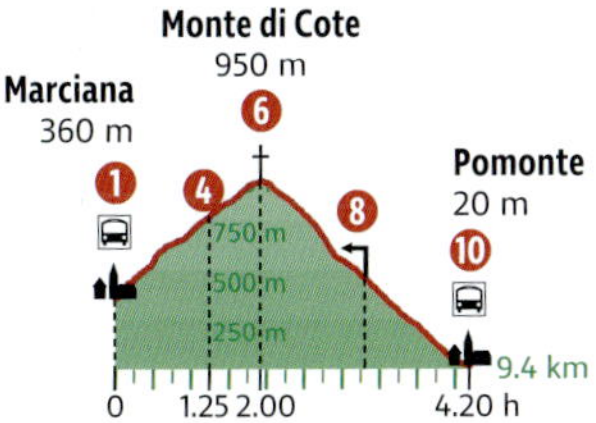

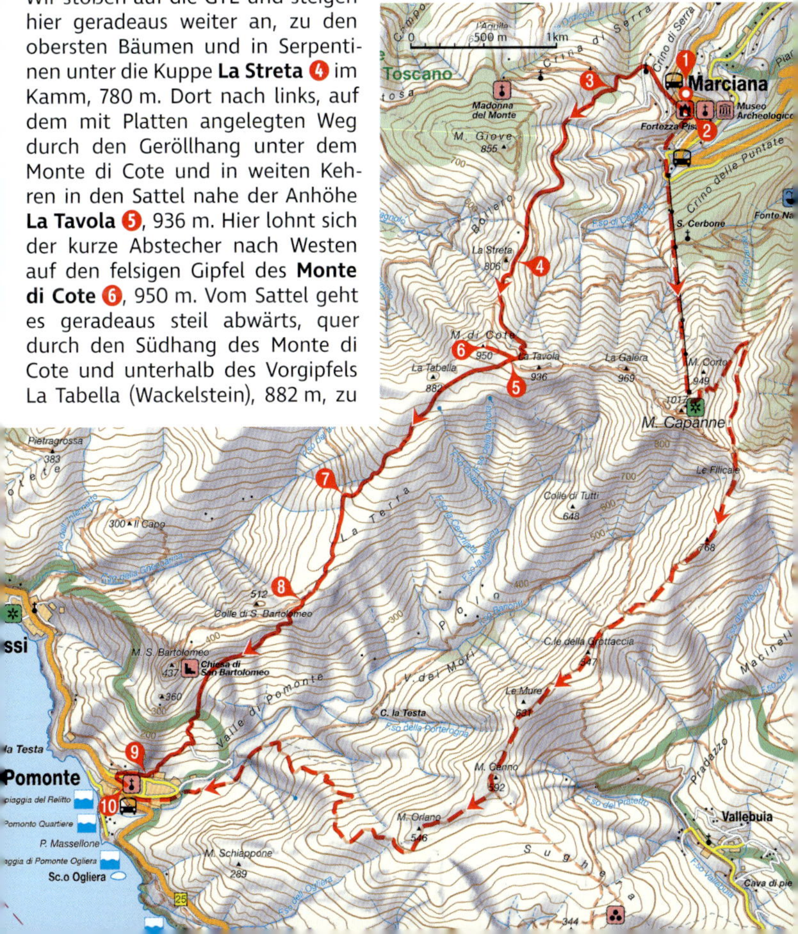

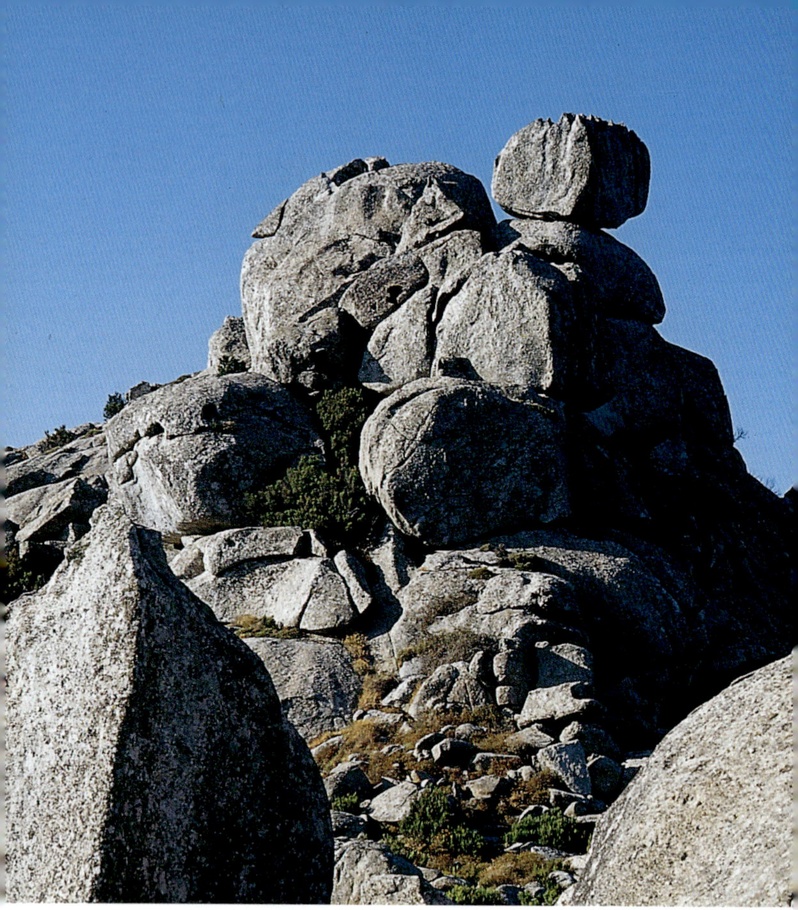

Hält er oder nicht? Der »Wackelstein« über La Stretta.

einer Quellfassung hinunter. Über den Rücken La Terra erreichen wir in Kehren den **Weg 103** 7, 576 m, dem wir weiter talwärts folgen (teils ausgewaschen). Etwas unterhalb der Kammhöhe zur nächsten **Abzweigung** 8, dort links hinunter (Wegweiser »Pomonte«) und auf dem stellenweise noch gepflasterten Weg 104 in Serpentinen hoch über dem Valle di Pomonte abwärts. Unten auf der **Via G. Martini** 9 gehen wir kurz nach rechts, dann links die Treppe zur Kirche von **Pomonte** 10 hinab (Bushaltestelle an der Hauptstraße).

↗ 780 m | ↘ 780 m | 10 km

4.30 h

Zanca – Monte Giove, 855 m

37

Ein Matterhorn auf Elba?

Obwohl der »Berg des Jupiter« (nicht zu verwechseln mit dem Torre del Giove im Osten der Insel) die Gebirgssilhouette über Marciana unangefochten beherrscht, ist er alles andere als ein Modeziel. Ob dies an der Nähe zum höheren Monte Capanne liegt oder an seiner spitzen Erscheinung, die ihm sogar den Vergleich mit dem Matterhorn eingebracht hat? Auf jeden Fall trägt er, so wie das Capo di Fonza und die Cima del Monte, ein originelles Gipfelzeichen – eine mittels Sonnenenergie laufende Drehkamera. Die Panorama-Aufnahmen sind allerdings nicht fürs Fernsehen gedacht, sondern für die Feuerwehr.

Ausgangspunkt: Zanca, 155 m, an der Straße von Marciana nach Pomonte.
Anfahrt: Von Portoferraio über Procchio und Marciana; Parkplatz an der Zufahrtsstraße zum Dorf.
Busverbindung: Linie 116 von Portoferraio bis Haltestelle La Zanca, zugleich Ausgangspunkt der Tour.
Anforderungen: Anspruchsvolle Bergwanderung auf alten Wegen und schmalen, stellenweise auch steilen Pfaden; der obere Abschnitt ist nicht markiert, der Gipfelanstieg erfordert Trittsicherheit und Orientierungssinn. Nur im unteren Bereich Schatten.
Einkehr: In Zanca; hinter der Kirche Madonna del Monte sprudelt frisches Wasser aus einem Brunnen.
Variante: Abstieg vom Monte Giove nach Marciana Alta. Von der Abzweigung unterhalb des Gipfels, 720 m, nach Süden (Steinmännchen) und quer durch den Osthang auf einen Rücken (Baumgruppe), dann links haltend zum Pfad 110 (den man unterhalb des Passes La Stretta erreicht). Links nach Marciana hinunter; Gehzeit der Tour dann 3 Std.
Tipp: An mehreren Stellen des Kreuzwegs befinden sich Tafeln, die auf sechs verschiedene »Steinmonster« hinweisen. Zustiege dazu sind angeschrieben, will man alle ansehen, verlängert sich die Tour um 45 Min. Die Route zur »Grotta della Madonna« weist auch auf den Zustieg zum Monte Giove von der letzten Kreuzwegstation hin, jedoch muss man nach der Kreuzwegstation nicht gleich links abbiegen. Falls man zwischen einem der beiden Wege im unteren und nördlichen Bereich als Verbindung wählen muss: Der untere (Weg 113) ist schattiger.

Weg 113 zwischen Granitfelsen.

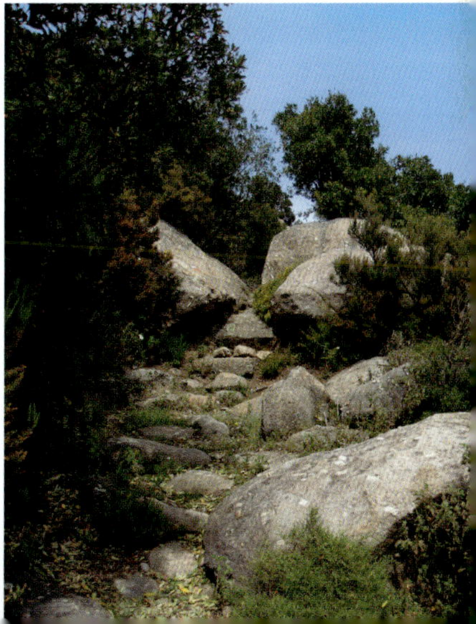

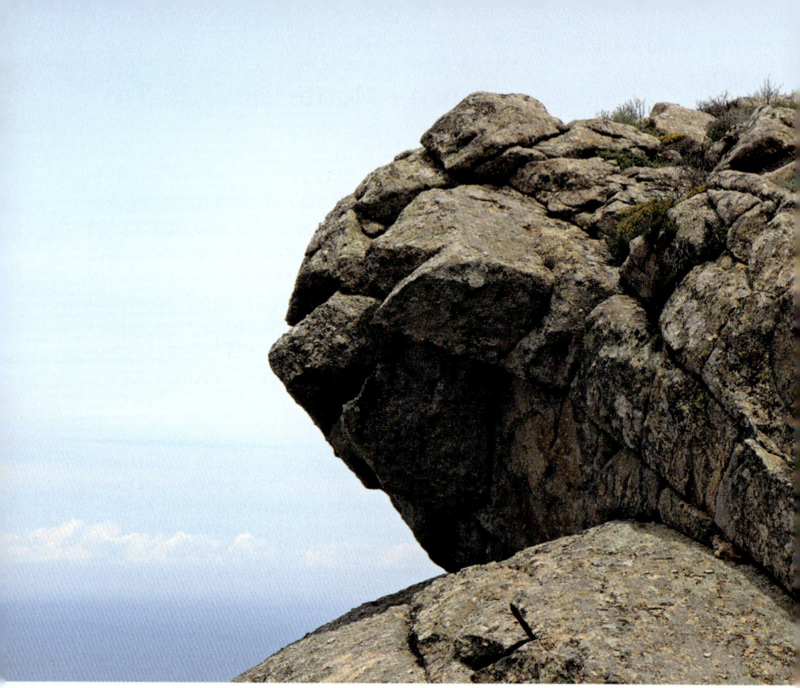

Der Granitfelsen l'Orsacchiotto befindet sich am Aufstiegsweg.

Gegenüber der Ortszufahrt und Bushaltestelle in **Zanca** ❶ zweigt der Weg 113 (Wegweiser »Madonna del Mte.«) von der Hauptstraße ab. Er führt neben einem Graben (Fosso dei Canali) zu einem Wasserbehälter und – gepflastert und mit Stufen versehen – in Kehren zwischen alten Terrassen auf einen steilen Rücken (Canali). Durch Buschwald zur Einmündung des Weges 114 hinauf, dort nach links und bei der nächsten **Wegteilung** ❷ geradeaus, weiter am Weg 113. Danach geht es flach in den dschungelartigen Wald aus alten Kastanienbäumen, die unter Umständen auch umgestürzt quer über den Weg liegen können. Anschließend sanft ansteigend und in Kehren zwischen bizarren Steinblöcken. Schon im Anstieg weist ein Schild auf »Il Gigante« hin. Kurz darauf zweigt bei einem **Wasserleitungshäuschen** ❸ eine Abzweigung nach rechts zu »L'Orsachiotto«

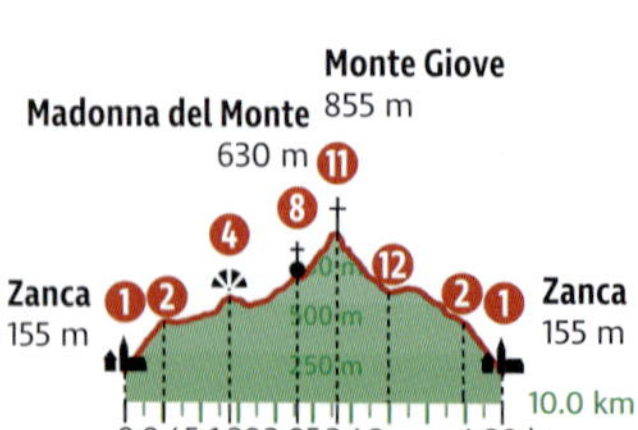

(»Der Teddybär«) und einem Aussichtsplatz (»Belvedere«) hin. In den Karten wird dieses Felsensemble als **Uomo Masso** ❹, 533 m, bezeichnet. Wir steigen kurz in eine **Mulde** ❺ am Fosso delle Ordicole ab und wieder bergan zum breiten Kreuzweg (Weg 103) bei der **Station V** ❻, der von Marciana heraufzieht: Auf diesem rechts über die **Kreuzwegstation XIV** ❼ zur Wallfahrtskirche **Madonna del Monte** ❽, 630 m, wo Bänke zur Rast einladen. Achtung: Direkt bei der letzten **Kreuzwegstation XIV** ❼ – vor den Stufen zum Areal der Kirche – zweigt ein schmaler und unmarkierter Pfad scharf nach links ab. Auf diesem schräg durch den Hang des Monte Giove hinauf und in Kehren zwischen Felsblöcken und Platten auf seinen Nordostkamm, auf welchem wir rechts und unter einzelnen **Pinien** ❾, 710 m, viele Steinmännchen, bis zu einer **Abzweigung** ❿, 780 m, wandern: Rechts neben den Bäumen aufwärts und weglos auf den Gipfel zu, dann auf Pfadspuren (Steinmännchen) links haltend in die Scharte zwischen den beiden Gipfeln des **Monte Giove** ⓫: In kurzer Blockkletterei rechts bis knapp unter die umzäunte Nordwestspitze, 855 m, (Brandbeobachtungskamera) oder links auf die Südwestspitze. Hier verlaufen viele Pfade parallel, aber das Ziel ist bei guter Sicht nicht zu verfehlen.
Der Abstieg erfolgt auf derselben Route zur **Wallfahrtskirche** ❽ und Richtung Marciana, bis wir bei der **Kreuzwegstation IX** ⓬ scharf links auf einen Pfad abzweigen (Wegweiser »Patresi«). Zum **Fosso delle Ordicole** ⓭ hinab, zwischen Tafonifelsen kurz bergauf und dann flach durch die Hänge unter dem l'Aquila zu den Quellbächen des Fosso dei Marconi.
Durch Kastanien- und Buschwald hinunter, an einer Kapelle vorbei und zur Einmündung des **Weges 113** ❷. Zurück auf dem Aufstiegsweg.

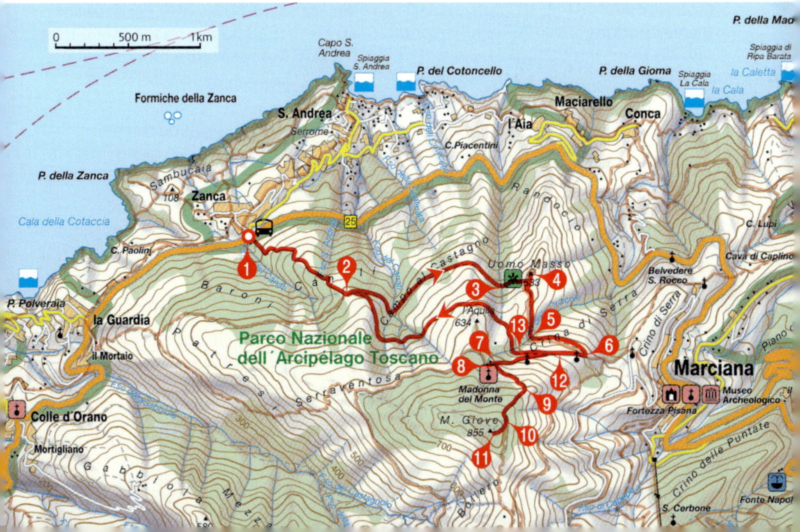

TOP

38 Monte Capanne – Monte Giove

↗ 390 m | ↘ 1000 m | 8.6 km

3.30 h

Mit der Seilbahn auf den höchsten Berg der Insel und anschließend trotzdem einen einsamen Berg erklimmen

Warum den Lift schmähen, wenn er schon da ist? Auch wenn der Korblift altertümlich anmutet, er ist modern ausgestattet und man darf auch zu zweit in die Körbe. In ca. 15 Minuten ist man oben. Vor dem Gipfel des Monte Capanne würde man die Augen am liebsten verschließen: Sendetürme und Antennen, die Cabinovia und reichlich Beton – dem höchsten Punkt Elbas ist allerhand Technik aufgesetzt worden. Der Blick ins Weite ist dagegen eindrucksvoll wie eh und je: über fast ganz Elba, zu allen sechs Nachbarinseln und zum Monte Argentario, nach Korsika und weit ins toskanische Festland, an ganz klaren Tagen sogar bis zu den fernen Apuanischen Alpen. Vom zeitweiligen Gipfeltrubel ist auf den steilen Zustiegswegen nicht viel zu merken. Dort wechseln die Bergwanderer wieder das vertraute »Salve« oder »Hallo«, dort hat man wieder Muße für die Kostbarkeiten der Natur.

Ausgangspunkt: Talstation der Kabinenbahn auf den Monte Capanne in Marciana, 350 m.
Anfahrt: Von Portoferraio über Procchio und Marciana Marina; in der Kehre südlich unter Marciana liegen die Talstation und der Parkplatz. Achtung, die Bahn hat eine Mittagspause, und Betriebsbeginn ist meist erst ab 10 Uhr!
Busverbindung: Linie 116 von Portoferraio bis Marciana Cabinovia.

Anforderungen: Mittelschwere Bergwanderung auf stellenweise steilen Pfaden im felsigen Gelände, teilweise weglos; Trittsicherheit ist notwendig. Im unteren Bereich Schatten.
Einkehr: In Marciana, Bar bei der Bergstation am Monte Capanne.
Variante: Aufstieg zu Fuß am Weg 101, der Standardroute unter der Seilbahn, ab Marciana Alta auf den Monte Capanne; 2.30 Std. Gehzeit.

Der Monte Giove vom Kabinenlift aus gesehen.

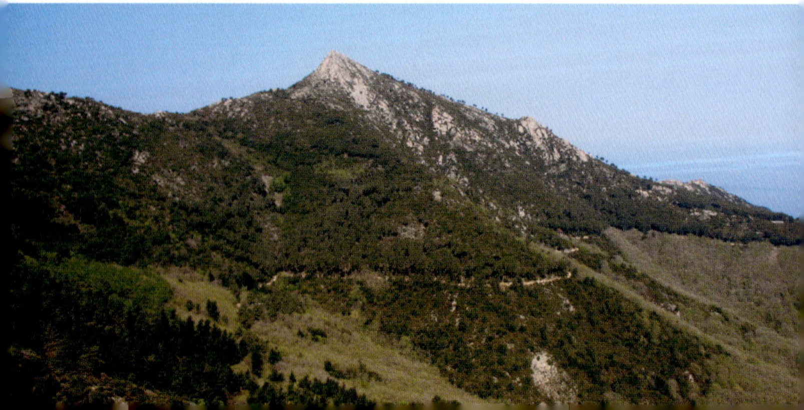

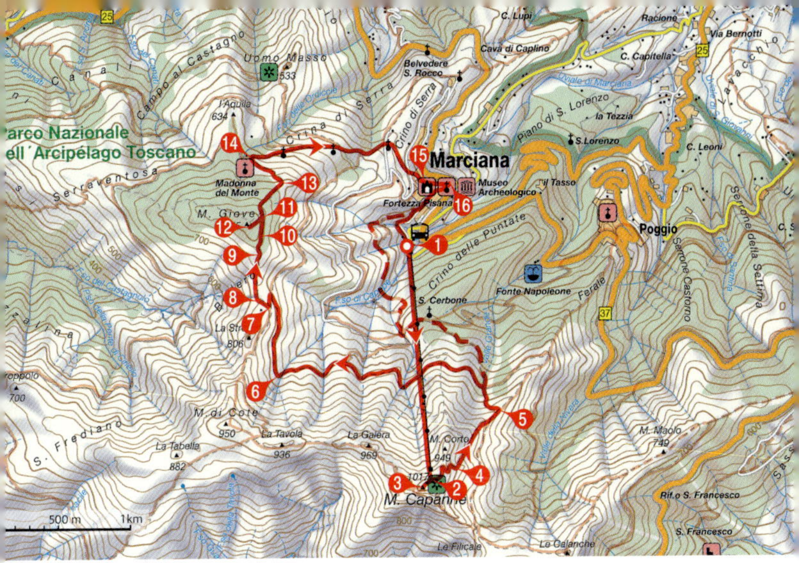

Nach der Auffahrt von der Cabinovia-Talstation in **Marciana** ❶ steigen wir zuerst von der **Bergstation** ❷, 965 m, auf den reichlich verbauten Gipfel des **Monte Capanne** ❸. Anschließend wieder hinab zur **Bergstation** ❷ und nun rechts zur Terrasse der kleinen **Bar** ❹. Hier steigen wir links wieder auf natürlichen Boden bergab (Weg 101 nach Marciana). An einem **Caprile** ❺ vorbei nach links tauchen wir langsam in den Wald ein. Unter Eichen quert auf 647 m Höhe ein bequemer Weg (GTE). Auf diesem gehen wir nach links (Westen) und passieren so hangquerend die Seilbahn, karge Granitflächen und schattige Täler mit kleinen Bächen. Im Tal unter dem **Monte di Cote** ❻, 685 m, wird der Weg schroffer, bleibt aber breit. Zwischen vereinzelten Föhren machen wir mit der GTE eine scharfe Kurve nach links (geradeaus gelangt man direkt nach Marciana).
Achtung: Nach etwa fünf Minuten ist rechts eine rot-weiße Markierung ❼. Hier scharf rechts in einen breiten **Sattel** ❽, 720 m; hinter der ersten Föhre

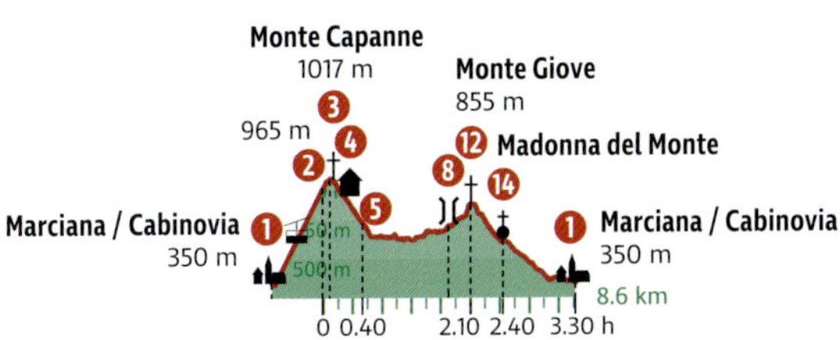

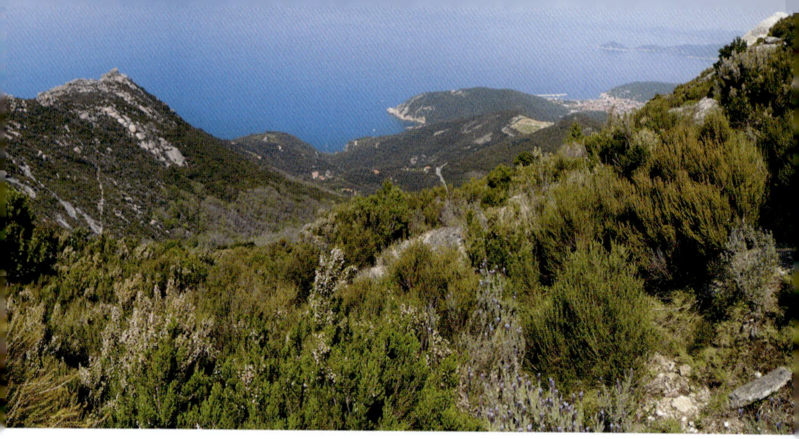

Blick auf Marcina Marina im Abstieg vom Monte Giove.

haben wir bereits den Monte Giove vor Augen. Einige Steinmänner weisen den Weg. Etwa 10 Min. geht es zwischen **Föhren** 9 und Felsen in Richtung Norden auf den Gipfel zu. Nach den letzten Föhren scheint der Gipfelaufbau nicht bezwingbar, wir umgehen ihn deshalb rechts. Der Weg wird wieder eindeutiger, und wir umrunden im leichten Auf und Ab gegen den Uhrzeigersinn die **Ostseite des Monte Giove** 10. Nachdem wir den Gipfel links hinter uns liegen gelassen haben und sich wieder eine flachere Schulter andeutet, achten wir links auf **Steinmännchen** 11. Ein gut ausgetretener Pfad führt hier hinauf und bald blicken wir von Norden auf den **Doppelgipfel des Monte Giove** 12, 855 m. In kleinen Kehren und zwischen Felsblöcken peilen wir den Sattel zwischen den beiden Gipfeln an (der rechte Gipfel ist mit einer Kamera bestückt und umzäunt).
Mit guten Augen erkennen wir nun im Norden den Turm der Bergkirche Madonna del Monte, unser nächstes Ziel. Zuerst am Aufstiegsweg zurück in die Umgehung am Osthang des Bergs, hier links und nun knapp unterhalb von **Föhren** 13 in einen weiteren Sattel. Eine schroffere Felspassage lassen wir rechts liegen, links wird der Weg eindeutiger und zieht zur nun wieder sichtbaren Kirche **Madonna del Monte** 14 mit Quellfassung bergab.
Zurück zum Ausgangspunkt geht es zuerst über den gepflasterten Kreuzweg nach Marciana hinab, über die Asphaltstraße und weiter auf Treppen zur **Piazza della Rimembranza** 15 mit Soldatendenkmal. Hier links nach unten, durch ein Tor und sogleich wieder rechts auf die Via di Grondola und die Piazza Emanuele II. Nun entweder links durch die Via Santa Croce zur Hauptstraße mit Bushaltestelle hinunter oder rechts herum der langen und schmalen **Via Roma** 16, später Via della Rena, bis zu einer Asphaltkehre aus dem Ort hinaus folgen. Dort links hinunter und zur Talstation der Cabinovia in **Marciana** 1.

↗ 800 m | ↘ 800 m | 8.3 km

4.30 h

Über das Dach der Insel, Teil 1 39

Zwischen Himmel und Elba

Der markierte Wanderweg und Klettersteig (in älteren Karten als »00« gekennzeichnet) hat einen besonders hohen Schwierigkeitsgrad und wird nur geübten Bergwanderern empfohlen. Die Warntafeln an der »Haute Route« über Elbas großes Gebirge übertreiben nicht. Da und dort verlangt sie durchaus Kletterfertigkeit, und wenn sich – wie so oft – Wolken in den Grattürmen verfangen, wird die Szenerie gespenstisch. Wer jedoch beständiges Schönwetter erwischt und den Hindernissen gewachsen ist, darf sich auf eine Traumtour durch eine atemberaubend schöne Gebirgslandschaft freuen.

Plattenkletterei – bevor die Via Ferrata angelegt wurde.

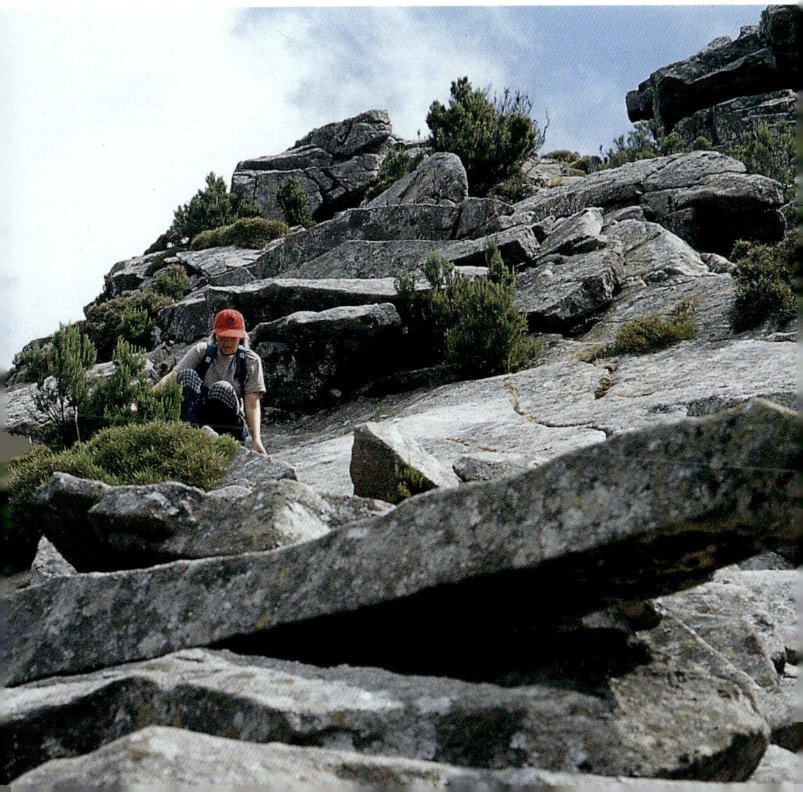

Ausgangspunkt: Poggio, 330 m.
Anfahrt: Von Portoferraio nach Procchio und links Richtung Marina di Campo, in La Pila zweimal rechts abzweigen und auf kurviger Straße über Sant'Ilario und Monte Perrone bis Poggio; Parkmöglichkeit an der Hauptstraße oberhalb des Ortes und hinter Marciana Marina.
Busverbindung: Linie 116 von Portoferraio bis Poggio Via delle Cataste. in der Kurve weiter vorne beginnt der Anstieg.
Anforderungen: Anspruchsvolle Bergtour mit mehreren ausgesetzten Kletterstellen: Schwierigkeitsgrad I; die schwierigsten Passagen wurden allerdings mit durchgehenden Stahlseilen gesichert. Alpine Erfahrung, Schwindelfreiheit und Trittsicherheit sind unerlässlich, bei Sturm und Nebel, Nässe oder Vereisung ist die Bergtour gefährlich. Schatten gibt es nur im unteren Bereich. Aufgrund von Sanierungen und Ergänzungen der Stahlsicherungen kann die Routenführung im Laufe der Zeit variieren, im Wesentlichen ist und bleibt der Weg 100 aber eine Gratkletterei.
Einkehr: In Poggio, Bar bei der Bergstation am Monte Capanne.
Variante: Man kann auch am Parkplatz der Höhenstraße über den Monte Perone starten, über den Monte Maolo ansteigen und nach dem obersten Abstieg vom Monte Capanne rechts auf der GTE-Ost zurückkehren; insgesamt 4.30 Std. Wenn man die Tour 40 anhängt, kommt man auf 8 Std. Gesamtgehzeit.

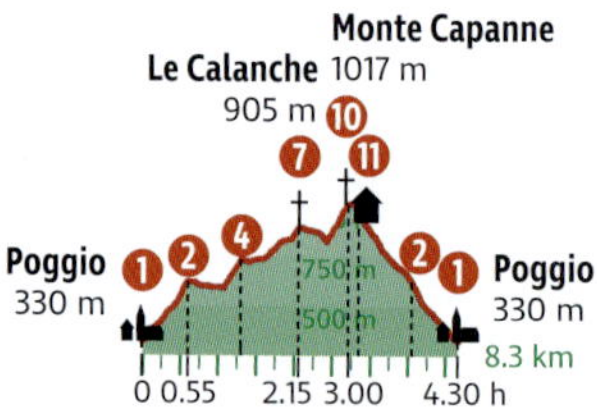

Wir starten an der Hauptstraße oberhalb des Ortszentrums von **Poggio** ❶. In der Kehre geht es die Stufen der Via dei Pini (Weg 105) hinauf, dann steigen wir durch sehr steilen Wald und über den freien, aber stellenweise felsigen Ferale-Rücken an. Auf 628 m Seehöhe quert die GTE, wir nehmen aber den **Weg** ❷ links durch steile Hänge ins obere **Valle della Nivera** ❸.
Achtung: Im dicht bewaldeten Talgrund zweigt rechts ein schmaler, kaum markierter Pfad ab, dem wir aufwärtsfolgen.
Auf 740 m Seehöhe erreichen wir die **GTE** ❹, auf der wir links zur Abzweigung auf dem felsigen **Rücken** ❺, 800 m, nahe dem Monte Maolo, gelangen. Gemäß der Beschilderung »le Calanche, le Filicaie, m. Capanne« halten wir uns rechts und wandern, nun schon am Weg 100, über den steinigen Rücken und ein kleines **Plateau** ❻ bis knapp vor die erste felsige Erhebung hinauf.
Hier beginnt die Kletterei – achten Sie auf die rot-weiße Markierung und die stellenweise angebrachten Sicherungen: Über große Blöcke steigen wir in eine Scharte, rechts um einen Felsblock herum und auf schmalem Band zu einem engen Felsdurchlass. Über eine abschüssige Platte in die nächste Scharte, beim obersten Baum nach rechts und unterhalb der glatten Felsflanke etwa 50 m absteigen. Bei einem Steinmännchen am Waldrand beginnt die schwierigste Passage: Nach links, schräg über glatte, abwärts geschichtete Platten und schmale Bänder hinauf, rechts eine Gratrippe übersteigen und links zu einem Gratkopf, 867 m. Nach rechts über den

Blockrücken in eine weitere Scharte. Die nächsten beiden Kuppen können wir direkt überschreiten (große Blöcke), die dritte Erhebung umgehen wir rechts. Aus einem kleinen Felsdurchlass mit drei Bäumen erklettert man schließlich den Gipfel **Le Calanche** 7, 905 m. Vom Metallkreuz rechts an Gebüsch vorbei und über steile **Felsstufen** 8 2 m hinunter, dann links über eine Rampe, zwischen zwei Steingebilden durch und rechts unter der nächsten Felsformation vorbei. Links neben einem »schiefen Turm« aufwärts und zwischen Blöcken zu einer kleinen Ebene, etwas hinab und rechts unter einem mächtigen Felsaufbau (Sicherung, unten klafft ein Loch) vorbei. Problemlos geht es über den Rücken weiter. Die letzte Kuppe, 870 m, wird rechts umgangen, dann folgt der kurze Abstieg zum unmittelbar vor dem Monte Capanne eingeschnittenen Pass **Le Filicaie** 9, 830 m. Die GTE überqueren und geradeaus nach der Markierung zu den auch hier stellenweise gesicherten Felsen hinauf. Über Blöcke zu einer glatten Flanke, links davon durch einen Riss und über glattes, abwärts geschichtetes Gestein auf eine Kuppe. Rechts führt der Weg über steile Stufen in eine Scharte hinab und auf Bändern durch die linke Flanke, dann wird ein schmaler Felsgrat überschritten. Schließlich kommen wir über schräg geschichtete Felsplatten und Blöcke zum viel begangenen Weg, der von der Liftstation zum mit Sendern besetzten Gipfel des **Monte Capanne** 10, 1017 m, führt.

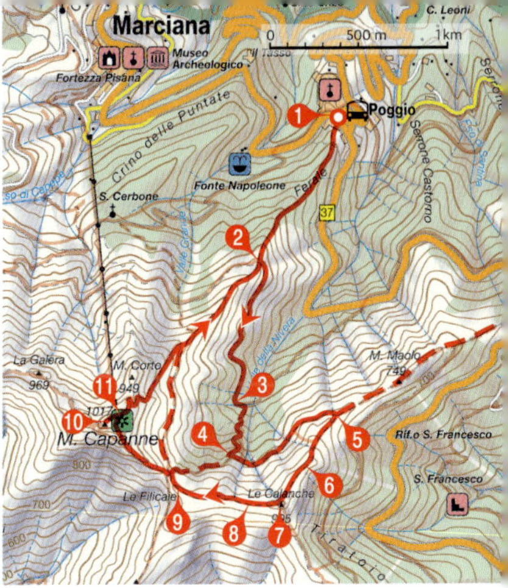

Abstieg zur **Liftstation** 11 und weiter über die Bar am **Weg 105** 2 geradeaus bergab und unten am Aufstiegsweg nach **Poggio** 1.

Rückblick auf den Monte Maolo, links unten Marciana Maria.

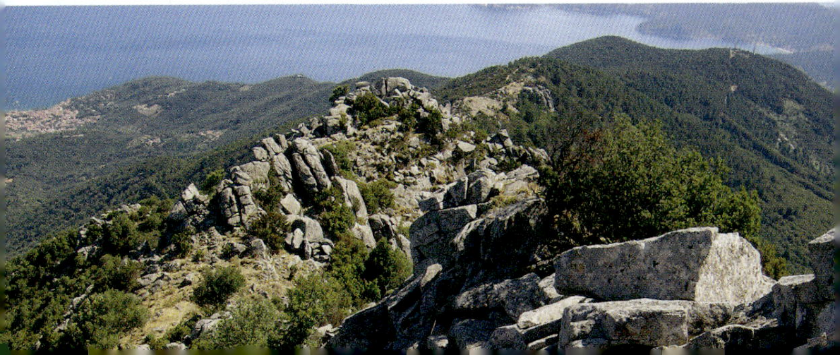

↗ 270 m | ↘ 880 m | 6.6 km

40 Über das Dach der Insel, Teil 2

4.00 h

Eine Klettertour für Könner

Diese Tour ist nichts für schwache Nerven. Der westliche Abschnitt der »Himmelsleiter« ist noch anspruchsvoller als die Überschreitung von Le Calanche. Solide Trittsicherheit und einen standhaften Blick nach unten benötigt man schon bei der Überschreitung des Monte-Capanne-Westgipfels, insbesondere beim abenteuerlichen Abstieg unter den überhängenden Felsen seiner Südseite. Wirklich haarig wird es aber an der Galera: Ihre steil aufgestellten, da und dort wie natürliche Brücken überlagerten Granitplatten – eine »Erbschaft« gewaltiger unterirdischer Magmabewegungen – lassen sich nur mit kaltblütiger Kletterfertigkeit überwinden.
Der zweithöchste Berg der Insel zeigt sich als ungebärdiges Hochgebirge, der Blick in seine finstere Nordflanke lässt wirklich jegliche mediterrane Leichtigkeit vergessen.

Mit dem Korblift von Marciana auf den Monte Capanne.

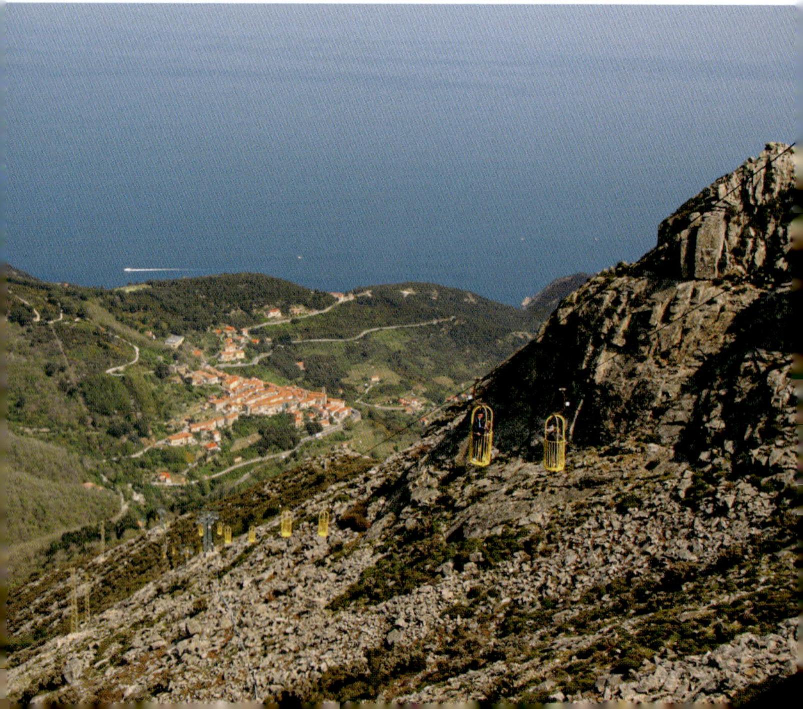

Ausgangspunkt: Talstation der Kabinenbahn auf den Monte Capanne in Marciana, 350 m.
Anfahrt: Von Portoferraio über Procchio und Marciana Marina; Parkmöglichkeit unterhalb des Ortszentrums von Marciana oder oberhalb der an der Via dei Monti gelegenen Fortezza Pisana.
Busverbindung: Linie 116 von Portoferraio bis Haltestelle Marciana Cabinovia am Ausgangspunkt der Tour.
Anforderungen: Sehr anspruchsvolle Bergtour mit mehreren unübersichtlichen Passagen und ausgesetzten Kletterstellen (Schwierigkeitsgrad I; u. a. muss man über steile Platten »auf Reibung gehen«). Alpine Erfahrung, Schwindelfreiheit und Trittsicherheit sind unerlässlich, bei Sturm und Nebel, Nässe und Vereisung ist die Tour zu gefährlich und sollte daher nicht durchgeführt werden. Keine Ausstiegsmöglichkeiten. Schatten nur im unteren Bereich. Schwierige Passagen sind mit Stahlseilen gesichert. Aufgrund von Sanierungen und Ergänzungen der Stahlsicherungen kann die Routenführung variieren, im Wesentlichen ist und bleibt es aber eine Gratkletterei.
Einkehr: In Marciana, Bar bei der Bergstation am Monte Capanne.

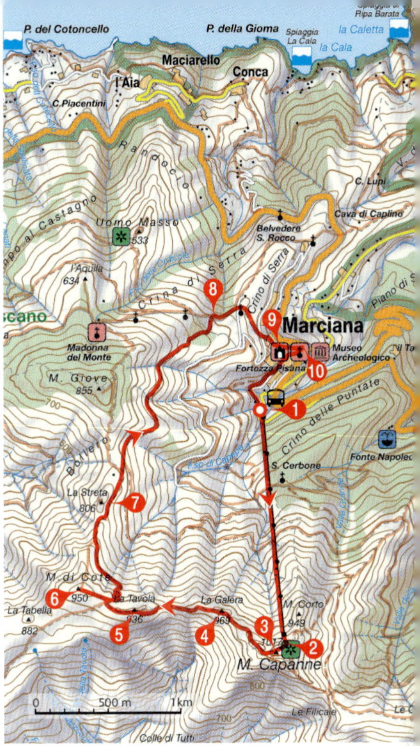

Von der Talstation in **Marciana** ❶ mit der Kabinenbahn auf den Monte Capanne, 1017 m (möglich ist auch der Zustieg am Weg 105 von Poggio), oder zu Fuß am Weg 101 (2 Std. Gehzeit).
Von der **Bergstation** ❷, 965 m, geht es durch ein Drehkreuz und rechts auf einem Stufenweg in Richtung des eingezäunten Gipfels hinauf. Vor den beiden Radarmasten befindet sich eine **Betonplattform** ❸: Hier beginnen verzweigte, mit verblasster Markierung gekennzeichnete Pfadspuren. Man kann entweder nördlich um die Sendeanlagen herum in den Sattel vor der Galera gehen (einfach) oder in den südöstlichen Sattel absteigen und den Monte Capanne auf dem hier durchführenden Weg absteigen. Nach der Umgehung des Hauptgipfels klettern wir über Blöcke aufwärts, kurz rechts in die Felsflanke und dann links durch einen etwa 5 m hohen, gestuften Kamin, der auf den westlichen Nachbargipfel des Monte Capanne, 1009 m, führt. Auf dem Blockgrat geht es nach rechts (kurze Stellen rechts oder links umgehen) bis zu einem hohen Abbruch. Hier scharf nach links (die

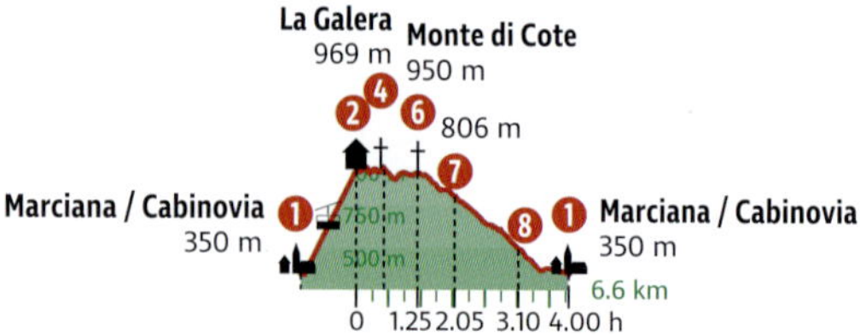

Steinmännchen beachten), über eine sehr steile Felsrampe und durch eine schluchtartige Verschneidung unter der überhängenden Wand hinab, bis wir rechts durch eine ebenso steile, mit Schutt gefüllte Rinne zwischen glattem Gestein weiter absteigen können. An ihrem Auslauf nach rechts (Steinmännchen) und um den untersten Felssporn herum; dahinter steigt man auf Pfadspuren durch verwachsenes Gelände und eine Blockhalde in die Scharte unter dem großen Überhang an. Nun wenden wir uns nach links und steigen geradeaus über einen gestuften Felsaufschwung oder – etwas leichter – rechts davon (unter einer durchlöcherten Steinplatte vorbei) auf einen Gipfel.

Weiter über den Grat, über Felsstufen hinunter und rechts neben Türmen vorbei in die kleine Scharte vor der nächsten Erhebung mit Holzstange, 960 m. Ein roter Pfeil weist nach links, wo sich der Gipfel zwischen großen Blöcken und auf schmalen Bändern umgehen lässt – einfacher ist es jedoch, rechts in einen kleinen Felsdurchlass und dann neben der Wand abzusteigen, bis man über etwas abschüssige Platten in die Scharte vor der Galera gelangt. Nun steigen wir über Blöcke an und gehen unterhalb der Felsabstürze rechts fast waagrecht bis vor den nordseitigen Absturz hinüber (Markierung). Wir wenden uns nach links und steigen neben den Begrenzungsfelsen zu einer kleinen Scharte hinauf. Nun folgt die schwierigste Passage: Es müssen sehr steile, glatte und abwärts geschichtete Platten erklettert werden; zuletzt erklimmen wir zwischen hier wild übereinander getürmten Felsblöcken den flachen Gipfelgrat der **Galera** 4, 969 m (Holzstange).

Im Abstieg halten wir genau auf den westlich benachbarten Monte di Cote zu. Steil geht es über Blöcke und Felsstufen hinunter, neben einem schrägen Kamin und links unter einer Felsbank hindurch. Über gestuften Fels erreichen wir eine markante Scharte (hierher kann man die Galera südseitig durch Schutt und Macchia umgehen). Nun rechts einer felsigen Graterhebung über ein schmales, waagrechtes Band – dann sind die Schwierigkeiten zu Ende: Über den mehr und mehr bewachsenen Blockrücken kommen wir in eine flache Senke, wandern an einem großen, schräg gelagerten Felsen vorbei auf die Anhöhe **La Tavola** 5, 936 m, und kurz weiter in einen Sattel: Geradeaus lohnt sich der kleine Abstecher auf den felsigen **Monte di Cote** 6, 950 m; ansonsten steigen wir vom Sattel rechts nach der Markie-

rung GTE nach Norden Richtung Marciana ab.
Auf dem stellenweise mit Platten angelegten Weg gehen wir in weiten Kehren und dann durch den Hang des Monte di Cote in den Pass **La Streta** ❼, 806 m (darüber befindet sich ein markanter Wackelstein). Achtung: Schon vor dem Felsaufbau führt der Pfad rechts zu den obersten Bäumen hinunter.
Geradeaus an der Abzweigung der GTE vorbei und am Weg 110 durch den Buschwald unter dem Monte Giove abwärts, bis wir einen breiten Weg erreichen. Auf diesem gehen wir rechts über einen Picknickplatz und weiter bis zur **Kreuzwegstation IV** ❽, 500 m. Zurück zum Ausgangspunkt geht es über den gepflasterten Kreuzweg nach Marciana hinab, über die Asphaltstraße und weiter auf Treppen zur **Piazza della Rimembranza** ❾ mit Soldatendenkmal. Hier links nach unten und durch ein Tor und sogleich wieder rechts auf die Via di Grondola und die Piazza Vittorio Emanuele II. Nun entweder links durch die Via Santa Croce zur Hauptstraße mit Bushaltestelle hinunter oder rechts herum der langen und schmalen **Via Roma** ❿, später Via della Rena, bis zu einer Asphaltkehre aus dem Ort heraus folgen. Dort links hinunter und zur **Talstation der Cabinovia** ❶; über Treppen schließlich zum unteren Parkplatz.

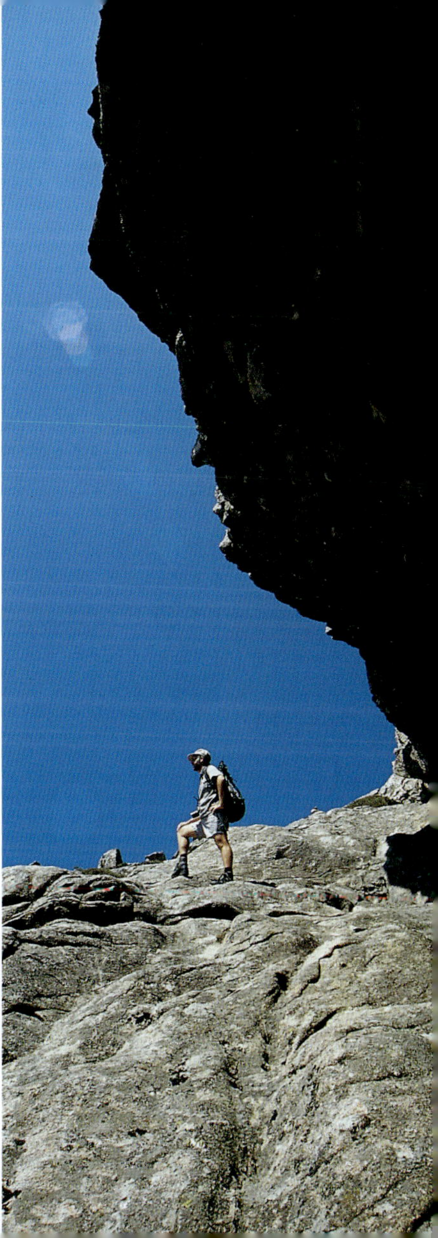

Auch wenn es überdacht ist: Diese Tour erfordert Mut und alpine Erfahrung.

↗ 2500 m | ↘ 2500 m | 60 km

41 Grande Traversata Elbana (GTE)

4 Tage

Elbas großer Weitwanderweg

Die viertägige Weitwanderroute führt vom nördlichsten bis zum westlichsten Punkt Elbas. Sie wurde 1998 von jungen Arbeitslosen renoviert und (fast) durchgehend mustergültig beschildert. Durchschnittlich trainierte Wanderer schaffen die Route von Cavo nach Pomonte bzw. Patresi (La Guardia) problemlos in 3 bis 4 Tagen (rund 20 Std. Gesamtgehzeit), wobei sich die technischen Anforderungen als geringer erweisen als die logistischen. Da erst entdeckt man, wie wenig es eigentlich braucht zum Glücklichsein – schönes Wetter und genug Wasser, Proviant und trockene Kleidung. Solchermaßen für das Wesentliche offen, ist es großartig, die Vielfalt der elbanischen Landschaft im Zuge einer durchgehenden Inseldurchquerung zu erleben: die erzhaltigen Berge im Osten, die Wälder in der Mitte und das große Gebirge im Westen, stets mit Blick zum Meer, aber im deutlichen Abstand zu den Orten.

Unter dem Monte Capanne, auf einem historischen Wegabschnitt der GTE. Lange Zeit durchquerten nur Hirtenpfade die Insel. Das jetzige Straßennetz entspricht kaum den alten Wegen.

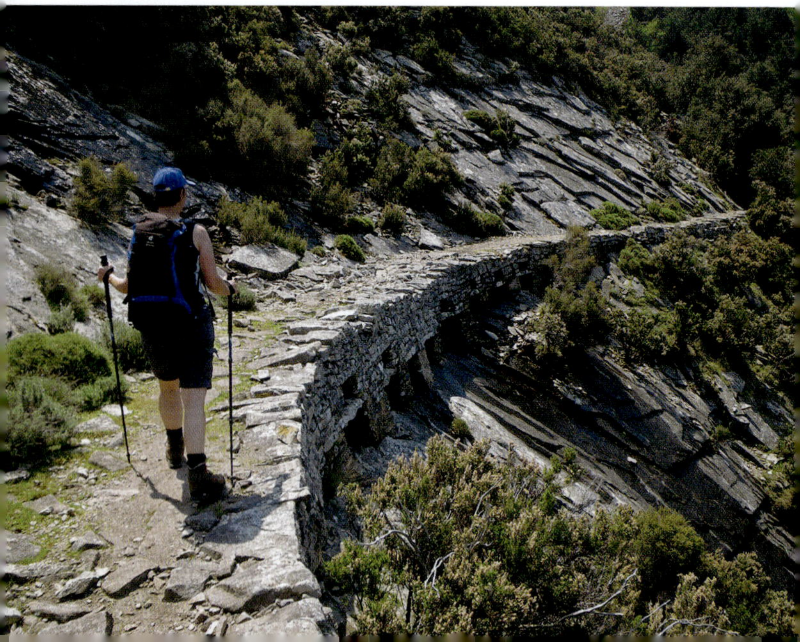

Ausgangspunkt: Hafen von Cavo im Nordosten.
Anfahrt: Von Portoferraio über Rio nell' Elba; Parkplatz vor dem Ortszentrum oder an der Via S. Giuseppe.
Busverbindung: Von Portoferraio mit der Linie 117 zur Haltestelle Cavo am Ausgangspunkt der Tour.
Endpunkt: Pomonte oder Patresi. Rückfahrt aus beiden Orten mit dem Bus 116 nach Portoferraio, Marciana Marina oder Marina di Campo.
Anforderungen: Weitwanderung auf breiten Wegen und schmalen, stellenweise steilen und felsigen Pfaden; Trittsicherheit ist im Bereich der Cima di Monte und im Westen notwendig. Schatten vor allem im zentralen Bereich der Insel.
Einkehr: Es gibt weder Übernachtungs- noch Einkaufsmöglichkeiten entlang der Route – und auch keine einzige ständig fließende Quelle. Kein Problem, wenn man die GTE in einzelnen Tagesetappen zwischen zwei Busstationen begeht bzw. An- und/oder Rückfahrt per Taxi organisiert. Abstiege in die Orte Porto Azzurro, San Martino, Procchio oder Poggio dauern jeweils 1–2 Std., die einzurechnen sind. In diesen Orten kann man sich auch mit Proviant und Wasser eindecken.
Hinweis: Folgende Ein- und Ausstiege in die GTE sind per Bus im Tourenverlauf nutzbar: Rio nell'Elba unterhalb von Le Panche: Bus 117 von und nach Cavo, Capoliveri oder Portoferraio; Case Marchetti direkt an der Kreuzung: Bus 117 von und nach Cavo, Capoliveri oder Portoferraio; Colle di Procchio direkt am Sattel: Bus 116 von und nach Portoferraio, Marciana Marina oder Rio Marina.

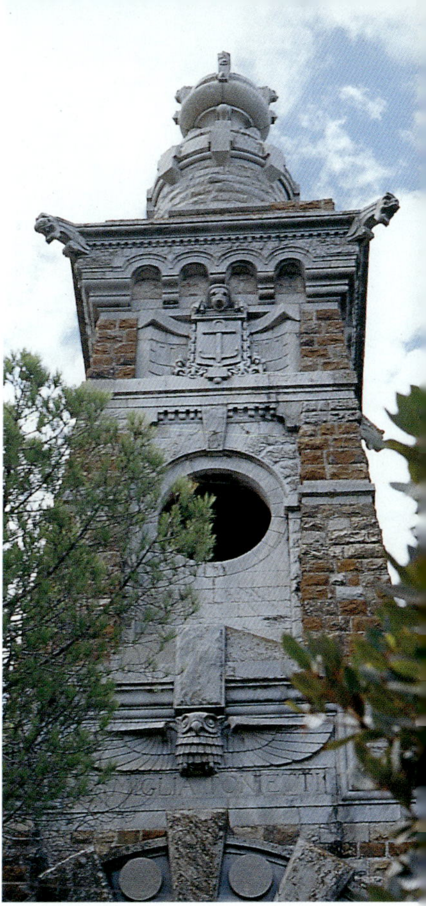

Das Mausoleum Tonietti am Anfang der GTE.

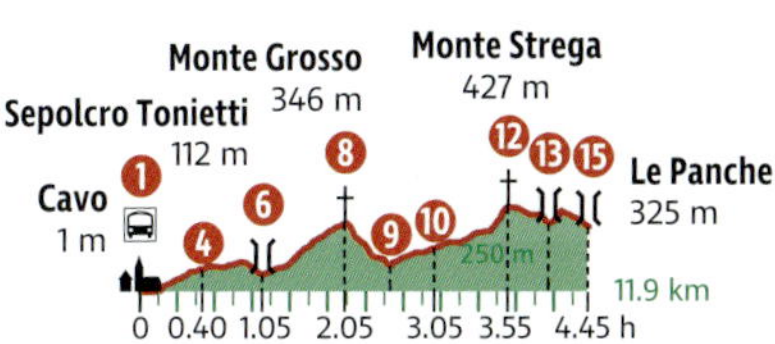

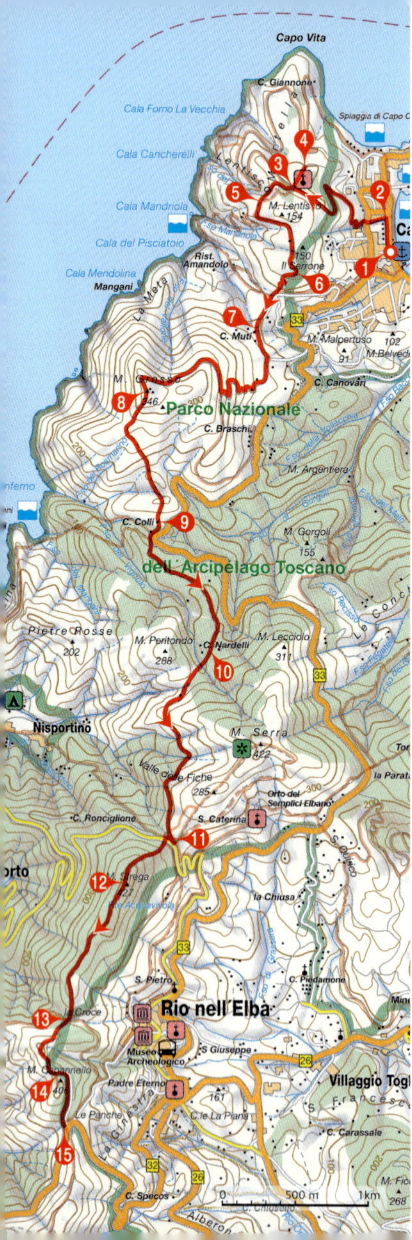

Cavo – Le Panche

Wir starten am Hafen von **Cavo** ❶ und gehen kurz nach Norden. Gegenüber dem zweiten **Strandpier** ❷ führt eine schmale Gasse hinter den Ort (Fahrverbot). Hier gehen wir durch und am Ende kurz rechts, um dann vor einer in Zypressen eingefassten Sandstraße zu stehen. Auf dieser kommen wir zu einem **Picknickplatz** ❸ und dem **Mausoleum Tonietti** ❹. Von hier über einen **Rücken** ❺ zu Il Serrone und in den **Sattel** ❻ südlich davon, auf Schotterstraße weiter. Nun geradeaus an der **Casa Muti** ❼ vorbei und auf den **Monte Grosso** ❽, 346 m.

Abstieg auf dem markierten Pfad nach Süden. Weiter unten über den felsigen Rücken, dann nach links, über den Fosso del Rosmarino und durch Macchia zu einer Stromleitung. Gleich danach erreichen wir die **Asphaltstraße** ❾ bei der Ruine der Casa Colli, 133 m, und verlassen sie gleich wieder auf einer Leitungsschneise. Nun geht es weiter vorbei an der **Casa Nardelli** ❿ bis zum **Straßensattel** ⓫, 305 m, mit Picknickplatz.

Wer der Asphaltstraße links hinabfolgt, kann einen Abstecher zur Wallfahrtskirche Santa Caterina anhängen oder wenigstens hinabblicken. Die GTE dagegen führt weiterhin südwärts und auf den **Monte Strega** ⓬, 427 m. Nach der Überschreitung seines Kammes über den **Passo la Croce** ⓭, 342 m, auf den **Monte Capannello** ⓮, 406 m, dann Abstieg zur Asphaltstraße im Sattel **Le Panche** ⓯, 325 m; Picknickplatz. Von hier ist der Abstieg nach Rio nell'Elba möglich.

Rio nell'Elba und darüber der Kamm, über welchen die GTE verläuft.

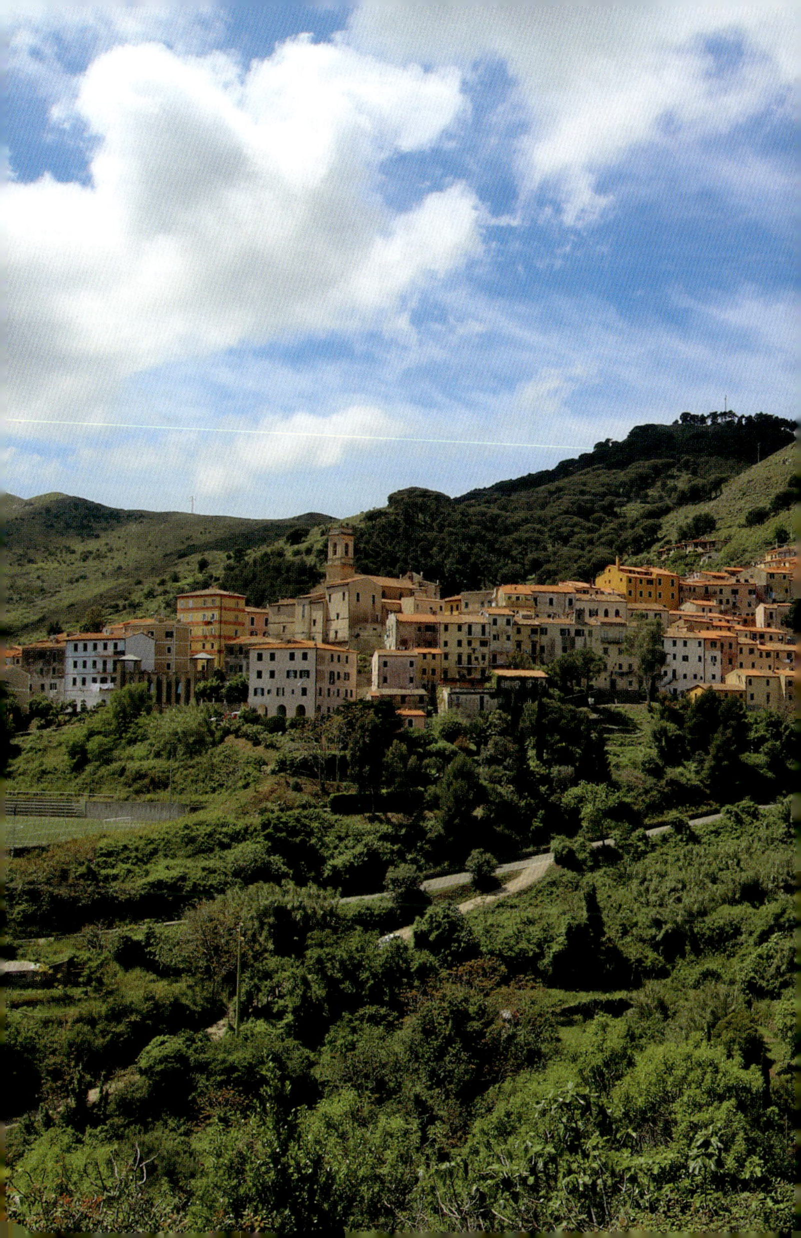

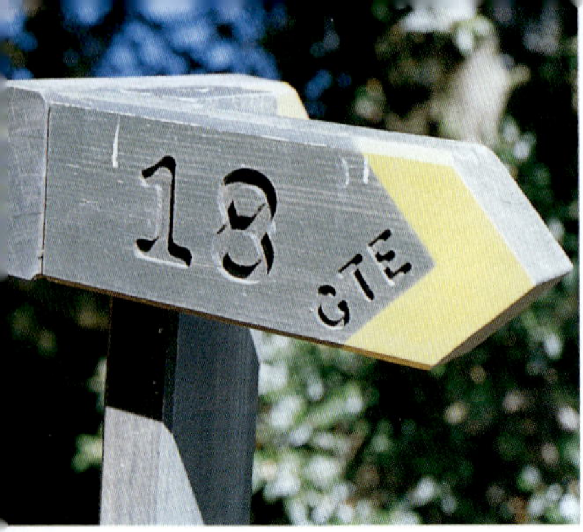

Der GTE-Wegweiser.

Le Panche – Case Marchetti

Südlich des Sattels **Le Panche** ⑮ leitet uns die Markierung wieder bergauf. Über einen kahlen Kamm gelangen wir zur **Cima del Monte** ⑯, 516 m, steigen auf steinigem Pfad zur Senke **Piane della Madonna** ⑰ unter dem Monte Castello ab und wandern auf der Schotterstraße bis zur Abzweigung über einem **Steinbruch** ⑱, 276 m (links gelangt man nach Porto Azzurro). Die GTE folgt jedoch der rechten Schotterstraße abwärts nach Westen. Oberhalb eines Hauses vorbei, immer knapp südlich des Kamms, geradeaus an einer **Abzweigung** ⑲ vorbei zum Weiler Buraccio. Hier unten vorbei und zur Hauptstraße zwischen Portoferraio und Porto Azzurro, die man südlich des Golfplatzes Acquabona erreicht (Bushaltestelle). Nun rechts und nach 150 m wieder links zur **Case Marchetti** ⑳, dem Startpunkt der nächsten Etappe.

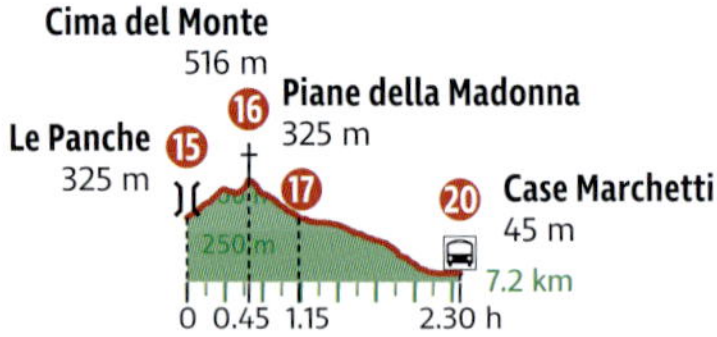

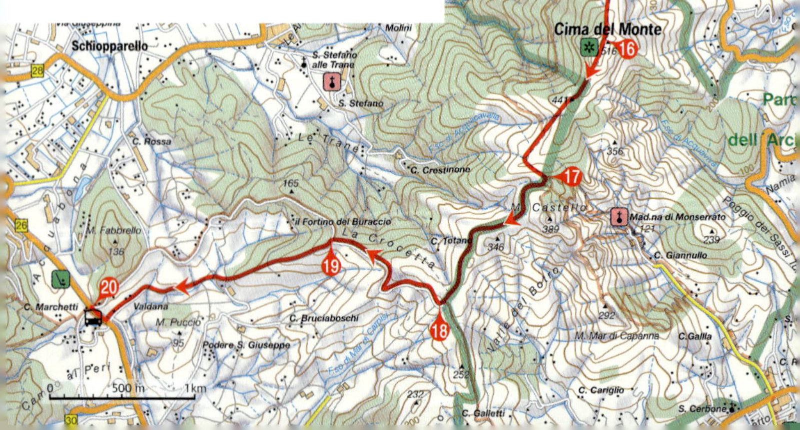

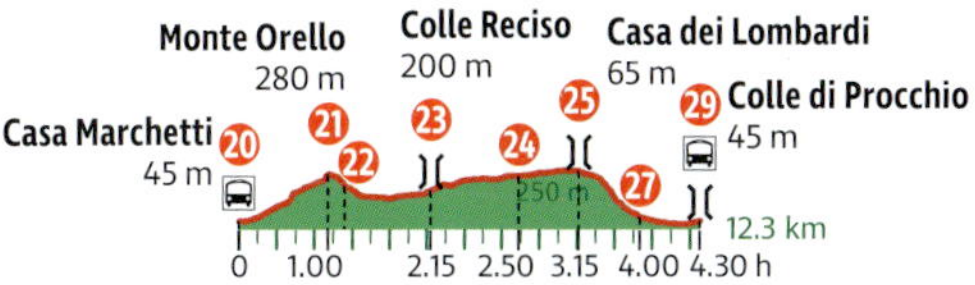

Case Marchetti – Colle di Procchio

Wir starten bei den **Case Marchetti** ⑳, überqueren die Straße und folgen ab dem roten Haus der Markierung der GTE ins Tal des Fosso dei Catenacci, bis unter den **Monte Orello** ㉑. Hier rechts auf der Forststraße und zur **Fattoria** ㉒, 224 m, die Rechtskurve hinunter und an einer Hauszufahrt vorbei. Achtung: Nach einer Pferdekoppel müssen wir scharf links abzweigen, nach der Markierung an einigen Häusern vorbei und wieder abwärts. Nach einem betonierten Stück geht es zu einer quer verlaufenden Straße, auf dieser links. Auf Asphalt an einem großen Steinbruch vorbei zur Straße, die von San Giovanni nach Lacona führt, und auf dieser links in Kürze zum **Colle Reciso** ㉓,

Die GTE zum Monte Perone hoch.

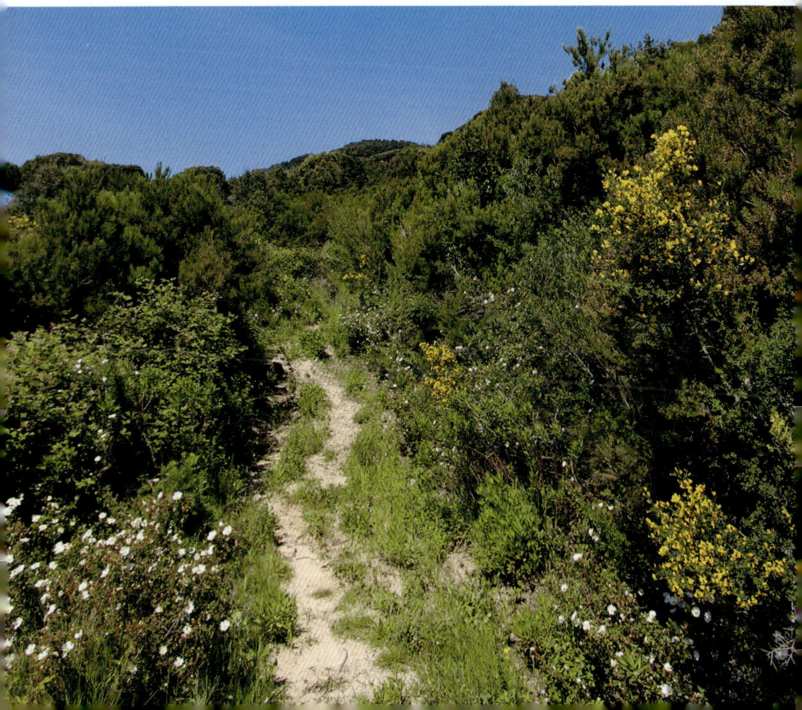

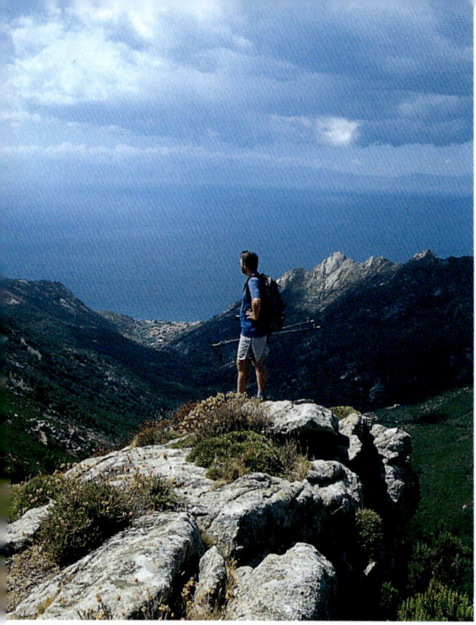

Das Tal von Pomonte öffnet sich zwischen felsigen Höhenzügen.

200 m (rechts lohnt sich der Abstecher zur Einsiedelei Santa Lucia; Abstieg Richtung Portoferraio möglich).

Vom Straßensattel orientieren wir uns rechts an der Markierung und gehen auf der Schotterstraße weiter. Im sanften Auf und Ab durch die Waldhänge über dem Val Carene dahin – links kurzer Abstecher zur einstigen **Molino a Vento** 24 auf dem Rücken. Die GTE führt allerdings nördlich unter dem Kamm weiter in einen **Sattel** 25 über dem Tal von San Martino, 297 m.

Vor dem verfallenen Lagerhaus biegen wir links ab und gehen auf der Schotterstraße abwärts. Nach 600 m auf die zweite Schotterstraße **links abzweigen** 26, 247 m. Nach 600 m rechts abwärts an der **Casa dei Lombardi** 27 zu einem Fußballplatz im **Valle del Literno** 28.

Unten auf der flachen Straße rechts halten und an einigen Häusern vorbei, hinter einem Hangar links, auf die Hauptstraße von Procchio nach Marina di Campo und vor zum **Colle di Procchio** 29, Bushaltestelle; nach rechts 1 km bis Procchio.

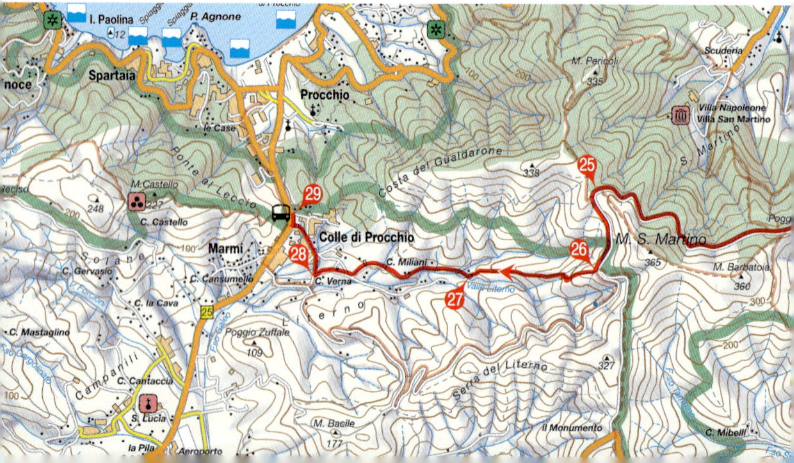

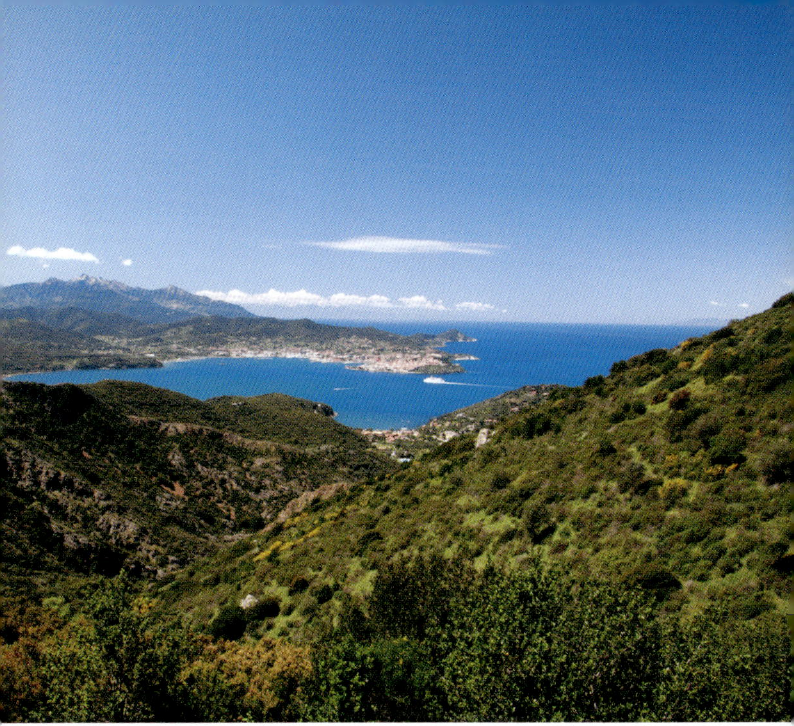

Tiefblick in die Bucht von Portoferraio.

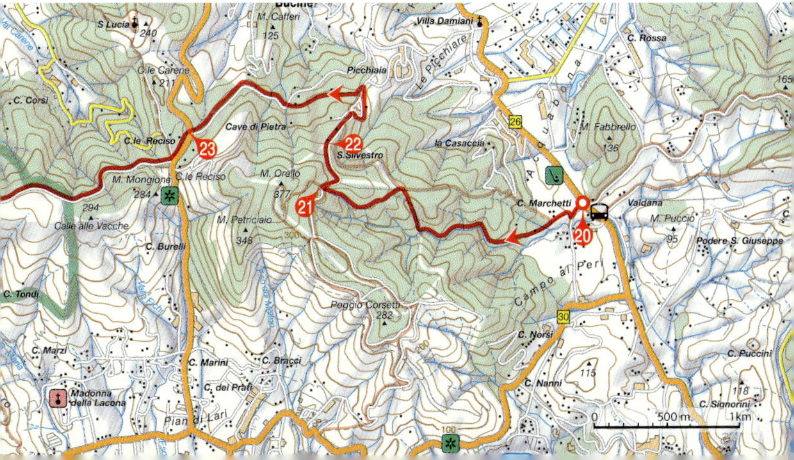

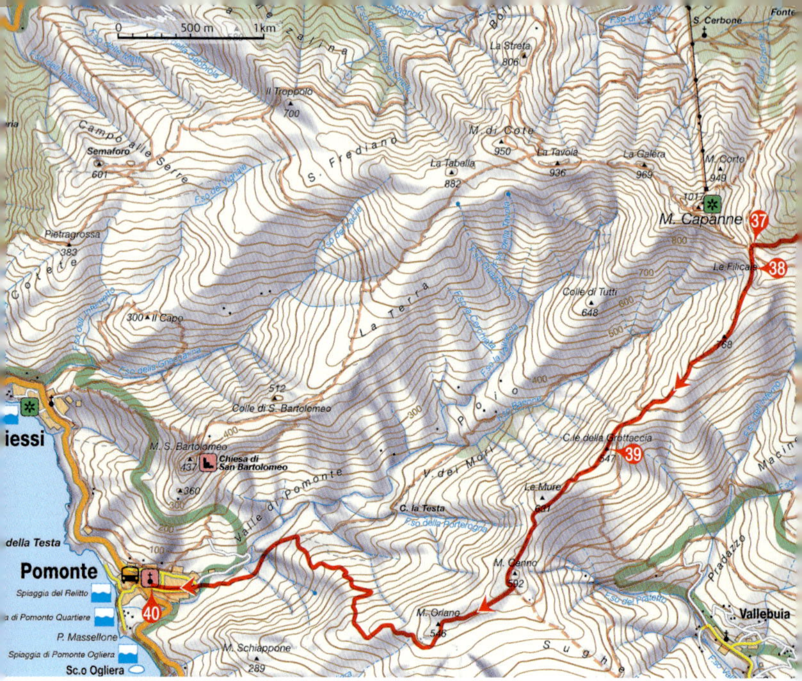

Colle di Procchio – Pomonte

Vom Sattel **Colle di Procchio** 29 steigen wir zuerst steil zum **Monte Castello** 30, 227 m, auf. Weiter geht es flacher nördlich um die nächste Kuppe zum Sattel **Colle Reciso** 31, 186 m. Hier der breiten Forststraße nach Süden folgen, an einer **Kreuzung** 32 gerade vorbei. Auf einem flachen Rücken suchen wir rechts unseren weiteren **Steig** 33 aufwärts unter die Kuppe **San Prospero** 34. Weiter ansteigend nach Westen auf den **Monte Perone** 35, 610 m. Flach gelangen wir zur Straße nach Poggio, die wir queren. Auf breiter Trasse (Wegweiser »M. Capanne«) führt uns der Weg neben dem Picknickplatz (Schranke) weiter. Ab hier und bis zur Einmündung des Weges 101 ist die GTE auch als Naturlehrpfad ausgewiesen. Über den Waldrücken auf eine kleine Anhöhe, geradeaus steiler zu einer Betonplattform hinauf und rechts neben einem eingezäunten Feuerwachturm zu den großen Granitgebilden auf dem **Monte Maolo** 36, 749 m. Über den Rücken und eine Senke kommen wir zur Abzweigung vor dem Felsgrat Le Calanche: Rechts (Wegweiser »Mte. Capanne«) hinunter, über eine Blockhalde und dann ansteigend durch den Waldhang zu einer Abzweigung unter dem Monte Capanne, ca. 800 m. Achtung: Hier teilt sich die **GTE** 37.

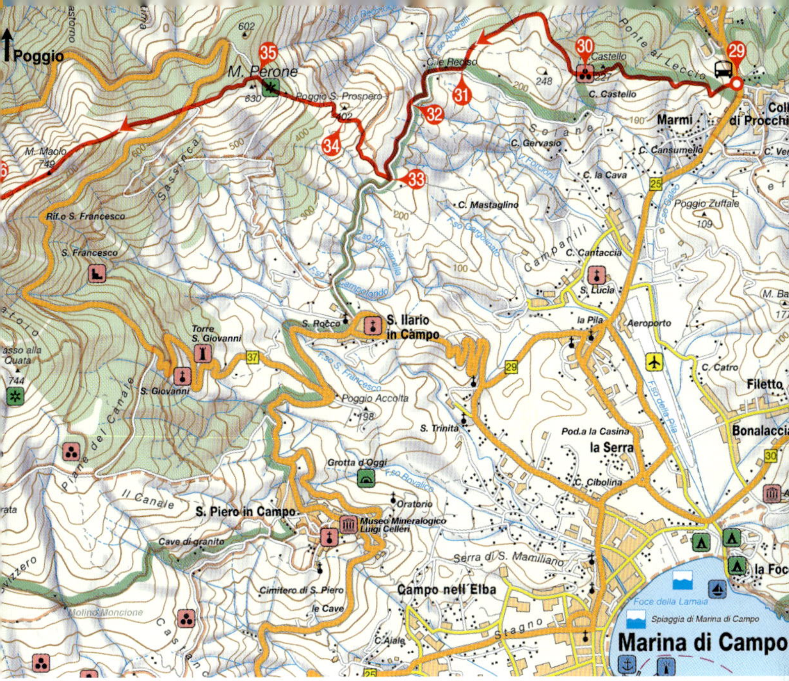

Die kurze Route führt links in den nahen Sattel **Le Filicaie** (38), 830 m. Geradeaus gemäß dem Wegweiser »Colle della Grottaccia« folgend durch die Bergflanke abwärts.

Über eine Scharte und den Rücken gelangen wir zu einer kleinen Ebene (Caprile), wandern weiter unten an einem Felskopf vorbei in eine breite Senke, 628 m (links etwas abseits ein weiterer Caprile). Geradeaus weiter auf der GTE und am Kamm über den **Colle della Grottaccia** (39) zum Monte Orlano, 546 m. Nun steil hinab, an Wegkreuzungen rechts halten und erst im Tal unten links nach **Pomonte** (40) hinab.

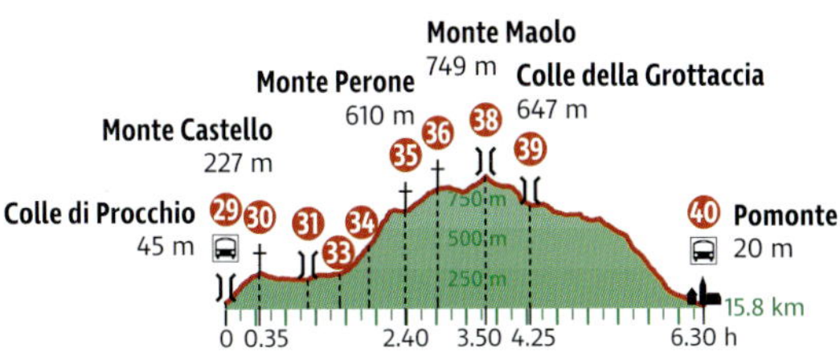

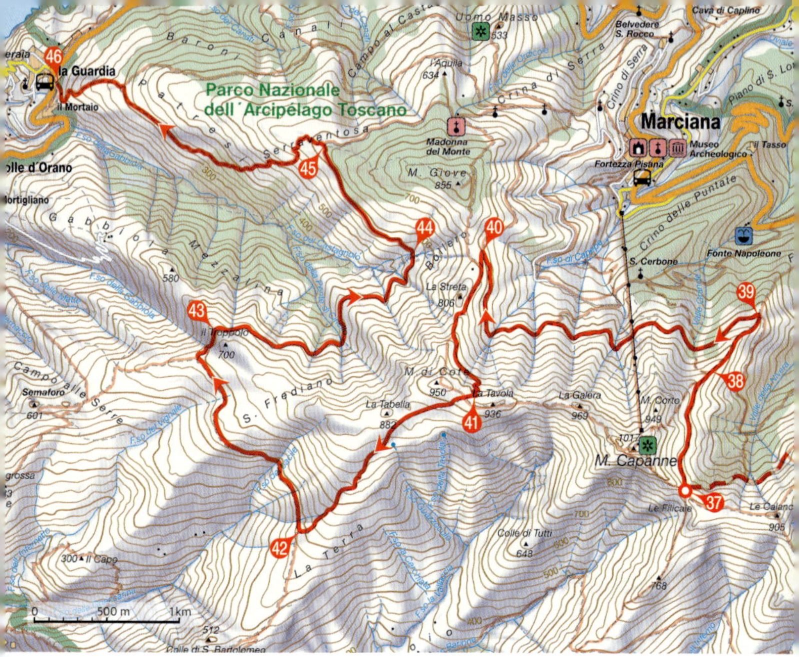

Die längere Route nach Patresi (La Guardia)

Von der Abzweigung unterhalb von **Le Filicaie** 37 gehen wir dem Wegweiser »Mte. Capanne, Marciana, Poggio« folgend rechts und quer durch den felsigen Osthang des Monte Capanne (Blockhalde und Felsplatten, Wegverlauf stellenweise schlecht erkennbar). Bei der Einmündung des Gipfelwegs 101 rechts abwärts, kurz darauf folgt ein **Caprile** 38, aber wir gehen weiter bergab. Auf 628 m Seehöhe kreuzt ein **Weg** 39, den wir nach links nehmen.

Wir passieren so hangquerend die Seilbahn, karge Granitflächen und schattige Täler mit kleinen Bächen. Zwischen vereinzelten Föhren macht die GTE eine scharfe Kurve nach **links** 40, wir folgen der Markierung scharf nach links und nach Süden (geradeaus gelangt man direkt nach Marciana).

Hinunter und kurz auf den Kamm in den Sattel an der Anhöhe **La Tavola** 41, 936 m, hoch. Durch die Südhänge des Monte di Cote zum Rücken La Terra (vor dem Monte San Bartolomeo). Auf 576 m Seehöhe erreichen wir eine **Wegteilung** 42: nach rechts und auf dem stellenweise gepflasterten Pfad Richtung Marciana quer durch die steilen Hänge hoch über Chiessi aufwärts. Über den oft nassen Quellbereich des Fosso di Vignale zur Abzweigung über dem Semaforo, 592 m. Hier aber rechts (Wegweiser »Mar-

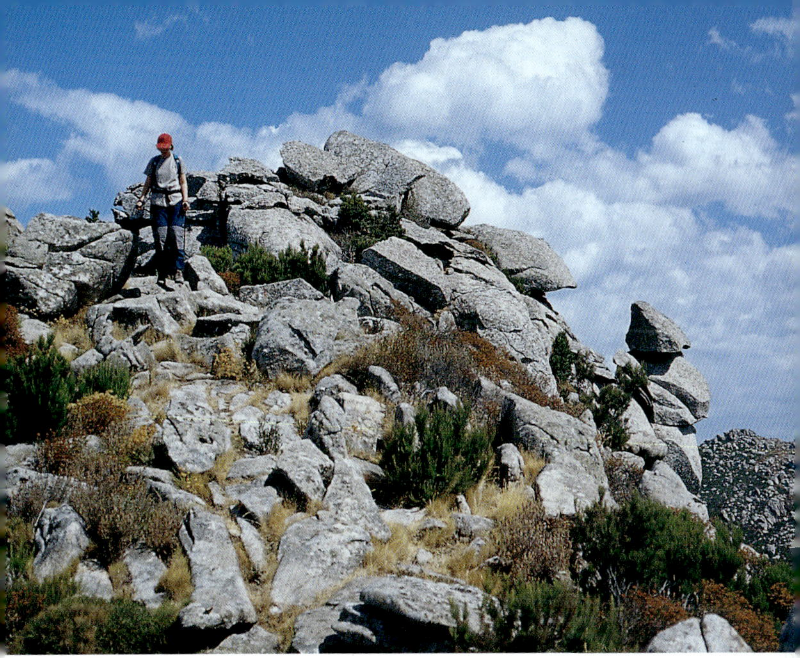

Gehen auf Granit: die kargen Südhänge unterhalb von Le Filicaie.

ciana, Madonna del Monte«) und weiter nach Norden auf die nahe Anhöhe **Il Troppolo** 43. Auf großteils gepflastertem Weg in einen Talgrund hinab, dann sanft aufwärts zur Abzweigung vor dem Fosso del Castagnola mit dem **Sorgente del Bollero** 44, 560 m. Hier gehen wir hangquerend weiter bis zur nächsten Geländekante **Serraventosa** 45.
Hier links und in mehreren Abschnitten steil bergab, bis wir von oben in den Weiler **Patresi** 46, La Guardia, kommen. Für ein abschließendes Bad im Meer empfiehlt sich die Spiaggia di Patresi.

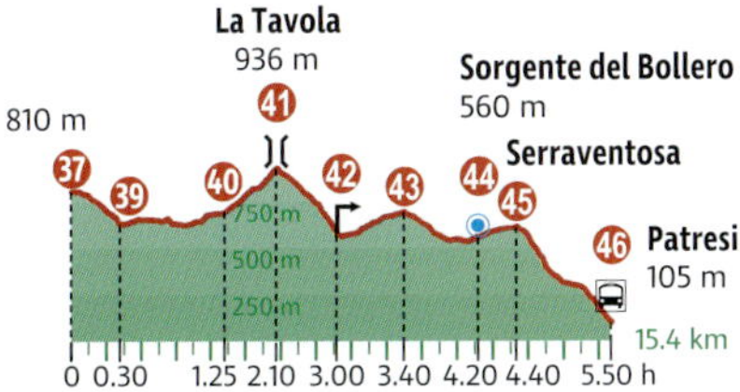

STICHWORTVERZEICHNIS